Cuerpos ilegales

Cuerpos ilegales
Sujeto, poder y escritura en América Latina

Nanne Timmer (ed.)

Almenara

Consejo Editorial

Luisa Campuzano
Adriana Churampi
Stephanie Decante
Gabriel Giorgi
Gustavo Guerrero
Francisco Morán

Waldo Pérez Cino
Juan Carlos Quintero Herencia
José Ramón Ruisánchez
Julio Ramos
Enrico Mario Santí
Nanne Timmer

© los autores, 2018
© Almenara, 2018

www.almenarapress.com
info@almenarapress.com

Leiden, The Netherlands

ISBN 978-94-92260-22-2

Imagen de cubierta: *Aves migratorias*, Carlos Estévez, 2015

All rights reserved. Without limiting the rights under copyright reserved above, no part of this book may be reproduced, stored in or introduced into a retrieval system, or transmitted, in any form or by any means (electronic, mechanical, photocopying, recording or otherwise) without the written permission of both the copyright owner and the author of the book.

NANNE TIMMER
Pensar el cuerpo: vida y derecho. 7

I. ENTRE AUSENCIA Y PRESENCIA

GABRIEL INZAURRALDE
Cuerpos semilegales. Consideraciones sobre el exiliado
en Roberto Bolaño 23

BENJAMIN LOY
Entre transgresión y racionalización. Políticas
y escrituras del cuerpo en América Latina. 43

NATALIA AGUILAR VÁSQUEZ
(Re)presentar lo ausente. La obra de Teresa Margolles
y Óscar Muñoz 71

II. ENTRE VIOLENCIA Y CRIMEN

ADRIANA CHURAMPI
Corpus delicti. El cuerpo indígena del delito
en dos relatos de Enrique López Albújar 97

SUSANA SCRAMIM
Escritura y cuerpo. Lo sagrado en la poesía
de Paula Glenadel y Laure (Collete Peignot) 117

ALIA TRABUCCO ZERÁN
Silencio y criminalidad. El caso de María Carolina Geel . . . 133

III. Entre norma y moral

MARÍA JOSÉ SABO
El cuerpo enamorado como cuerpo ilegal. La exploración
de las posibilidades del arte en *El infarto del alma* 165

ÁNGELES MATEO DEL PINO
Cuerpo *soxial* en el teatro argentino.
Los invertidos, de José González Castillo 189

LUCIANA IRENE SASTRE
Escrituras performáticas. Diario del ser por hacer(se)
con instrucciones para tocar. 215

PIET DEVOS
Encuentros con la (a)normalidad. Los cuerpos
(in)tocables de Pablo Palacio 229

IV. Entre lo propio y lo impropio

LIZABEL MÓNICA
El cuerpo machacado. Una lectura actual
de la novela *La carne de René* 261

DANIELA MARTÍN HIDALGO
«Hembra inteligente / en la posición de parto». Maternidad
biopolítica y símbolo en *Cuerpo* de María Auxiliadora Álvarez . . 285

NANNE TIMMER
El cuerpo-plaga. Sujeto, animal y estado
en *Discurso de la madre muerta* de Carlos A. Aguilera 307

Pensar el cuerpo: vida y derecho

Nanne Timmer
Universiteit Leiden

> Y es que la civilización –y sobre todo el pensamiento cristiano– ha destinado el cuerpo al olvido, al sacrificio. De allí que todo lo que a él se refiere, todo lo que, de un modo o de otro lo signifique, alcance la categoría de transgresivo.
>
> Severo Sarduy, *Escrito sobre un cuerpo*

En la crítica cultural latinoamericana el cuerpo no ha sido tradicionalmente el principal objeto de reflexión, aunque de fondo el tema siempre ha estado presente. Porque estudiar la historia latinoamericana es estudiar cómo desde la colonización se fueron inscribiendo huellas de violencia y estigmas en un cuerpo colonizado. Es examinar cómo los proyectos de Estado-nación incluyeron determinados grupos de personas y excluyeron cuerpos anónimos otros, y considerar cómo en el arte y las letras se visualizaron cuerpos grotescos, barrocos y monstruosos para, a través de estas imágenes, reflexionar sobre el filo de la ley en la exclusión de lo «deforme». Es también investigar cómo el cuerpo se suele definir en oposición a la razón, la mente o el alma, y ver cómo este último quedaba del lado de un discurso eurocéntrico como si el centro fuera a-corporal. Y es, por último, estudiar cómo a través de performances se desafía al poder y se construyen identidades sexuales disidentes. Es decir, que al ocuparse de la investigación de los distintos periodos y aspectos culturales de América Latina hay que reconocer que «no hacemos casi más que analizar los giros biopolíticos que el continente asume a lo largo de su historia» (Moraña 2014: 1). Poner al cuerpo en el centro del debate, por lo tanto, implica una mirada «transgresiva», para retomar las palabras de Severo Sarduy, quizás el autor latinoamericano que más exploró esta materia.

Ese ha sido el propósito de este libro: repensar nuestras diversas investigaciones de la expresión artística latinoamericana desde la imaginación del cuerpo en relación con la ley, entendiendo esta última como biopoder, discurso legal o norma social, y explorar los frutos de tal mirada crítica. Este conjunto de trece ensayos con vuelos muy diversos se ha hecho a partir de algunas lecturas en común acerca del cuerpo y la ley (Agamben 1998 y 2010, y Foucault 2004), y acerca de la expresión artística latinoamericana y la biopolítica (Moraña & Sánchez Prado 2014, Giorgi & Rodríguez 2009, y Giorgi 2014).

Un panorama tan diverso no sorprende si ya el diccionario muestra la ambigüedad que implica la conceptualización de «corpus»; éste es definido como sustancia material: organismo vivo por un lado y cadáver por otro. La implicación simultánea de vida y muerte, vida desnuda –*zoé*– y forma política de vida –*bios*–, es una de las principales paradojas en su definición. Y no la única. «Corpus» también implica al individuo, y por otro lado a un conjunto de personas al mismo tiempo. No parece ser tan sencillo representar aquello que somos sin caer en paradojas. ¿Somos ese organismo de carne y hueso o somos esa vida que lo habita? La duda de ser cuerpo o de tener uno es uno de los problemas fundamentales que nos atrapan.

Ver el cuerpo como posesión está muy ligado al orden jurídico; partiendo de esta premisa de propiedad, derivamos los conceptos más básicos que organizan nuestras vidas económicas y políticas, por ejemplo, la noción de libertad (Cohen 2008: 107). Con la ley del *habeas corpus* entramos al dominio público como personas que poseemos nuestros cuerpos y el trabajo de esos cuerpos y esa propiedad en sí misma no nos puede ser robada sin mediar algún proceso judicial. La formulación de ser o tener cuerpo no es sólo cuestión de semántica, sino que hay consecuencias pragmáticas y políticas en la manera en la que construimos nuestra vitalidad y *embodiment*, y son múltiples. Giorgi señala además que la operación fundamental de la biopolítica contemporánea es

> la que hace del cuerpo una materia apropiable, *propertizable*, privatizable, sobre la que se estampan los sentidos de la autonomía del individuo, y que se vuelve un «capital» social, económico y potencialmente político –la norma de un «individuo» dueño absoluto de su cuerpo, de la potencia de «su» vida, propietario de su diferencia que se quiere irreductible al espacio de relación con los otros, del que necesita inmunizarse constantemente porque amenaza su misma instancia, su efectuación como individuo–. (Giorgi 2014: 300)

Nos interesan en este libro los estudios que problematizan esa idea de propiedad y autonomía del cuerpo, los que lo ven como inseparable del *body* social. En ese espacio es donde opera la ley, entre lo físico y el ser persona, es decir: allí donde se muestra el funcionamiento de la biopolítica en la modernidad. La noción de persona, que originalmente significa máscara, es objeto de análisis en los estudios de Giorgio Agamben (2010: 46-54), quien a su vez sigue las ideas de Hannah Arendt (2003: 12). La máscara es la forma con la cual nos identificamos y a través de la cual somos reconocidos en sociedad por una mirada externa. Ese papel social originalmente implicaba la construcción de la persona y la distancia entre la piel y la máscara revelaba la conciencia ética del individuo (Agamben 2010: 50). Esa conciencia, sin embargo, entra en crisis con la politización de la vida desnuda que en el siglo XIX desencadenó un proceso acelerado al crearse un sistema de mediciones antropométricas y de huella dactilar para identificar al criminal reincidente. A partir de entonces, el individuo ante la ley ya no es reconocido por un otro, sino por un sistema tecnológico que lo identifica por datos biométricos a través de un ojo panóptico, como vida desnuda, como cuerpo sin rostro, sin máscara o papel social. La identidad empieza a verse como algo mucho más biológico, y en la reflexión del autor de *Nudities* (2011) aquello implica una crisis de conciencia ética porque en la actualidad uno puede multiplicar sus máscaras sociales al infinito en la vida virtual sin tener que responder ante ellas, en un espacio donde es imposible para el sujeto identificarse con su persona si ésta sólo corresponde a datos biológicos de «la vida desnuda». Agamben (2011: 55-90) muestra que la desnudez del cuerpo humano en el pensamiento occidental sólo ha sido considerada desde una negatividad muy ligada a un sistema de pensamiento de amo/esclavo que incita al desvelamiento de algo no desvelable, lo que explica la relación estrecha entre cuerpo y sistema de control y dominación.

El cuerpo es la imagen, el soporte, el lugar de la persona en su desnudez no desenmascarable. Todo en uno. Al mismo tiempo, es el espacio donde tienen lugar los procesos de (de)construcción de la persona, y estos están sujetos a una mirada de control perteneciente a sistemas de poder.

Este conjunto de ensayos traza una cartografía diversa en cuanto al tema de la ley. En la sección «Entre ausencia y presencia», los primeros tres ensayos se acercan al imaginario artístico latinoamericano vinculado a crímenes de Estado y cuerpos excluidos del Estado-nación. La segunda sección, «Entre violencia y crimen», se adentra en los entrelazamientos entre el discurso artístico y el discurso legal. Una tercera sección, «Entre norma y moral», estudia cómo las leyes y normas sociales intervienen en el imaginario del cuerpo, y cómo desde allí también se construyen subjetividades y sexualidades disidentes. La última, «Entre lo propio y lo impropio», se centra en la manera en que el poder se infiltra en el cuerpo-sujeto y en cómo los imaginarios artísticos son campos de batalla para la redistribución de lo sensible.

En «Entre ausencia y presencia» la visibilidad y la invisibilidad de los cuerpos ocupa un lugar central y se estudia el lugar ausente o presente de los cadáveres entre los vivos. La biopolítica incluye necesariamente una lógica de la muerte y «en el corazón de los regímenes que dicen defender y aumentar la vida, esa política es antes que nada una política del cadáver» (Giorgi 2014: 199). Las artes hacen palpables a los cuerpos que fueron invisibilizados por el terror de Estado, y al evidenciar esos cuerpos invisibles se pueden trazar nuevas topologías sociales. Siguiendo esta idea de Giorgi, los cadáveres –su ausencia– han invadido la imaginación política y cultural latinoamericana y señalan las lógicas de la violencia del presente. Los tres primeros ensayos de este libro trazan topologías a través de una mirada forense o a través de una mirada del desplazado, para entender así los síntomas de las historias de las sociedades en ruinas. Tratan de las ausencias y los desechos de un corpus colectivo que resuena en el cuerpo del exiliado (Inzaurralde), de los cadáveres «tachados» en las dictaduras chilena y argentina (Loy) y de los muertos por la violencia más actual en instalaciones artísticas mexicanas y colombianas (Aguilar).

El ensayo de Gabriel Inzaurralde sobre la narrativa de Roberto Bolaño habla de las huellas de un corpus colectivo que resuenan en el cuerpo del exiliado: un «huérfano de un acontecimiento», que vagabundea «por las ruinas de un mundo [...] despojado de ideas o de verdades». Los cuerpos se ubican en lugares limítrofes y crueles, de submundo. Lugares de rutina y muerte. Pero Inzaurralde localiza el horror más que nada en la aparente normalidad, en la complicidad del horror con el éxito en los personajes de Bolaño. La administración de tal complicidad también es tema del segundo ensayo de este libro, que analiza cómo transitan el cuerpo y el rostro de una política dictatorial hacia una anonimidad administrativa.

Benjamin Loy estudia el cine y la narrativa postdictatorial del Cono Sur, principalmente las narrativas de Martín Kohan, el cine de Pablo Larraín y la estética de la huella a través de la cual el corpus colectivo sólo existe en forma de restos o alusiones. Loy se interesa por las transformaciones estéticas en el imaginario contemporáneo latinoamericano que se acentúa, sobre todo, desde los sistemas del poder: el cuerpo del caudillo clásico en la novela del dictador intercambiado por el cuerpo técnico-administrativo racionalizador de las literaturas postdictatoriales.

Dentro de un contexto más actual de violencia se desarrolla el estudio de Natalia Aguilar, quien compara los diferentes modos en que dos artistas crean un espacio interactivo y reconfiguran la distancia entre los vivos y los muertos. Si la artista mexicana Teresa Margolles usa la *zoé* para señalar que el lugar de la muerte no está separado de lo cotidiano, la estrategia del artista colombiano Óscar Muñoz se centra más bien en la *bios*, al usar fotografías extraídas de los obituarios que aparecen o desaparecen en espejos con la respiración de los seres vivientes. En ambas expresiones artísticas, la autora señala que el cuerpo del espectador es interpelado en la relación que éste establece con la materialidad del cuerpo del otro o con su imagen y memoria.

Esta primera sección de ensayos deja en claro que el cuerpo no se puede estudiar como un ente separado y autónomo, sino como algo que existe sólo en relación a un otro. Tanto la zona de indeterminación entre *zoé* y *bios* como la de individuo y cuerpo colectivo es pertinente para entender las constelaciones sociales. «La comunidad significa, por consiguiente, que no hay ser singular sin otro ser singular» (Nancy 2000: 39), y esa comunidad queda constituida —siempre— por la finitud y la muerte.

La segunda sección, «Crimen y violencia», profundiza aún más en este tema, aunque de modo distinto. Los estudios se centran en cómo la confesión (Trabucco) y el castigo (Churampi) en el discurso legal inscriben al sujeto dentro de las relaciones de poder y cómo los procedimientos de sujeción excluyen la otredad. Los lugares del criminal y de la víctima quedan en entredicho. La justicia *otra*, indígena, y la figura de la mujer criminal funcionan en ambos ensayos como grietas donde el discurso legal deja ver sus estrategias de subyugación y exclusión. En el ensayo de Scramim, el estudio de la violencia no aborda directamente el discurso legal, sino su proceso de modernización, el cual se analiza paralelamente a los síntomas de lo violento y lo sagrado tanto en la poesía contemporánea como en la actualidad político-social de Brasil.

Adriana Churampi estudia dos cuentos andinos denominados «indigenistas» y escritos por un juez peruano, Enrique López Albújar, y ofrece una lectura tanto de la narración como del lenguaje jurídico del autor-juez. Ve en las descripciones de los personajes y de la dinámica punitiva de esa justicia una velada advertencia respecto a las posibilidades de integración del colectivo indígena en un proyecto de nación cuya aspiración era, por encima de todo, ser considerada moderna. La descripción de la justicia indígena y los castigos físicos sólo parecen poder sintetizarse para López Albújar en la expresión *Ushanan Jampi*, porque esa suma de horror, ferocidad y monstruosidad no pueden encontrar sentido más que en una lengua extraña e inaccesible.

Alia Trabucco Zerán también centra su ensayo alrededor del cuerpo y la ley. En este caso, en el estudio de la sentencia jurídica contra la escritora chilena María Carolina Geel después del asesinato de su marido y en *Cárcel de mujeres* (1956), el libro que escribió desde prisión años después del homicidio. Trabucco muestra las fricciones entre la sentencia y el libro, sus zonas de contacto y sujeción. Apoyándose en Foucault, la investigadora analiza la diferencia entre admitir y confesar, y muestra cómo el silencio pone en jaque al sistema judicial, el cual más que juzgar el acto delictivo, busca juzgar al sujeto criminal. De modo semejante al ensayo de Churampi, Trabucco relaciona la narración y el silencio en la justicia con el proyecto nacional. Así, muestra cómo la confesión deviene rito reafirmador de la soberanía nacional y cómo, al no confesar, la autora evita reconocerse en las leyes sancionadoras del Estado, permitiendo de esta manera cuestionar los cimientos del orden jurídico y de una política en plena consolidación.

El tema de la violencia vuelve de modo más filosófico en el ensayo de Susana Scramim. Su texto vincula el estudio de la poesía con la violencia de la sociedad actual brasileña. Sociedad, deja en claro la autora, donde la crueldad tiene lugar desde el más completo sinsentido y forma parte del modo en que el proceso de modernización se instauró históricamente en Brasil. Medita sobre el cuerpo y la escritura comparando la escritura de la poeta brasileña Paula Glenadel con la de Collete Peignot (autora que perteneció al círculo de la revista *Acèphale,* dirigida por Georges Bataille, y que murió a los 35 años en casa de éste), hilando una reflexión que pasa por la poesía brasileña del siglo XXI y por las expresiones vanguardistas de Mario Andrade. Scramim muestra «una mera forma ritual de un *religio mortis*» en la cultura brasileña y cómo no existe una manera de pensar los acontecimientos violentos no-comunitarios.

Los ensayos de la tercera sección se vuelcan más sobre el tema de la norma y del cuerpo. Cuerpos *otros*, grotescos, monstruosos y *queer* dan paso a una reflexión sobre el control a partir de la norma y sobre la identidad performativa, en trabajos que deconstruyen los discursos autoritarios de lo médico y lo social sobre el cuerpo del enfermo mental, el cuerpo (homo)sexual y el cuerpo que escapa a la norma. Siguiendo la línea anterior, los ensayos muestran las técnicas de sujeción y de despersonalización del individuo moderno en obras y contextos chilenos, argentinos y ecuatorianos. Además, se considera la escritura como cuerpo y el cuerpo como escritura –pensando con Severo Sarduy–, para así desnaturalizarlo y volverlo objeto de sospecha. Los ensayos de esta sección muestran también cómo el cuerpo es performance (Sastre), imagen (Sabo, Mateo del Pino) y cinestesia (Devos); es decir, centro de operaciones de una mirada y un discurso que intenta siempre reducirlo a lo que el cuerpo ya no es.

María José Sabo se aproxima al cuerpo de manera doble. Su ensayo trata tanto de la exclusión del loco en el espacio social como de la locura del amor, esa que más que excluir conecta cuerpos entre sí. Para ello, analiza *El infarto del alma* de Diamela Eltit y Paz Errázuriz, libro en la zona intermedia entre fotografía y escritura, y el cual recoge la experiencia del viaje hacia el hospicio de enfermos mentales de Putaendo, Chile. Apoyándose en Foucault y Giorgi, Sabo lee cómo el cuerpo enamorado se torna ilegal al amenazar las técnicas de sujeción y normalización del individuo moderno desde las cuales se construye la persona. Las imágenes de Paz Errázuriz muestran cuerpos en los que se gestiona el ideario de la comunidad moderna basada en la propiedad y la pertenencia. De esta manera, la lectura de Sabo interpreta cómo fotografía y escritura le devuelven al cuerpo su singularidad al sustraerlo de los dispositivos de control, mostrando su experiencia única y relacional.

Ángeles Mateo del Pino se ocupa del tema del género y de la moralidad en su ensayo y discute la obra de teatro argentino *Los invertidos*. Analiza lo entrelazada que está la crítica sexual a la social y comenta cómo los censores vieron en ese drama una forma de socavar el orden moral. La investigadora comenta la ilegalidad y el cuerpo de doble manera: el cuerpo como obra teatral y la legalidad como ley que censura. Se discute lo sexual como disidencia que desafía la norma y se muestra por qué la obra no ha dejado de generar controversias. En este sentido, es central la función de la ambigüedad en la obra, en la defensa que de ella hace su autor y en la recepción de la misma. Mateo del Pino analiza el doble juego de crítica y moral que desemboca en una pieza que, a la vez que homofóbica, deviene apología de la diversidad sexual. El ensayo estudia cómo el vaivén entre lo que se dice y lo que no se dice produce esa ambigüedad.

Luciana Sastre lee la tensión que produce entre el cuerpo material y el cuerpo inmaterial la performance de la artista argentina Cuqui. Resulta importante para la lectura de Sastre el espacio donde tienen lugar los procesos de (de)subjetivización. La obra de la artista parte de la instrucción que, en un libro de Alejandro Jodorowsky, Gurdjieff le ofrece al poeta Luc Dietrich: «hacer el amor con una mujer distinta cada día durante un año»; la *performer* intenta, precisamente, llevarla de modo literal a la práctica. Sastre lee cómo entre cuerpo y lenguaje se negocia el *bildung* o no-*bildung* de un yo, y su interés se centra en el momento de la decepción frente al sujeto que se desvía de un plan ya preconcebido. La escritura del cuerpo, propone la autora, hace que el sujeto realice una transformación matérica.

Piet Devos se acerca al cuerpo de modo más fenomenológico con la ayuda de los *Sensory Studies*. Su estudio se basa en textos del ecuatoriano Pablo Palacio que exploran la zona perceptiva del tacto y los procesos constitutivos de la subjetividad moderna. Su lectura marca la piel como la frontera entre lo propio y lo ajeno, cosa que a la vez que constituye una apertura se lee como una barrera contra el mundo exterior. El tema es el cuerpo que no cumple con las normas —por ejemplo, las gemelas siamesas— y amenaza el orden social tornándose objeto de castigo. Devos parte de la propiocepción hacia la cinestesia para llegar a las colisiones más políticas entre cuerpo y Estado y plantear la cuestión de hasta qué punto el cuerpo se deja (in)movilizar por éste.

En la última sección se estudia el cuerpo máquina, el generador de subjetividades en su entorno biopolítico. Si el ensayo de Devos ya había tocado el tema de la materialidad del cuerpo y de la propiocepción, los tres ensayos finales se adentran del todo en la subjetividad desde las «encarnaciones» del gesto autoral (Mónica), el testimonio poético (Martín Hidalgo) y el delirio (Timmer), a la vez que profundizan en la frontera entre lo propio y lo ajeno. Estos yos parecen provenir de cuerpos posthumanos, cuerpos que parecen ser el hábitat de un ser múltiple, fragmentado, como en la biosciencia contemporánea. «The body is not one self but a fiction of a self built from a mass of interacting selves. A body's capacities are literally the result of what it incorporates; the self is not only corporal but corporate» (Sagan 1992: 370). En estos tres ensayos los cuerpos son «nuestra angustia puesta al desnudo», como lo propone Jean-Luc Nancy (2003:53), además de espacios donde lo propio y lo impropio están en guerra. Aquí, más que con otra cosa, el diálogo es con (y contra) la escritura: la escritura que deviene «excritura» y «rematerializa el cuerpo» (Guerrero 2014: 25).

Lizabel Mónica fija esta materialidad del cuerpo leyendo *La carne de René* del cubano Virgilio Piñera. El cuerpo es aquí campo de batalla y territorio de obstinada negociación, campo que pone en juego una dinámica sadomasoquista en la que el dolor debe ser físico e irreflexivo y donde prima el instinto corporal. La autora analiza el juego desde el gesto autoral, en el cual vestirse corresponde a la encarnación de una identidad. Su lectura implica un movimiento entre cuerpo y persona, además de un cuestionamiento de la identidad masculina. Y muestra cómo texto y carne se fusionan en la escritura piñeriana. El lector implícito de Virgilio parece apuntar hacia una persona capaz de ponerse en la piel del autor, encarnarlo. Ese movimiento circular que subvierte los roles de autor y lector viene a querer decir que la lectura de la obra es inseparable al ropaje del mismo escritor.

Daniela Martín Hidalgo lleva la discusión de la biopolítica al momento de la gestación de la vida a través de la lectura del poemario *Cuerpo,* de la escritora venezolana María Auxiliadora Álvarez, tanto una especie de testimonio de la experiencia física del parto como un experimento poético. Así, nos muestra una crítica a la deshumanización de los cuerpos en los espacios del hospital y la casa, que más que como lugares de atención son representados como mataderos: una frontera que termina por separar el imaginario del asco del de la enfermedad, el de la creación del de la vida. El cuerpo único se fusiona con el cuerpo político y, basándose en Foucault, comenta la maternidad, el hospital y la familia como instituciones disciplinarias que vigilan para ordenar, clasificar y sancionar. El texto propone una lectura que asocia la voz del sujeto lírico con los cuerpos mudos y abyectos que al parir «reproducen el sistema que los funda». Una «maternidad sucia, patologizada y atravesada por variadas formas de violencia», que puede leerse como denuncia de la tecnología que «*en* y *a través* del cuerpo» es puesta al servicio de la dominación del sistema. Esa violencia, según la autora, se da no sólo en el relato de los cuerpos en el hospital sino también en la forma poética, la cual «experimenta con una zona gris situada entre cuerpo, lenguaje y cultura».

En el último ensayo, Nanne Timmer explora esa máquina de guerra que es el cuerpo en lucha con una forma de vida propia y desde donde se redefinen territorios políticos. Propone así una lectura de *Discurso de la madre muerta* del escritor cubano Carlos A. Aguilera a partir de la noción de cuerpo enfermo y de la relación sujeto/Estado a través de las figuras del delirio y la paranoia. La mirada panóptica de un Estado en forma de gato permite reflexionar sobre la irrupción de lo animal en el interior de la vida y sobre el cuerpo en su relación biopolítica en las sociedades modernas. A través de la noción de *phármakon* se analiza cómo la idea de la representación y la escritura en sí funcionan como enfermedad y cura a la vez. El cuerpo aparece como una zona fronteriza, un espacio liminal donde es imposible que el Yo, el Otro, el Estado, el texto y el lector no estén en contacto, por lo cual el contagio y el antídoto, lo común y lo inmune son objetos de reflexión.

Los doce ensayos que conforman este volumen abordan la producción cultural latinoamericana y reflexionan de modo diverso sobre el cuerpo y la ley. No tanto sobre el cuerpo como posesión, sino más como recipiente que acoge una forma de existencia dada y ofrece potencialidades al sujeto. En ese espacio relacional opera lo jurídico con sus técnicas de subyugación, sus normas y modos de construcción de la persona. La corporalidad está íntimamente ligada a la noción del espacio, al difuso borde que conecta, entrecruza y fusiona un adentro y un afuera. Por lo tanto, cuando se piensa el cuerpo, se piensan sobre todo los territorios entre ser y tener un cuerpo, vida desnuda y vida política, individuo y comunidad.

Este libro, en efecto, entiende el cuerpo como un espacio en el que están en juego el ser persona, la vida, lo propio... Y lo entiende como una máquina de guerra que, en su lucha por una forma de vida, redefine territorios políticos. El cuerpo como límite, llevado al límite y al límite, es lo que implica el contacto con la ley. Es también el lugar donde nace la voz, donde adquiere resonancia y desde donde se construye la subjetividad y la bios. La pregunta sobre cómo las voces de obras artísticas latinoamericanas dan sentido al cuerpo allí donde el biopoder y las normas sociales proveen un orden excluyente es la que nos acompaña a lo largo de este recorrido.

Bibliografía

Agamben, Giorgio (1998): *Homo sacer: sovereign power and bare life*. California: Stanford University Press.
— (2011): *Nudities*. Stanford: Stanford University Press.
Butler, Judith (1991): *Bodies that Matter: On the Discursive Limits of 'Sex'*. Harmondsworth: Penguin.
Cohen, Ed (2008): «A Body Worth Having?: Or, A System of Natural Governance». En *Theory Culture Society* 25 (3): 103-129.
Foucault, Michel (2004): *The History of Sexuality*. Harmondsworth: Penguin.
Giorgi, Gabriel (2014): *Formas comunes: animalidad, cultura, biopolítica*. Buenos Aires: Eterna Cadencia.
Giorgi, Gabriel & Rodríguez, Fermín (eds.) (2009): «Prólogo». *Ensayos sobre biopolítica. Excesos de vida*. Buenos Aires: Paidós, 9-35.
Guerrero, Javier (2014): *Tecnologías del cuerpo. Exhibicionismo y visualidad en América Latina*. Madrid: Iberoamericana Vervuert.
Halberstam, Judith & Livingston, Ira (eds.) (1995): *Posthuman Bodies*. Indianapolis: Indiana University Press.
Sagan, Dorion (1992): «Metametazoa: Biology and Multiplicity». En Crary, Jonathan & Kwinter, S.: *Incorporations*. Cambridge: Zone, 362-382.
Krüger, Hans-Peter (2010): «Persons and Their Bodies: the Körper/Leib Distinction and Helmuth Plessner's Theories of Ex-centric Positionality and Homo absconditus». En *Journal of speculative philosophy* 24 (3):

256-274.

Moraña, Mabel & Sánchez Prado, Ignacio (eds.) (2014): *Heridas abiertas. Biopolítica y representación en América Latina*. Madrid / Frankfurt: Iberoamericana / Vervuert.

Nancy, Jean-Luc (2000): *La comunidad inoperante*. Santiago de Chile: LOM Ediciones/ Universidad Arcis.

— (2003): *Corpus*. Madrid: Arena libros.

Sarduy, Severo (1969): *Escritos sobre un cuerpo: ensayos de crítica*. Buenos Aires: Sudamericana.

1. Entre ausencia y presencia

Cuerpos semilegales
Consideraciones sobre el exiliado en Roberto Bolaño

Gabriel Inzaurralde
Universiteit Leiden

El exilio es, por un lado, una condición jurídico-política, y por otro un modo de existencia. Por la primera, el exiliado es un apátrida, es decir: alguien que ha perdido la ciudadanía. Respecto a la segunda, el exilio se asocia con la errancia, la separación, incluso la pérdida de sentido. En términos jurídicos el exilio o destierro es un castigo que implica la pérdida de los derechos que garantiza una comunidad nacional; como amparo, sin embargo, es un derecho concedido al desterrado por razones humanitarias, en base a unos derechos que emanarían de su mera condición de viviente. Así, el exiliado caería de lleno en la ambigüedad jurídica que ha ligado desde la Revolución Francesa los derechos del hombre a los del ciudadano, encontrándose en esa zona de indeterminación sobre la que ha llamado la atención Hannah Arendt y que Giorgio Agamben, como se sabe, ha reelaborado como estado de excepción. Visto así, el exiliado es una figura de «exclusión incluida» (Agamben 1996: 48), la misma que afectaría al soberano pero en las antípodas de este, es decir, como «abandonado» por la ley[1]. El desterrado ha sido extraído de su comunidad originaria y capturado en ese estado de indiferencia, limítrofe o fronterizo.

---

[1] «Quien en este sentido es "messo al bando" [desterrado] no sólo está excluido de la ley, sino que ésta se mantiene en relación con él ab-bandonandolo [a-bandonándole]. Por ello, al igual que del soberano, tampoco del "bandito" [desterrado]

La errancia del exiliado tiene su carácter específico. Se diferencia de la del viajero tradicional que explora nuevos territorios sin dudar nunca de la posibilidad del retorno, y del emigrante, cuyo proyecto es fundar una nueva vida en otro lugar para afincarse y adaptarse y para quien el retorno es algo así como una derrota; también se diferencia del peregrino, cuyo viaje mismo es sagrado y cuya meta es un encuentro espiritual añorado, o de la del turista, cuyo viaje está programado para evitar sorpresas y sus experiencias están prefabricadas y mediatizadas por el mercado. Tampoco se trata del «nomadismo» celebrado por la sofística contemporánea. El exiliado es un expulsado de su país, alguien que sale involuntariamente para salvar su vida o salvarse del encarcelamiento y de esta manera pierde su estatuto legal y sus derechos de ciudadanía. Esto no sólo lo coloca en una posición de radical vulnerabilidad respecto al Estado, sino que también podría decirse que cae en una situación de relativa inexistencia, tanto jurídica como política.

Aunque todas estas líneas se cruzan con frecuencia es útil diferenciarlas en el contexto de este trabajo. El estado de ánimo del exilio ha sido siempre expresado en términos elegíacos. Su modelo poético son las *Tristezas* que escribió el desterrado Ovidio durante los últimos años de su vida. De la misma manera puede decirse que la *Odisea* es el modelo poético del viaje empresarial y la *Eneida* de Virgilio la epopeya del emigrante (aunque comienza como una huida). La expansión de las religiones testamentarias impuso la figura del exiliado –del paraíso–, la figura de Adán, como figura originaria de lo humano, en términos de errancia y culpa. Todos estos relatos permiten establecer una temporalidad que le sería propia al desterrado: la espera. El expulsado del paraíso espera la redención. En términos modernos, la reintegración a la comunidad original. El desterrado

---

(en este sentido más amplio, que incluye al exiliado, al refugiado, al apátrida) puede saberse si está dentro o fuera del ordenamiento» (Agamben 1996: 48).

de la nación espera un *ritorno in patria* que, proporcionalmente a la duración de su exilio, se hace cada vez más oscuro e improbable.

El inmigrante o el viajero se orientan al futuro, tiempo en el que se realizarían las metas que definen al emprendedor y a su empresa. El exiliado, por el contrario, proviene siempre de un descalabro y permanece cautivo de esa pérdida originaria. Lo que define su temporalidad es el tiempo pretérito de una posibilidad truncada por la derrota y un tiempo vacío, que simplemente restaría. Su presente anímico gira en torno a una complicada relación con la memoria. Como Ovidio en Tomis, el desterrado teje y desteje los relatos de la catástrofe.

Estamos hablando, por supuesto, de categorías significativas, no de biografías concretas. Un exiliado que se integre a una comunidad nacional propia o ajena deja de serlo. Se convierte en un ciudadano o en un inmigrante. El refugiado político habita un estado de suspensión: en el plano del derecho, debido a la ya mencionada indeterminación jurídica que conlleva; en el plano existencial, por esa espera que lo sustrae de comprometerse con ningún otro proyecto vital. Resumiendo, diremos que al exilio como modo de existencia le corresponde una temporalidad retrospectiva, un presente que se caracteriza por la provisionalidad de todo acto y una expectativa que sólo parece poder tomar forma como «débil aliento mesiánico» (Benjamin 1992: 141-142)[2].

---

[2] El exilio, como condición, podría ser también el lugar de una política futura. Para Agamben, el exilio ha adquirido una nueva dimensión política; quizás la más actual en un mundo que produce refugiados a gran escala y cuyo estatuto respecto a los derechos y deberes del ciudadano lo colocan en un lugar de indeterminación. Se trata de reivindicar la condición política del exilio: «reivindicar la "politicidad del exilio"». Según el italiano, si la condición humana misma puede definirse como fuga o exilio (*phygé*), habría que invertir entonces la concepción de un exilio como resto expulsado de la política (expulsado de la comunidad) y declarar la politicidad esencial del exilio como punto de partida para una nueva política, más allá del concepto de nación o de comunidad (Agamben 1996: 52).

El personaje del exiliado en Roberto Bolaño funcionaría casi como un concepto, en el sentido de los personajes-concepto que Deleuze encontraba en la literatura anglosajona. En Bolaño los poetas y los viajeros o los poetas errantes que habitan sus ficciones tienen un fondo inconfundible de exilio. Todo el universo narrativo de Bolaño está contaminado de exilio, de su incaducable marginación, de su extrañamiento e indeterminación. La literatura de Bolaño es una de las más sobresalientes contribuciones a la centralidad del exilio en la experiencia contemporánea.

En general, el exiliado de Bolaño es alguien que alguna vez estuvo involucrado en una experiencia colectiva, o para usar los términos de Alain Badiou, alguien cuya subjetivación estuvo ligada a un proceso de verdad *sui generis*, originado en un acontecimiento inclasificable y evanescente (Badiou 2008: 634 y 645). Proceso que el sujeto sostuvo y con el que se identificó y al que prestó su propia animalidad, digamos, y su creatividad personal. En otras palabras: alguien que, afectado por un acontecimiento indecidible, ha apostado por él, ha puesto su cuerpo para sostenerlo. Habiendo habitado en un pasado cada vez más distante, un tiempo tenso, cargado de expectativas, el exiliado cae bruscamente en un tiempo lineal y vacío que avanza sin sentido y sin promesa hacia adelante. Podríamos decir entonces que el exiliado en esta narrativa es un *postsujeto*, o sea, el *huérfano de un acontecimiento*, y que el desalentado vagabundeo de estos personajes ensimismados es una forma desencantada de fidelidad. Los relatos de exilio de Bolaño crean una figura desarraigada cuyo desarraigo no se construye desde la concepción posmoderna de la desterritorialidad sino desde la temporalidad de la derrota, que los ha convertido en excrecencias de un pasado cada vez más remoto. La figura del exiliado encarna como tal la posibilidad de una reversión de la situación, pues la abolición del exilio implicaría la reapertura del conflicto, del desacuerdo en el sentido de Rancière, es decir, de la política (Rancière 1996). Las alternativas al exilio son dos: una es el des-exilio, es decir, la integración a la vida ordinaria, sea esta la realidad social del país anfitrión, la nueva realidad del país de origen o aquella del mundo globalizado y multicolor que se imaginó al amparo de la idea del fin de la historia. La otra alternativa es la perseverancia subjetiva, aunque sea secreta, en esa especie de íntimo extrañamiento que el exilio supone. Una perseverancia como acto de resistencia. Las opciones mencionadas se relacionan con (o exigen) distintas disposiciones subjetivas y una distinta articulación entre olvido y memoria. El exiliado como tipo vive entonces necesariamente una temporalidad propia, forzosamente distinta a la temporalidad dominante, caracterizada por un ahora anestesiado y despojado de sus relaciones conflictivas con el pasado.

La pérdida de la juventud en Bolaño se articula con el descalabro de una lucha o el fracaso de una generación y hasta de una época. El tema de la juventud en Bolaño está estrechamente relacionado a la aventura generacional, política y existencial de los años sesenta y setenta en América Latina. La elegía de Bolaño entonces no es tanto la del que añora un concreto territorio de infancia y de juventud, aunque esto indudablemente pueda formar parte de la materia narrativa o del paisaje de la rememoración. Lo que se relata no son los avatares de la nostalgia sino el vagabundeo por las ruinas de un mundo momentánea o definitivamente despojado de verdades. Quizás la imagen que defina la exacta posición de este exiliado del siglo XX sea la famosa imagen benjaminiana del ángel de la historia. Su mirada está puesta en los escombros que la historia ha ido acumulando a sus pies. Como se sabe, el ángel querría detenerse, redimir ese pasado, pero está sometido a la violenta tempestad del progreso que lo arrastra irremisiblemente hacia el futuro. Hay una imagen en Bolaño que se acerca a esta manida cita, la que se refiere a una de las definiciones de real visceralismo en *Los detectives salvajes*. El real visceralista camina hacia atrás: «de espaldas, mirando un punto, pero alejándose de él, en línea recta hacia lo desconocido» (Bolaño 1998: 17). Y es ese ojo de ángel (que para Bolaño es también ojo de poeta), que no puede apartar la vista de la catástrofe originaria, la mirada que constituye a los sujetos de Bolaño.

Si el exiliado es el modo de experiencia de aquellos que se han visto apartados de la comunidad original, entendida esta en términos nacionales, tampoco podemos clasificar este nuevo lugar como el ingreso a una supuesta comunidad global libre de condicionamientos locales y abierta al disfrute del mercado mundial. No. El exiliado contemporáneo entra en la zona de indeterminación, desterritorializada, como una figura residual cuya experiencia no puede sino situarlo en una perspectiva de negatividad respecto a la gestión *policial* (Rancière 1996: 35) de los asuntos comunes y sus aparatos ideológicos. Los textos de Bolaño abundan en el tema del exilio, su nomadismo, su precariedad, su tristeza infinita (por ejemplo, «Días de 1978»). Pero también en la gravitación de otros exilios tan determinantes para la literatura latinoamericana como el interminable exilio español. En *Amuleto*, Auxilio, que ampara a los nuevos poetas de México y hace trabajos domésticos para poetas españoles como León Felipe o Pedro Garfias que murieron en el exilio, anuda de esta manera oblicua el exilio español con el exilio latinoamericano. Le presta a este último una resonancia histórica y registra las numerosas confluencias entre uno y otro, particularmente su parentesco político, al ser ambos la consecuencia de golpes militares de cuño fascistoide y ser ambos remanentes de una explosión emancipatoria similar que, con todas las diferencias del caso, hermana dos épocas cruciales de Occidente, las décadas del treinta y del sesenta. Esta temática que relaciona a España y América la toca Bolaño en *Monsieur Pain*, donde la sustancia de la novela es la agonía del peruano César Vallejo, un poeta latinoamericano que (como muchos otros) participó en la guerra civil española. Este enlace entre tiempos históricos produce algo cercano a una «imagen dialéctica» en el sentido de Walter Benjamin (Buck Mors 2005: 17), pero lo que aquí se articula como imagen instantánea por detrás o por el costado de la cronología es una conjunción de derrotas. Así, el exiliado latinoamericano no puede sino reconocerse en el exiliado español y su triste destino. Es decir, se podría decir que el largo exilio español alcanza una definitiva *legibilidad* cuando su final cronológico coincide con los comienzos del exilio latinoamericano del sur. Y este puede verse pavorosamente reflejado en aquel. Por otra parte, aunque íntimamente relacionado con esto, el exiliado que lleva el pasado de un acontecimiento en su propio estatuto ha de verse, a mi juicio, como una insistencia del pasado en el presente, como una cuenta pendiente que reclama su realización, o mejor dicho, su disolución. La reunión del exilio con la situación donde se originó no es entonces ni una reconciliación con el estado que lo expulsó ni un asunto humanitario, sino algo radicalmente político.

Las figuras que forman en la obra de Bolaño la textura del mundo post acontecimiento pueden rastrearse en esos lugares limítrofes en los que se hace tangible el *secreto del mal*, lugares ambiguos donde el sadismo, la religión, la explotación, el sexo y el dinero forman una articulación fascinante y cruel. Los lugares secretos de la tortura y la muerte, como el sótano de la casa de María Canales en *Nocturno de Chile*, el cuarto oscuro donde Carlos Wieder expone los cuerpos mutilados de sus víctimas en *Estrella Distante*, El Hotel Trébol desde donde «el Rey de los putos» (Bolaño 1999a: 78-89) dirige un submundo de extorsión, prostitución y muerte en *Amuleto* y, por supuesto, la rutina que enlaza religión, mutilación, deseo y negocio en la India imaginada en «El Ojo Silva». Pero quizás el ejemplo más revelador, en parte por su actual trascendencia, es el turbio mundo de *snuff movies*, violación y asesinato de mujeres, narcotráfico y complicidades políticas (y quizás literarias) en el desierto de Sonora en *2666*. Es allí donde los cadáveres dispersos trastornan el orden de visibilidad que socialmente separa la muerte de la vida, los cuerpos muertos y los cuerpos vivos, dibujando una topografía macabra de cadáveres desechables, escamoteados, sustraídos. En Santa Teresa, en el desierto de Sonora, «se esconde el secreto del mundo», dice un personaje de «La parte de Fate» de *2666* (Bolaño 2009: 439). Pero lo que poco a poco se va descubriendo es aquello que siempre ha estado allí, es decir, la normalidad. Lo que la narrativa de Bolaño va dibujando gradualmente hasta la exasperación es la convivencia, la complicidad del horror con el éxito, con la no violencia, con la actualidad, con la vida normal de seres normales, con la frivolidad de lo cotidiano, con la impostación, la superficialidad o la hipocresía de la mayoría y sus afanes de reconocimiento o de respetabilidad, incluidos los artistas (el caso más gráfico son las veladas de María Callejas). Estos lugares del mal son parte integrante y necesaria de la vida digamos «diurna», forman parte de su tejido existencial, traman su necesario lado obsceno, íntimamente relacionado con la sociedad consensual y despolitizada del capitalismo posthistórico. En lo esencial, el mundo de Bolaño se parece al de Onetti; lo que Bolaño (y la historia reciente de América Latina) le ha añadido a ese mundo es el ingrediente terrorífico. Se trata entonces de una violencia espectral y sistémica que lógicamente no puede cerrarse con el descubrimiento o la identificación de un culpable ocasional (el deseo que fundamenta el género policial), sino que lo que constituye su secreto es su carácter inmanente, anónimo, su condición sistémica, su carácter infernal. La derrota o el descalabro de una generación inspirada en una idea de justicia ilumina, en el sentido de que esclarece, el desierto contemporáneo. La derrota deja sin respuesta y sin ideas el mecanismo de lo que hay, donde nada tiene lugar salvo el lugar (parafraseando un verso de Mallarmé que Badiou suele citar). Sus herederos, los herederos de esa derrota, son entonces huérfanos de ideas o huérfanos de la idea. Y esto es así en la narrativa de Bolaño no sólo por las complicidades que sus relatos descubren entre lo que se muestra y lo inconfesable, sino por esa misma implicación del narrador con el mal, que descubre pavorosamente su propia complicidad en el horror. En mi opinión no debe leerse esto como una especie de posmoderna resignación a la muerte de las utopías y el sinsentido de toda iniciativa de justicia, sino que debe entenderse en forma más literal si se quiere: el mal no es la acción perversa de un individuo desequilibrado, de un otro ajeno y extraño. El mal no es una posibilidad sino uno de los nombres posibles de la cotidianidad, en un orden que tiene a la destrucción incesante como uno de sus motores. De la misma manera que la sociedad de consumo tiene su contracara inevitable en el aumento exponencial de la basura, a la modernidad del capitalismo tardío le desbordan las consecuencias de su propia destrucción. Los cadáveres que van apareciendo en el desierto mexicano en «La parte de los crímenes» de *2666*, cadáveres de obreras mexicanas explotadas por las maquiladoras y acuciadas por la pobreza, se consideraron desechables, incluso al punto de que son arrojados literalmente en el vertedero. Pero también son cuerpos torturados después de muertos, lo que implica que la tortura y el deseo sádico que se ejerce sobre ellos van más allá de su ser sujeto para extenderse en su ser deshecho, en su ser cosa. Para Gabriel Giorgi (2007: 49-50) implican la indistinción progresiva y la frontera móvil entre cosa, animal y humano. La difuminación entre subjetividad y vida desnuda. Y sostiene que Bolaño lo atribuye al mito apocalíptico del presente: un extraño Estado de excepción «sin Estado» o un Estado que se deshace[3].

---

[3] "Santa Teresa" encarna la imposibilidad de determinar el núcleo del Mal, su sentido o misión; dispone, en cambio, su puro contagio, su pura circulación sin rostro propio, el Mal como vacío y multiplicidad. El texto de Bolaño postula así un modo de resolver, a través de "Santa Teresa" como profecía total, la condición postestatal como "estado de excepción" permanente, aunque sin restitución de la ley trascendental del soberano, sin retorno del Estado. Es el estado de excepción como descomposición violenta e infinita. Esta es una versión del fin del Estado, versión que tiene lugar bajo un signo moral: el de un reino del Mal en el que el daño es irracional, atávico, ahistórico (o poshistórico), originado en el núcleo mismo de la especie, y que encuentra en el territorio profético de "Santa Teresa" su línea de despliegue definitivo. La serie, potencialmente infinita (de allí la profecía) de esas anatomías desfiguradas, informes, de esa materia arrancada a los cuerpos y vuelta cosa muriente sin nombre, es, en Bolaño, el espejo de la sociedad

Lo indudable es que estos breves infiernos de existencia semiclandestina, generados muchas veces en mercados informales del placer, convocan la ambigüedad o la ambivalencia de lo humano en tanto cuerpo sin idea. Son como agujeros proliferantes por donde expira la vida contemporánea, su mecánica del sacrificio. Precedido o auspiciado por una catástrofe, que siempre ya ha ocurrido, nada en esta narrativa nos permitiría aparentemente pensar que este estado de cosas pueda abrirse hacia una nueva posibilidad. Aparentemente se trata de un mundo de horizontes cerrados que converge secretamente en el matadero de Santa Teresa de «La parte de los crímenes» de *2666*. La inminencia, la tensión estirada al infinito, no parecen augurar una apertura sino una nueva catástrofe. El paradójico carácter clausurado o claustrofóbico de ciertos paisajes en Bolaño, donde ocurren siempre muchas cosas sin que eso parezca alterar nada esencial en la constitución sufriente del universo, se resume en un verso de Baudelaire sobre el viaje, sobre el amargo saber que el viaje genera y que Bolaño discute en «Literatura + enfermedad = enfermedad»: «En desiertos de tedio un oasis de horror» (Bolaño 2003: 151). Las alternativas de vida del hombre moderno se reducirían según Bolaño a dos: «o vivimos como zombis, como esclavos alimentados con soma o nos convertimos en esclavizadores, en seres malignos» (2003: 151). Lo que puede interpretarse como que toda iniciativa de libertad, toda desinhibición (o experiencia de soberanía como diría Bataille), sólo puede darse como atrocidad. «Hoy todo indica que sólo existen oasis de horror o que la deriva de todo oasis es hacia el horror» (2003: 152).

Sin embargo, como se sabe, el viaje como tal vertebra la narrativa de Bolaño. Empezando por el relato paratextual autobiográfico de su

---

sin Estado (o de la sociedad donde el Estado y su orden jurídico se "deshacen" incesantemente): la anomia como abismo hecho de esa carne irreconocible. Lo que "pasa" en Santa Teresa es la conversión de la persona en una cosa muriente: ése es el mito apocalíptico del presente de *2666*» (Giorgi 2007: 49-50).

viaje en ómnibus de México a Chile para apoyar a Salvador Allende; viaje por América Latina hacia la catástrofe porque llega para ser testigo del golpe militar y es incluso arrestado por unos días. El exiliado, sin embargo, puede transformar su destierro en una ocasión para la libertad (la fórmula de Amalfitano en *2666*) convirtiéndose en viajero. Para Bolaño viajar es una forma de sustracción, se viaja en busca de la experiencia, se viaja en pos de lo nuevo, sustrayéndose a la normalidad y a la repetición. Los viajes en Bolaño son un emprendimiento muchas veces colectivo de alcance incalculable. Viajar como una forma de desobediencia, viajar hacia lo desconocido. En «Literatura y enfermedad», la lucidez de Baudelaire sobre la inutilidad de los viajes se complementa con una exclamación paradójica de Mallarmé al final de «Brisa Marina», otro poema sobre el trágico destino de los viajes. Después de enumerar los desastres que esperan al marino, el poeta exclama: «¡Más oye oh corazón, cantar los marineros!» (2003: 144). Bolaño explica esta incongruencia de Mallarmé concluyendo que, por más descabellado que parezca, es necesario internarse en lo ignoto para encontrar cualquier cosa, incluso «lo nuevo», porque es justamente allí donde nos acecha el peligro más temido donde podemos encontrar un «antídoto». Y es imposible no relacionar ese canto de los marineros con el canto de la cruzada de los niños en el final de *Amuleto*.

Así, el exiliado de Bolaño, que tiene el raro privilegio de percibir con una claridad intrasmisible el horror del mundo, tiene unas pocas alternativas: por un lado, puede entregarse a una suerte de degradación que abarca desde la normalidad banal hasta la locura y el suicidio o bien convertirse en viajero[4]. Transformar la fuga en aventura, afrontar una búsqueda incalculable y riesgosa, convertirse en sujeto de un viaje.

---

[4] «Esta obra de Bolaño está constituida a partir de varios viajes que intrincan su recorrido entre sí; éstos tienen implicaciones definitorias en la conformación de los personajes involucrados en ellos. Para García Madero y Lupe el viaje representa el escape provisional del proxeneta que anda detrás de ellos pero también es el escape total de la convencionalidad; para Lima y Belano, es la oportunidad de

El Ojo Silva

Es significativo que al comienzo el narrador anuncie que el caso del Ojo Silva le parece «paradigmático y ejemplar» (Bolaño 2014: 11). Tendremos que concluir que lo es a pesar de la timidez del Ojo, su preferencia por la no violencia, su bajo perfil y su automarginación de los círculos de exiliados, su condición homosexual, problemática en aquel tiempo, incluso, como explica Bolaño, en los círculos de izquierda. A pesar de todo eso, Silva representa un caso paradigmático, el de una generación «que tenía alrededor de los 20 años cuando el golpe de Chile» (Bolaño 2014: 11). Paradigmático por su destinal relación con la violencia, que se puede comparar con el famoso «destino sudamericano» que formuló Jorge Luis Borges en su «Poema conjetural» de 1943 (Borges 2010: 187). Esto, la singular relación con la violencia, es lo que organiza toda la narración. La historia que el Ojo termina confesando al narrador es efectivamente una historia de violencia en la que se vio involucrado sin remedio. «[D]espués de reírnos el Ojo dijo que la violencia no era cosa suya. Tuya sí, me dijo con una tristeza que entonces no entendí, pero no mía. Detesto la violencia. Yo le aseguré que sentía lo mismo» (Bolaño 2014: 14). Aparentemente el narrador no entiende a lo que se refiere Silva, tampoco tiene por qué entenderlo el lector, y esta ambigüedad no se despeja. En el caso de esta historia el Ojo Silva es víctima de un doble aislamiento, de una doble exilio: el que lo apartó de su país y circunstancia política y el que lo aparta de la propia colonia de exiliados políticos por las características de su sexualidad. Su homosexualidad lo convierte en un archiexiliado. La condición de exiliado queda descrita en esta irónica frase:

---

llevar a cabo su búsqueda de Cesárea Tinajero, la poetisa que fundó el primer movimiento realvisceralista casi cincuenta años atrás de la fecha desde donde se narra. Toda la segunda parte de la novela es un viaje de veinte años alrededor del mundo buscando, en las palabras testimoniales de decenas de personajes a Belano y Lima después de su huida de México» (Herrera López 2012: 134-144).

Yo brindé por los luchadores chilenos errantes, una fracción numerosa de los luchadores latinoamericanos errantes, entelequia compuesta de huérfanos que, como su nombre indica, erraban por el ancho mundo ofreciendo sus servicios al mejor postor, que casi siempre, por lo demás, era el peor. (Bolaño 2014: 13-14)

Es importante la palabra *huérfanos* en este contexto, pero ¿huérfanos de qué, serían estos fugitivos errantes? También es significativa la palabra *errantes* y el hecho de que ofrecen sus servicios «al *peor* postor». El desterrado latinoamericano tiene ante sí la posibilidad, a veces inevitable, de la degradación que va de la mano de la desintegración del horizonte político e ideológico que garantizaba una cierta solidez subjetiva.

Las citas siguientes ponen de relieve el desapego del Ojo frente a los trabajos que desarrolla, su falta de compromiso con lo que hace: «Su oficio y no la curiosidad de turista lo había llevado hasta allí»; «*uno está para complacer a los editores*» (Bolaño 2014: 16, énfasis mío). La primera estaría señalando la degradación inevitable de quienes habiendo encarnado «la más noble de las causas» (Bolaño 1999c) se han convertido en mercenarios de intereses particulares. La segunda sugiere que el Ojo se esfuerza por participar de la normalidad de una sociedad de mercado contemporánea sin *creer* mucho en ella, y aceptando por conveniencia sus servidumbres. Esto confirma el destino de los derrotados que van perdiendo gradualmente la referencia política original, que los había situado a la cabeza de una tarea transformadora de carácter emancipatorio.

Hay otra característica del desterrado un poco más enigmática: cierta difuminación. A partir del primer encuentro en un bar en México, el Ojo parece rodeado de cierta irrealidad, «parecía traslúcido [...] de cristal» (Bolaño 2014: 13). Al narrador (un trasunto del Bolaño real) el rostro de Silva se le difumina con el tiempo y sólo permanecen en la memoria ciertos gestos o más bien una manera nada enfática de ocupar el espacio. Los datos sobre su aventura en la India son extremadamente vagos, ni siquiera queda claro en qué ciudad se desarrollan los hechos, ni el nombre del dios local al cual se ofrenda la castración de los niños, ni en qué parte de la India se refugia el Ojo con sus niños rescatados. El Ojo llega a decir que en ese momento él ya se «había acostumbrado a las pesadillas, que siempre sup[o] que estaba en el interior de un sueño, que eso no era la realidad» (Bolaño 2014: 24). En el personaje del Ojo se despliega entonces una historia de adaptaciones inevitables y de reminiscencias, de memoria y aislamiento, de supervivencia y descolocación. El exiliado de Bolaño vive la cotidianidad del destierro como una especie de trance onírico que ya no le abandona.

La fuga convertida en trayecto alternativo

A lo largo de esta historia dentro de la historia, el Ojo va sumergiéndose en un infierno que combina la degradación de los cuerpos y los símbolos de la religión. «Después el Ojo me describió el burdel y parecía que estaba describiendo una iglesia» (Bolaño 2014: 20). Ante la visión de uno de los niños castrados, Silva le saca una foto. Porque Silva es un mercenario (un fotógrafo profesional) que saca fotos de lo que le ordenan a cambio de dinero. Pero la cámara es también un ojo, el ojo del Ojo Silva. Un órgano que descubre y desea. «¿Le sacaste una foto?, dije. Me pareció que el Ojo era sacudido por un escalofrío. Saqué mi cámara, dijo, y le hice una foto. Sabía que estaba condenándome para toda la eternidad, pero lo hice» (Bolaño 2014: 20). El Ojo saca una foto de la víctima y surge otra vez la ambigüedad: ¿se trata de un acto de denuncia testimonial o de fascinación erótica? El Ojo mismo reconoce que se condena eternamente por fotografiar al niño antes de su castración. Bolaño tiene la delicadeza literaria de dejar en pie una multiplicidad de hipótesis que se refieren entre otras cosas al destino y a la naturaleza de la vanguardia artística y a dos concepciones de la belleza diametralmente opuestas pero en

Bolaño ligadas por lazos invisibles: una relacionada con la rebelión emancipatoria sostenida por buena parte de las vanguardias históricas («cambiar la vida») y otra que estetiza el horror. Aquí Silva se acerca a Carlos Wieder. En ambos la imagen del cuerpo mutilado ejerce una singular atracción. ¿Cómo se relacionan estos dos momentos? Carlos Wieder fotografía el resultado de sus crímenes, la tortura y mutilación de los cuerpos de las hermanas Garmendia. El Ojo Silva participa de esa fascinación visual y fotográfica y registra el cuerpo de los niños a punto de ser castrados, sólo que a continuación obedece a una casi irreflexiva voluntad de rescate. La fotografía en Bolaño aparece siempre que asoma la ignominia y como si constituyera la posibilidad siempre postergada de alguna develación definitiva.

El momento decisivo en que Silva actúa sin ideas ni proyectos previos, llevado como por un impulso, es también el único momento que Silva recuerda nítidamente. Es lo no-olvidable. El momento es más «real» para Silva que todas las demás referencias a su vida. Resulta quizás significativo que este individuo, que se caracteriza por una discretísima presencia, al punto que uno olvida fácilmente su rostro, sea precisamente *el Ojo*, es decir el fotógrafo, un órgano sin cuerpo y sin apenas biografía que capta, registra, testimonia la huella material que dejan las criaturas. Aquí la fotografía implica una superficie de inscripción donde seres invisibles para el mundo de las imágenes (el mundo de la publicidad y el de una estética *kitsch* para los que Silva trabaja) cobran existencia; de esta manera Silva, en el rol de aparato impersonal de captación gráfica, estaría resistiendo precisamente contra una estética de la desaparición[5].

---

[5] «[C]uando la fotografía había sido tomada, el fotógrafo, de un lado, pero sobre todo el objeto captado, "sabían" que trabajaban para el futuro. No ignoraban que se dirigían a un desconocido venidero al cual piden una cosa simple pero imperiosa, del orden del deber, y por consiguiente de la ley: nombrarlos. Aquel que lo mira en una fotografía, necesariamente del pasado sólo espera una cosa ¡que usted lo nombre de nuevo! Cada fotografía será, para Benjamin, una utopía, no del pasado, sino que, actuando en el pasado, nos espera» (Déotte 2012: 10).

A pesar del agravio que implican las fotos de Silva, la foto de los niños castrados (de su infinita fragilidad) no puede desligarse de toda la otra serie de fotos que interrumpen la narrativa de Bolaño, llevándolas hacia un punto de fuga: fotos de cadáveres desmembrados, de mujeres violadas y asesinadas, de cuerpos mutilados. En la situación inicial y aunque en un lugar fronterizo del capitalismo occidental, Silva está en el lugar del consumidor, es decir: pertenece a la normalidad en la que solemos perseverar por instinto básico de autoconservación. A él se le ofrecen unos chicos castrados como si se le ofrecieran auténticos productos de la tierra en el mercado local. Su desobediencia consistió entonces en violentar esta relación habitual. El Ojo Silva no toma una decisión, no se apoya en alguna modalidad de ética formal sino en un afecto, en una tristeza. No traza un plan sino que «maquina una voluntad» (Bolaño 2014: 22). Hay algo del orden del deseo y de un no saber (o de no saber todavía) que se apodera de él:

> Yo estaba llorando, o yo creía que estaba llorando, o el pobre puto creía que yo estaba llorando, pero nada era verdad. Yo intentaba mantener una sonrisa en la cara (una cara que ya no me pertenecía, una cara que se estaba alejando de mí como una hoja arrastrada por el viento), pero en mi interior lo único que hacía era maquinar. No un plan, no una forma vaga de justicia, sino una voluntad. (Bolaño 2014: 21)

El rostro propio de Silva está alejándose de él. Algo que lo excede lo ha capturado, una voluntad que (a pesar de la relativización que intercala) es voluntad de desobediencia y en definitiva de justicia, usa una violencia que no se describe, «roba» a los niños cuyo destino es ser castrados en aras de la tradición, la religión y la mercancía. Huye con ellos y vive con ellos, pero finalmente una enfermedad epidémica los mata a todos. Por un lado, el fracaso de la iniciativa salvadora es una repetición a pequeña escala del macrofracaso de las políticas emancipatorias. Por el otro, el acto de Silva es una apuesta sin garantías que recompone su historia, su pasado y, de alguna manera, su destino.

Es inevitable comparar el coraje de Silva, primero, con otros actos de coraje que aparecen a lo largo y ancho de la obra de Bolaño, pero también con la estética del coraje característica de ciertos relatos de Borges donde una valentía inútil consagra el duelo entre dos rivales como obra de arte. En este relato, sin embargo, aunque se trata de un acto que desde el punto de vista de su vida profesional (es decir de su interés personal) es una insensatez, lo reconcilia con su condición de exiliado, de extranjero, en la más honda significación de esta palabra.

Silva (arruinado) acude a su ex pareja, que lo había cambiado por un «levantador de pesas húngaro» (Bolaño 2014: 24) (y este detalle nos da oblicuamente la pauta de su soledad) y le pide dinero para poder viajar. Entre tanto llora

> por los niños castrados que él no había conocido, por su juventud perdida, por todos los jóvenes que ya no eran jóvenes y por los jóvenes que murieron jóvenes, por los que lucharon por Salvador Allende y por los que tuvieron miedo de luchar por Salvador Allende. (Bolaño 2014: 25)

Es entonces la juventud aquello por lo que se llora, es decir, por una juventud sacrificada. Una juventud a la cual le tocó participar en un histórico trance de justicia, es decir, un acontecimiento político. El relato no es la historia de ese trance que ha quedado sepultado por la derrota y oscurecido en el tiempo. El relato tiene como incógnita el destino residual de esa juventud, después de la catástrofe. La derrota del impulso emancipatorio de los años sesenta y setenta implicaría así no sólo el final de la juventud en una generación sino acaso el final de toda posible juventud, en la medida en que, en este contexto, juventud y desobediencia, o quizás mejor, juventud y sustracción a las leyes del capitalismo, serían conceptos implicados.

Mientras tanto, la normalidad allá afuera, en París, sigue su curso. Su pareja le brinda ayuda varias veces, con dinero, con averiguaciones. Digamos con toda seguridad que su excompañero es una «buena persona». Viaja incluso a visitarlo y hasta le ruega volver, pero entre tanto ya vive con otra pareja, un hombre completamente distinto a el Ojo, y hacia el final de la historia ese otro ha sido cambiado por un tercero, «un levantador de pesas» (esto también provoca cierta cómplice hilaridad entre los exiliados). No se nos puede escapar una cierta impresión de intercambiabilidad entre los amantes de su excompañero, una hedónica levedad, la de una «vida líquida» o la de «un amor líquido», para hablar en los términos de Zygmunt Bauman. Jamás se considera, por ejemplo, la posibilidad de que el compañero o amante de Silva se instale con él en ese pueblo remoto. Silva rehusa volver, permanece en la India con sus niños, pero lo que llama la atención es el abismo que ha surgido entre él y su pareja, más allá del buen trato que se profesan. No se trata de una pelea: no hay quejas, no hay recriminaciones. Más bien es el surgimiento de una diferencia diríamos que ontológica, una inconmensurabilidad.

La generación que vivió la caída de Allende, nos dice el narrador, está condenada de uno u otro modo a la violencia. Pero es evidente que esa exposición a la violencia, a sufrirla o a ejercerla, está relacionada al particular vínculo de estos sujetos con una trama de justicia. El sujeto deviene exiliado cuando otro como él se le presenta y entonces comprende la imposibilidad estructural de abandonar esa condición. El exilio como una condición involuntaria que se manifiesta en esa mínima diferencia con el otro. Una figura ligeramente descolocada, de extranjero irredimible, como esas figuras que Monet colocó en perspectiva errónea en algunos de sus cuadros (Sennet 2014: 75). También podríamos agregar: un cuerpo «manchado» (como el de Monsieur Pain) que puede sustraerse hasta cierto punto, pero nunca totalmente, a los dispositivos de subjetivación hegemónicos. Un sujeto en tanto pliegue, reserva íntima. Por eso el exiliado de Bolaño no sólo es una sorda reminiscencia, sino que guarda en su condición, aunque sólo sea como posibilidad, el recuerdo incómodo de una temporalidad perdida: la del acontecimiento que lo colocó en diagonal frente a la sociedad de su tiempo. «Y ese canto, es nuestro amuleto» (Bolaño 1999b: 154), dicen las últimas palabras de Auxilio en la novela que lleva ese nombre. O sea, un objeto poderoso e íntimo, el emblema de una fidelidad a algo que a la vez permite que ese algo pueda ser invocado siempre otra vez. Entonces habría una tensión nunca del todo resuelta en la melancolía de Bolaño: una melancolía ligada a la pérdida irrecuperable y el infinito duelo y otra experimentada como infinita inadecuación al mundo reconstituido de la derrota. Esta tensión toma cuerpo en la figura del exiliado. Gran parte de la narrativa de Bolaño descansa sobre las posibilidades que ofrece esa figura entre legal e ilegal como lugar de enunciación.

Bibliografía

Agamben, Giorgio (1996): «Política del exilio». En *Cuadernos de crítica de la cultura* 26-27: 52.
— (2011) «¿Qué es un dispositivo?». En *Sociológica* 26 (73): <http://www.revistasociologica.com.mx/pdf/7310.pdf>.
Badiou, Alain (2008): *Lógicas de los Mundos. El Ser y el Acontecimiento 2*, Buenos Aires: Ediciones Manantial.
— (2013): *Cinco lecciones sobre Wagner*. Buenos Aires: Akai.
Bauman, Zygmunt (2013): *Sobre la educación en un mundo líquido*. Buenos Aires: Paidós.
Benjamin, Walter (1992): *Sprache und Geschichte : Philosophische Essays*. Stuttgart: Reclam.
Bolaño, Roberto (1996): *Estrella distante*. Barcelona: Anagrama.
— (1997): *Llamadas telefónicas*. Barcelona: Anagrama.
— (1998): *Los detectives salvajes*. Barcelona: Anagrama.
— (1999a): *Amuleto*. Barcelona: Anagrama.
— (1999b): *Monsieur Pain*. Barcelona: Anagrama.
— (1999c): *El discurso de Caracas*. En *Letras libres*: <http://www.letraslibres.com/revista/convivio/discurso-de-caracas-venezuela>.

— (2000a): «Días de 1978». En *Putas asesinas*. Buenos Aires: Anagrama.
— *(2000b)*: «El Ojo Silva». En *Putas asesinas*. Buenos Aires: Anagrama.
— *(2000c)*: *Nocturno de Chile*. Barcelona: Anagrama.
— *(2003)*: *El gaucho insufrible*. Barcelona: Anagrama.
— *(2009)*: *2666*. Barcelona: Anagrama.
— *(2011)*: *Los sinsabores del verdadero policía*. Barcelona: Anagrama.
Borges, Jorge Luis (2010): «Poema conjetural». En *El otro, el mismo, Obras completas II*. Buenos Aires: Emecé.
Buck-Morss, Susan (2005): *Walter Benjamin, escritor revolucionario*. Buenos Aires: Interzona.
Déotte, Jean-Louis (2012): «El museo no es un dispositivo». Exil: Plataforma de producción poética (12): <https://exilsite.files.wordpress.com/2012/12/el-museo-no-es-un-dispositivo_jean-louis-dc3a9otte.pdf>.
Giorgi, Gabriel (2007): «Lugares comunes: vida desnuda y ficción». En *Revista Grumo* 7: 48-55.
Herrera López, Gustavo Pierre (2012): «Bolaño en el camino: El viaje como búsqueda de identidad en *Los detectives salvajes*». En *Confluenze* 4(1): 134-144.
Rancière, Jacques (1996): *El desacuerdo. Política y filosofía*. Buenos Aires: Nueva Visión.
Sennett, Richard (2014): *El extranjero. Dos ensayos sobre el exilio*. Barcelona: Anagrama.

Entre transgresión y racionalización
Políticas y escrituras del cuerpo en América Latina

Benjamin Loy
Universität Köln

Preguntas para una genealogía del cuerpo político y literario en América latina

Desde la Conquista y las políticas de expansión de la Corona española con el objetivo de «hacer oro de los cuerpos y de las ánimas» (Casas 2011: 45), continuando por las campañas de exterminio en nombre de las unificaciones nacionales del siglo XIX hasta la actualidad, la historia del poder en Latinoamérica siempre se ha podido leer también como una historia del cuerpo y de sus apropiaciones, dominaciones e intentos de control. En relación a estos procesos, las literaturas (y más recientemente también el cine) a su vez han reflexionado sobre las múltiples dimensiones y discursos de esas políticas corporales creando una discursividad propia, un «saber corporal» específico[1]. De esta manera, desde la época colonial, las literaturas latinoamericanas han constituido «espacios que pueden mostrarnos el modo de cómo esa discursividad fue tomada [...] en un conflicto que aún atraviesa los modelos discursivos dominantes en el continente» (García 2000: 89). El cuerpo y su «administración» adquieren una importancia especial en el contexto de las numerosas dictaduras

---

[1] Algunas reflexiones básicas acerca de este tema fueron desarrollados en Loy 2014b.

que durante los siglos xix y xx han dejado sus huellas en la historia latinoamericana y que han sido también un objeto central de las representaciones literarias y cinematográficas. Hasta mediados de la década de setenta, la figura del caudillo en las ya clásicas *novelas del dictador* es la que básicamente permite una lectura de los sistemas de poder en Latinoamérica en el sentido de una puesta en escena de regímenes que se basan fundamentalmente en la presencia y la visibilidad del cuerpo del dictador. Una pregunta clave, que surge en este contexto y que plantean las obras de autores como Asturias, Carpentier, Roa Bastos o García Márquez, es la que alude a la relación entre la realidad sociohistórica de ese tipo de sistemas de poder y los rasgos formales de las configuraciones literarias. Dicho de otra manera: ¿de qué modo se puede establecer un nexo entre las formas de representación del cuerpo de esos sistemas de poder y las respectivas políticas formales de las *novelas del dictador* si consideramos, como lo hace por ejemplo Christian Wehr, que en dichas novelas elementos dominantes como lo mágico-real, lo surrealista o lo grotesco «no son solamente medios de condensación atmosférica. Aparecen sobre todo como procesos de representación transgresivos en los que se releja la esencia irracional del caudillismo a sí mismo» (2005: 311)[2]?

Esta pregunta gana importancia si —en un intento de hacer visible cierta genealogía de las representaciones del cuerpo en la política y las

---

[2] Reside en esta perspectiva también la diferencia de este trabajo en comparación con el sugerente libro de Vázquez-Medina (2013), que analiza el tema del cuerpo en tres novelas de Roa Bastos, del Paso y García Márquez, estudiando básicamente cómo en esos textos «el cuerpo provee un lenguaje y una serie de imágenes que conjugan dos ámbitos: por un lado, el de la representación histórica y, por otro, el de la textualidad» (187). Sin embargo, en su interés por relacionar y situar dichos textos principalmente en el contexto de la llamada nueva novela histórica, no analiza en un sentido más estricto la relación entre cuerpo y poder/dominación violenta en el contexto de regímenes dictatoriales ni trata de leer el problema de lo corporal en una perspectiva de *longue durée*, que es lo que se propone el presente estudio.

literaturas latinoamericanas– se comparan los textos de los autores canónicos mencionados con la reciente producción literaria y cinematográfica (entre 1995 y 2015) en distintos países latinoamericanos, a la que se le ha asignado frecuentemente el adjetivo de «postdictatorial». Si se tratase de identificar un único punto en común de ese vasto y heterogéneo corpus de textos y películas, cuyo «post» se relaciona con la revisión de las políticas nefastas de los regímenes militares del continente instalados en el poder mayoritariamente entre 1958 y 1977[3], este podría ser el hecho de que el dictador como figura emblemática del género pareciera desaparecer casi por completo. Por ende, otra pregunta que este estudio se propone analizar abarca también los posibles motivos de esa ruptura en las representaciones corporales, que a su vez parten de una revisión de los nexos entre realidad política y representación artística. En otras palabras: ¿es posible leer las propuestas cambiadas en las estéticas literarias y cinematográficas recientes como reacciones frente a profundas transformaciones que diferencian los regímenes dictatoriales (militares) de la segunda mitad del siglo XX en Latinoamérica de los «caudillos clásicos» que los antecedían? ¿En qué sentido esa posible ruptura en los sistemas de poder afecta tanto las políticas del cuerpo como la representación del cuerpo en la producción estética?

Si en el contexto de este estudio se pretende hablar de fenómenos de vigencia continental, es evidente que las siguientes reflexiones no pueden ser más que una empresa de valor tentativo, considerando que, como ya advirtió Ángel Rama en sus trabajos acerca del dictador en la novela latinoamericana, «América Latina es una y múltiple, acechada por formas semejantes, padeciendo sufrimientos similares, pero viviéndolos dentro de culturas regionales específicas,

---

[3] Acerca de una visión conjunta de las distintas olas de regímenes de aspiración democrática y autoritaria en América Latina durante el siglo XX, véase Mainwaring & Pérez-Liñán 2013.

claramente delimitadas» (2008: 412)[4]. Empero, el presente análisis se propone desarrollar las perspectivas e hipótesis trazadas en estas líneas introductorias al enfocar determinados textos (y películas) que considera representativos para escenificar las problemáticas expuestas hasta aquí: para el caso de *las novelas del dictador* se trata *El otoño del patriarca* de Gabriel García Márquez (1976), pues esta se ubica precisamente en un punto de inflexión con respecto a las representaciones del cuerpo, conectando distintos «regímenes corporales»; como representativos de la producción postdictatorial –término que aplica particularmente a los países del Cono Sur– se analizarán las novelas *Dos veces junio* (2002) y *Ciencias morales* (2007) del autor argentino Martín Kohan, así como la trilogía fílmica del director chileno Pablo Larraín, conformada por las películas *Tony Manero* (2008), *Post Mortem* (2010) y *No* (2012).

El reino del patriarca: poder, visibilidad y cuerpos transgresivos

Fue precisamente Ángel Rama quien argumentó que en la figura del dictador latinoamericano –en sus múltiples versiones y términos– no se fundían simplemente un conjunto de fenómenos sociopolíticos sino, más allá de eso, los imaginarios más diversos de las sociedades latinoamericanas, adquiriendo el dictador de esta manera «una dimensión hiperbólica. Más que un hombre es entonces una sociedad entera la que en él funciona, o las demandas verdaderas aunque soterradas de una cultura» (2008: 403). En el fondo de la continua fascinación por los dictadores en la historia del continente, Rama

---

[4] Mainwaring y Pérez-Liñán en su estudio remiten, desde un punto de vista politológico, a la misma problemática al sostener que «Latin America has important common trends and influences, but it also has huge cross-country differences in everything from political regimes to the level of development» (2013: 25).

ubica un fenómeno que describe como «la desilusión del civilismo» y que apunta a la constante defraudación de las esperanzas políticas en América Latina desde la Independencia:

> En la medida en que la sociedad continuó siendo, en líneas generales, la misma, no se produjo la mutación de su orden económica y social y, por lo tanto, no se le concedió a los vastos conglomerados mantenidas en la marginalidad y el infantilismo, la posibilidad de ingresar a la participación y a la vida adulta, al siempre prometido y siempre postergado «orden democrático», que sólo puede ser afianzado por lo que en los textos de 1810 se llamaban «los derechos del hombre y del ciudadano», mal se podía entonces continuar con la diatriba mecánica sobre el poder personal. La gran sorpresa posterior a la caída de algunos grandes dictadores (Perón, Vargas, Rojas Pinilla, Pérez Jiménez, etc.) fue la nostalgia de ellos que llegó a provocar la aglutinación de enormes masas de desposeídos que reivindicaban su retorno al poder. (2008: 411)

Esta problemática, como ha demostrado Christian Wehr en un impresionante estudio, tiene que ver además con un *a priori* religioso, en el sentido de que en América Latina las «expectativas epifánicas les son inherentes a las justificaciones del poder político al igual que a las diversas culturas populares del subcontinente» (2005: 313). El punto decisivo de ese fenómeno longevo del dictador-caudillo es que su poder se basa de manera fundamental en una estilización de su figura a través de una constante política corporal performativa o, como señala Wehr con vistas al estudio histórico de Eickhoff,

> el caudillismo aparece como forma precisa de una ética ortodoxa de visibilidad y representación. En su centro se encuentra la presencia corporal del soberano. Se efectúa en exhibiciones ceremoniales del poder que tienen sus raíces en el antiguo testamento y que son variaciones seculares de una misión apostólica de fundar una comunidad. No constituye ninguna propiedad de su portador sino que es concedida por la masa y, por ende, de naturaleza performativa. (2005: 335)

Esta escenificación de una visibilidad corporal como elemento central del poder y de su legitimidad se observa asimismo en las novelas del dictador, si bien en su extensión estas varían entre una representación más bien distante del dictador, como por ejemplo en *El señor presidente* de Asturias[5], y un texto como *El otoño del patriarca* de García Márquez. Este último ubica tanto el tema del cuerpo del dictador como la construcción de ese cuerpo a través de múltiples actos performativos en el centro de la novela. Partiendo del episodio en torno al doble del patriarca, Patricio Aragonés, que remite claramente al famoso estudio de Kantorowicz sobre los dos cuerpos del rey[6], se hace evidente a lo largo de toda la novela que el poder del patriarca no se basa en ninguna estructura legal escrita y abstracta sino más bien en la presencia y visibilidad de su propia persona y la constitución performativa de esta a través del contacto directo con la masa de sus súbditos: «su poder no volvió a emponzoñarse la sangre con la conduerma de la ley escrita sino que gobernaba de viva voz y de cuerpo presente a toda hora y todas partes con una parsimonia rupestre» (García Márquez 1975: 12). En términos sociológicos se podría argumentar que el patriarca de García Márquez funciona de manera precisa como un representante de un sistema de poder que Max Weber en su estudio *Wirtschaft und Gesellschaft* identificó como poder carismático y que caracterizó de la siguiente manera:

> *Debe entenderse por «carisma» la cualidad, que pasa por extraordinaria (condicionada mágicamente en su origen, lo mismo si se trata de profetas que de hechiceros, árbitros, jefes de cacería o caudillos militares); de una personalidad, por cuya virtud se la considera en posesión de fuerzas sobre-*

---

[5] Lo mismo aplica para *El Supremo* de Roa Bastos, quien como *alter ego* del Doctor Francia es clasificado por Vázquez-Medina como «dictador atípico» (2013: 40), si bien habría que agregar la visibilidad de los castigos que aplica a sus súbditos «a quienes tortura y ejecuta públicamente» (Rama 2008: 435).

[6] Véase al respecto McKenna 2002.

naturales o sobrehumanas —o por lo menos específicamente extracotidianas y no asequibles a cualquier otro [...] La dominación carismática supone un proceso de *comunización* de carácter emotivo. [...] No existe reglamento alguno, preceptos jurídicos abstractos, ni aplicación racional del derecho orientada por ellos [...] sino que formalmente son lo decisivo las *creaciones* de derecho de caso en caso, originariamente sólo juicios de Dios y revelaciones. (Weber 2002: 193-195; énfasis en el original)

Ese poder carismático, definido esencialmente por la visibilidad corporal del soberano y su capacidad en cuanto creador de lazos afectivos con sus súbditos, se ve reflejado y multiplicado en *El otoño del patriarca* a través de la proliferación masiva de la imagen del dictador en cuadros, estatuas o monedas. Estos aseguran que su presencia pública con forma de un cuerpo simbólico ejerza un poder que va más allá de la presencia concreta del soberano, lo que se hace visible en el momento en que su cuerpo físico ya se encuentra en un estado de degradación absoluta y el patriarca ya no interactúa de forma directa con sus súbditos. Además, el poder del patriarca no se basa solamente en la presencia (real y simbólica) del cuerpo propio, sino que también se refuerza a través de la visibilidad del poder sobre el cuerpo del otro: esto último no se efectúa mediante un sistema disciplinario reglamentado (y por ende abstracto y previsible) sino a través de una forma de poder instantáneo y brutal en el sentido de la descripción que Foucault le asigna al soberano clásico: «El soberano no ejerce su derecho sobre la vida sino poniendo en acción su derecho de matar [...] El derecho que se formula como "de vida y muerte" es en realidad el derecho de *hacer* morir o de *dejar* vivir» (Foucault 1998: 163). En *El otoño del patriarca* la vida se desarrolla en forma caótica y no regulada hasta en los círculos más íntimos del sistema hasta que el dictador —frente a un peligro inminente para su poder— se ve obligado a asegurar públicamente la vigencia de ese poder. Esto se realiza a través de lo que Foucault en *Vigilar y castigar* describió en forma de los suplicios de la era premoderna, es decir, castigos públicos llevados a cabo sobre los cuerpos de los delincuentes que cuestionan su posición y que, de esta manera, constituyen parte del repertorio de castigos del patriarca frente a los que tratan de socavar su autoridad: «y con el mismo sentido del gobierno inmediato había ordenado a un matarife que le cortara las manos en espectáculo público a un tesorero pródigo» (García Márquez 1975: 91). Se efectúa aquí esa economía corporal del poder que –igual que la política corporal propia del patriarca– funciona según los parámetros de lo performativo y de la transgresión, y que a su vez se rige por un sistema paradojal de un «exceso medido», como lo describe Foucault:

> El suplicio penal no cubre cualquier castigo corporal: es una producción diferenciada de sufrimientos, un ritual organizado para la marcación de las víctimas y la manifestación del poder que castiga, y no la exasperación de una justicia que, olvidándose de sus principios, pierde toda moderación. En los «excesos» de los suplicios, se manifiesta toda una economía del poder. (1998: 23)

El fundamento del poder del patriarca se constituye, por ende, en la visibilidad permanente del cuerpo propio (que incluye más allá de su persona también el de su madre, cuyo cadáver preparado se exhibe en todo el país[7]) como en los castigos públicos de sus enemigos; un ejemplo es el caso del cadáver del traidor Rodrigo de Aguilar, que es presentado a los demás militares en un banquete público como forma de advertencia. Sin embargo, hacia el final de la novela de García Márquez se hace presente una ruptura de ese tipo de poder cuando el dictador anciano constata lo siguiente con respecto al nuevo gobierno instaurado por su esposa y las modificaciones en las prácticas gubernamentales: «todo era tan diáfano y humano que uno se preguntaba perplejo dónde estaba el poder de aquel aire oloroso a medicina perfumada, dónde

---

[7] La alusión a las políticas corporales en torno a Evita Perón es evidente. Véanse al respecto la novela *Santa Evita* de Tomás Eloy Martínez y el excelente estudio de Grinberg Pla 2013.

estaba la mezquindad y la inclemencia del poder en la conciencia de aquellos escribientes de camisas de seda que gobernaban sin prisa y en silencio» (García Márquez 1975: 186). Es esta aparición repentina del escribiente –según Michelet *le vrai roi moderne*– que señala la irrupción de la modernidad en el mundo arcaico del patriarca. El fenómeno también afecta de manera decisiva la estructura temporal de la obra: si bien Rama argumenta que la historia lineal de la vida del patriarca y del país que gobierna «quedan férreamente incrustados dentro de un sistema repetitivo que busca traducir la alucinación de eternidad del poder absoluto» (2008: 477) en un sentido cíclico, esta afirmación no resulta totalmente acertada si se considera que ante la muerte inminente del dictador se instaura un sistema de poder novedoso que rompe con el tiempo cíclico a favor de un tiempo lineal, propio de la modernidad. En ese sentido tampoco es casualidad que la figura que representa esa ruptura dentro de la novela lleve todos los atributos de un *dandy* frío, una figura prototípica de la modernidad: Ignacio Sáenz de la Barra, como el nuevo mandamás en el gobierno, establece «un servicio invisible de represión y exterminio» (García Márquez 1975: 210), burocratiza los asesinatos y acaba con los suplicios públicos a favor de una maquinaria aniquiladora moderna que difiere de manera fundamental de las políticas corporales ejercidas por el patriarca:

> [H]abía abolido el sistema bárbaro de ejecución por descuartizamiento con caballos y había tratado de poner en su lugar la silla eléctrica que le había regalado el comandante del desembarco para que también nosotros disfrutáramos del método más civilizado de matar, había visitado el laboratorio de horror de la fortaleza del puerto donde escogían a los presos políticos más exhaustos para entrenarse en el manejo del trono de la muerte. (1975: 191)

Es este el fin del poder carismático en el sentido weberiano que marca el final de la novela de García Márquez y que constituirá el centro de las novelas y películas postdictatoriales a analizar a continuación.

El cuerpo técnico-administrado: saber, tortura y racionalización en las literaturas postdictatoriales

Si la llegada de la silla eléctrica[8] y de los administradores de la muerte en *El otoño del patriarca* indica la entrada de la modernidad, que en este caso se puede ubicar aproximadamente en las primeras décadas del siglo xx, entonces este aspecto es clave en cuanto constituye el punto de partida para una nueva forma de opresión política que marcará la historia latinoamericana de los próximos setenta años bajo el lema del *terrorismo de Estado*[9]. Hay que enfatizar esta ruptura en los sistemas de poder en el contexto de este análisis, ya que –como se señaló al principio– si se toma en serio el postulado de que la producción estética sobre los dictadores (y las dictaduras) «se basa como ningún otro género de la literatura latinoamericana en la realidad social y política del subcontinente» (Wehr 2005: 310), entonces no se puede dejar de lado la pregunta de hasta qué punto las transformaciones en las representaciones literarias y cinematográficas se pueden leer en relación a los cambios significativos en las estructuras de poder reales. Una respuesta que apunta en dicho sentido es la ofrecida por el politólogo Guillermo O'Donnell, quien argumenta que con las dictaduras militares de los años sesenta y setenta efectivamente se establece un nuevo tipo de Estado y de poder en Latino-

---

[8] La primera ejecución de un reo por este método se efectúa en Estados Unidos en 1890 y –a pesar de haber sido testimoniada como un acto de crueldad en vistas de que el reo prácticamente se quemó vivo– fue celebrado como una nueva forma sofisticada y «civilizada» de matar; la electricidad se percibía como un signo del progreso y de lo moderno, que ahora también se podía aprovechar para matar de manera «limpia». Veáse al respecto Hedrich 2014.

[9] Riekenberg advierte al respecto: «Es cierto que el terrorismo de estado no se desarrolló de manera plena en Latinoamérica antes del fin de la modernidad en los años 1960. Sin embargo, su punto de partida remonta a los años 1930, en ese tiempo se formaron sus bases o formas tempranas en distintos gobiernos militares» (2014: 200).

américa. O'Donnell lo define como el *Estado burocrático-autoritario*: sustituye al *Estado pretoriano* que, con sus gobernantes carismáticos y sus ascensos y caídas cíclicos, formaba hasta los años sesenta «la historia normal de Latinoamérica» (O'Donnell 2009: 5). A partir de entonces, ese Estado, que en su esencia siempre había sido de alguna forma un Estado capitalista, experimenta una crisis fundamental a través de los distintos movimientos de izquierda que provocan a las clases dominantes y que incitan a los militares a establecer una nueva forma de poder para, como rezaba la metáfora corporal de la época, en palabras de Augusto Pinochet y otros militares, «erradicar el cáncer marxista» del cuerpo estatal infectado. El objetivo era recuperar, de esa manera, la confianza perdida del capital frente a la creciente amenaza del Estado capitalista por la aparición de «comportamientos y abstenciones de clases subordinadas que ya no se ajustan, regular y habitualmente, a la reproducción de las relaciones sociales centrales en una sociedad *qua* capitalista» (O'Donnell 2009: 49). A diferencia de las anteriores crisis de Gobierno, la crisis de la hegemonía de la dominación social capitalista, que se da a partir de los años sesenta, presenta una dimensión mucho más grave:

> Es el sacudimiento de esas relaciones y, con ellas, por lo tanto, del Estado en su realidad más profunda, lo que desata los temores más primordiales de la burguesía, así como de los sectores sociales e instituciones (entre ellos las Fuerzas Armadas) que suelen alienarse con aquélla para tratar de reinstaurar el «orden» y la «normalidad» (O'Donnell 2009: 55)

Para lograr esto no solamente es necesario excluir al sector popular de los puestos de influencia del proceso político y económico, sino también crear un nuevo modelo de Estado, cuya base es la racionalidad en oposición al «caos» de los tiempos anteriores. Un papel clave es desempeñado en este proceso –aparte de por los militares– por los técnicos y la burocracia, que «creen sinceramente servir a un abstracto interés general cuando ajustan su comportamiento a la lógica del funcionamiento de estos capitalismos» (O'Donnell 2009: 144). Son precisamente esos funcionarios los que ayudan a «restablecer la autoridad, no sólo en los grandes escenarios de la política sino también en los planos más celulares de la sociedad» (O'Donnell 2009: 20).

Si en *El otoño del patriarca* esos funcionarios personificados por los «escribientes en camisa de seda» aparecen sólo de manera lateral al final del texto, es en las novelas y películas de la producción postdictatorial donde estos personajes ocupan un lugar protagónico –implicando una serie de transformaciones importantes, tanto con respecto a la representación del cuerpo como a sus procedimientos estético-formales en general. Dos de los ejemplos probablemente más representativos en ese sentido son las ya mencionadas novelas de Martín Kohan: *Dos veces junio* (2002) narra la historia de un conscripto[10] anónimo y de su trabajo como chófer del doctor Mesiano, un médico militar en el Buenos Aires del Mundial de fútbol de 1978. Kohan muestra la dictadura desde la perspectiva de un pequeño engranaje dentro del sistema dictatorial para poner en escena el sentido en que el llamado *Proceso de Reorganización Nacional* también (y fundamentalmente) fue una (re)organización de los cuerpos: el cruce de racionalidad e inhumanidad, del saber sobre el cuerpo y su aplicación perversa en la tortura de los subversivos se transforma en el *leitmotiv* de la novela, presente ya en la frase inicial del texto que dice: «¿A partir de qué edad se puede empesar [sic] a torturar a un niño?» (Kohan 2002: 11). Esta es la frase que encuentra el conscripto anotada en un papel en su cuartel, y en vez de detenerse por un segundo en su contenido aberrante, sólo se concentra en el error ortográfico y su intento de corregirlo. Es en ese *incipit* de la novela donde se constituye toda su

---

[10] Riekenberg identifica al conscripto como un actor clave dentro de los fenómenos de violencia en la modernidad latinoamericana, argumentando que se trata de «[u]na figura típicamente serial entre los actores de la violencia que se creó en la modernidad [...] porque se creaba nuevamente una y otra vez como en una serie y el uno era idealmente siempre reemplazable por el otro» (2014: 168).

constelación básica, que relaciona el horror y el crimen sistemático con la ausencia de una conciencia y una reflexión sobre la responsabilidad individual recurriendo de manera evidente al *topos* de la banalidad del mal arendtiano, que rompe también en ese sentido con la dimensión mítica del dictador del «dios malo» de las novelas de Asturias o García Márquez[11]. Los cuerpos de los *desaparecidos*, que siempre son torturados y asesinados de manera clandestina, se transforman desde la perspectiva de Kohan en el estado de excepción permanente de la dictadura, en esa vida desnuda que Agamben definió como «vida humana que se puede matar pero que no se puede sacrificar: el *homo sacer*» (Agamben 2002: 93), o como dice el médico Mesiano en la novela: «Hay que pensar que un prisionero ya es un muerto» (Kohan 2002: 115). Esa vida desnuda –ya siempre condenada y lanzada a la muerte– se ubica en ese espacio intermedio característico entre inclusión y exclusión que señala Agamben y que en la novela se hace presente a través de los centros de tortura clandestinos, ubicados en medio de la ciudad y su vida pública. Los desaparecidos, como portadores de esas vidas desnudas, se ven excluidos por una sociedad en la que no se pueden integrar pero incluidos a la vez en un sistema de sumisión estructurada del cuerpo, que se basa en el saber sobre este. La novela de Kohan no enfoca a los torturadores mismos sino a los médicos que vigilan esos procesos, que transforman el horror en su lenguaje racionalista y disciplinado en «un mero asunto médico» (Kohan 2002: 21), escondiendo torturas y violaciones bajo expresiones como «proceder con un niño» (2002: 25) o «hacer uso de la detenida» (2002: 28) y transformando el cuerpo en mero objeto: «Un cuerpo era una cosa igual que las otras cosas» (2002: 90). Al mismo tiempo, el cuerpo sirve como superficie de inscripción que pretende perpetuar esas políticas corporales en la memoria de las víctimas. Se dice por ejemplo sobre una «lección» que se le da a una mujer en forma de

---

[11] Con respecto a la problemática del mal y su banalización véase Loy 2014a.

violación por un grupo de soldados: «Si alguna vez quiere olvidarla –dice el amigo–, el cuerpo se la va a recordar» (Kohan 2002: 98)[12]. La «desaparición de los suplicios» (Foucault 2002: 15), tan presentes aún en las políticas corporales visibles del patriarca de García Márquez, va de la mano con el establecimiento de ese biopoder que Foucault define como un poder «cuya más alta función no es ya matar sino invadir la vida enteramente. La vieja potencia de la muerte, en la cual se simbolizaba el poder soberano, se halla ahora cuidadosamente recubierta por la administración de los cuerpos y la gestión calculadora de la vida» (1998: 163). En la escenificación de las políticas corporales dictatoriales por Kohan se hacen legibles ambas dimensiones de ese biopoder foucaultiano, es decir, las estrategias disciplinarias del cuerpo humano por un lado y la regulación del desarrollo de la población por el otro: la dictadura no solamente extermina la vida sin valor de los subversivos y la evacua del cuerpo colectivo del pueblo, sino que también somete desde un principio la vida nueva y pura a un control permanente, un aspecto que en *Dos veces junio* se describe a través de la práctica conocida del secuestro de niños de «mujeres subversivas» y su posterior adopción por familias cercanas del régimen. La educación y el disciplinamiento de esos «cuerpos nuevos» constituye el centro de la segunda novela de Kohan, *Ciencias morales*, que narra la historia de María Teresa Cornejo, una preceptora del Colegio Nacional de Buenos Aires en los días previos a la Guerra de las Malvinas en 1982.

---

[12] Esta forma de la marca corporal como forma de comunicación remite a su vez a prácticas que no son specfícicamente modernas sino que remontan hasta la época colonial y hasta precolonial, manteniéndose como elementos arcaicos en esa característica «simultaneidad de lo no-simultáneo» que había postulado Carlos Rincón para el caso de la (post)modernidad en América Latina (1991: 248-249), y que Riekenberg describió de la manera siguiente: «También el propio cuerpo puede narrar la violencia siendo herido, mutilado o marcado de otra manera. Esta forma de marcar el cuerpo es un medio eficaz para intercambiar mensajes, así como recordar la violencia y transformar de esta manera la violencia en formas de vida o estructuras de poder» (2014: 70).

El colegio se transforma en la metáfora de la nación, siendo el lugar en el que se aplican las micropolíticas corporales que «[e]ra[n] parte del proceso de escritura corporal que habían diseminado los militares y que aún en la actualidad —en tanto registro mnémico— continúa produciendo importantes efectos» (García 2000: 175). María Teresa —lo pulcro que sugiere su nombre y que supuestamente caracteriza su castidad al principio de la novela será luego ironizado de forma violenta cuando empieza a espiar a los varones en el baño para pillar a los fumadores y donde su jefe la violará— es, igual que el conscripto de *Dos veces junio*, un engranaje del sistema disciplinario que inserta a los cuerpos de la juventud nacional en un régimen que controla tanto las normas corporales (cortes de pelo, vestimenta, etcétera) como el movimiento del cuerpo en el espacio y el tiempo, confluyendo estas dos dimensiones de manera ejemplar en el acto de formar filas al final de los recreos (véase Kohan 2007: 11-18).

Si bien el nexo entre razón y violencia es un tema recurrente en las novelas del dictador —donde los soberanos ilustrados de Roa Bastos[13] y Carpentier (cuya novela *El recurso del método* lleva la alusión a Descartes ya en el título) contrastan con el patriarca analfabeto y guiado por sus intuiciones de García Márquez—, pareciera que recién en las ficciones postdictatoriales la problemática relación de saber y violencia se transforma en un aspecto central de las narraciones, un hecho que también tiene que ver con los objetivos y las prácticas del terrorismo de Estado como los define Riekenberg en sus reflexiones sobre el nexo entre ciencia, burocracia y Estado en los nuevos sistemas de «reorganización social»:

> A la estructura de esos «sistemas organizacionales» no pertenecían solamente en un sentido más estricto la ampliación de la burocracia, la profesionalización de las fuerzas de orden estatales o la difusión de

---

[13] Acerca del tirano ilustrado, véase Vázquez-Medina 2013: 52-59.

autoconceptos empresariales en los cuerpos de oficiales de la policía, de la policía secreta y del ejército. Al mismo tiempo se trataba de manera más general de la creación de un nuevo saber de la violencia que era sujeto a un control científico y técnico. Regímenes del terrorismo de estado cooperaban entre ellos y con gobiernos consejeros extranjeros o también con expertos de seguridad privados que actuaban por motivos económicos. Mediante el terror de estado el estado cultivaba un saber de violencia que creaba con la ayuda de la ciencia, también de la medicina, y de consejeros extranjeros y por el que se regía al mismo tiempo. Figuras como el médico, que supervisaba la tortura física, representaban una nueva organización del saber en el terrorismo de estado de manera impresionante. (Riekenberg 2014: 200-201)

Hablando otra vez en términos de Max Weber, se podría argumentar que lo que se observa en los nuevos regímenes –a diferencia del caudillismo tradicional– es el paso de un poder carismático hacia un poder burocrático: si el patriarca de García Márquez representaba el gobernante carismático en términos weberianos, los técnicos de Kohan constituyen la base de los nuevos Estados autoritarios que se basan fundamentalmente en el principio de la razón:

> La administración burocrática pura [...] es a tenor de toda la experiencia la forma *más racional* de ejercerse una dominación; y lo es en los sentidos siguientes: en precisión, continuidad, disciplina, rigor y confianza; calculabilidad, por tanto, para el soberano y los interesados; intensidad y extensión en el servicio; aplicabilidad formalmente universal a toda suerte de tareas; y susceptibilidad *técnica* de perfección para alcanzar el óptimo en sus resultados. (Weber 2002: 178; énfasis en el original)

Si esta «dialéctica de la Ilustración»[14] –que más allá de las obras de Kohan se encuentra de manera parecida por ejemplo también en

---

[14] Las referencias de Kohan a los escritos de Adorno y Horkheimer son tan evidentes que no se tienen que profundizar aquí. Sin embargo, y considerando

textos como *Villa* (1995) de Luis Gúsman o *Nocturno de Chile* (2000) de Roberto Bolaño– constituye, junto a las transformaciones de los sistemas de poder descritas anteriormente, un fundamento filosófico-histórico importante para el tema de las escenificaciones del cuerpo en la literatura latinoamericana, no se debe omitir la pregunta inicial de este estudio por las transformaciones estético-formales que estos procesos implican. Sin tratar de homogenizar el corpus diverso de las *novelas del dictador* y sus escenificaciones del poder y del cuerpo, no resulta difícil concordar con Wehr en que estas aparecen «como formas de representación transgresivas en las que se refleja el carácter irracional del propio caudillismo» (2005: 311). Las marcadas tendencias de autores como Asturias, Roa Bastos o García Márquez «hacia lo grotesco sangriento, la hipérbole y la inmediatez afectiva» (2005: 322) son las que permiten establecer una relación intensa entre el funcionamiento de los sistemas de poder en cuestión y las características formales de las obras que los ficcionalizan. Esto implica también los efectos afectivos que dichos textos generan en el lector, como sostiene Rama, «esa zigzagueante intermediación entre la ira, la admiración, el rencor, el vituperio, el agradecimiento, el feliz reconocimiento, que es la propuesta inspirada por la novela. Porque ella pone a prueba […] la conciencia moral del lector» (2008: 475). Lo que posibilita un texto como el de García Márquez es que puede ser «vivido sensorialmente en la experiencia de la lectura» (2008: 478), provocando de manera ambigua que «el libro abra una puerta imprevisible a la conmiseración» (2008: 476). Esta conmiseración de la que habla Rama no es otra cosa que el clásico efecto del *pathos*, clave tanto para el funcionamiento de los regímenes afectivos de los patriarcas tradicionales

---

las también manifestas referencias a las hipótesis de Hannah Arendt (véase Loy 2014a: 185-192), sería interesante investigar en otro contexto en qué medida estos trabajos –escritos originalmente como reacción ante el facismo alemán– han servido como base importante para (re)leer las experiencias dictatoriales en América Latina, y hasta qué punto estas comparaciones resultan pertinentes.

como para las obras que los ficcionalizan (y que en ese sentido logran transponer en una especie de operación mimética esas estructuras afectivas de la realidad a la ficción como entidades que —como se ha visto— se superponen mutuamente en las creaciones corporales de los «dictadores clásicos»)[15]. Esa ausencia de la posibilidad del *pathos* es precisamente lo que caracteriza no solamente a los regímenes racionalistas y burocráticos y sus portadores e implementadores del terror de Estado, sino también a las narraciones postdictatoriales como en el caso de las novelas de Kohan o las películas de Larraín. La lógica de los afectos, que en la obra de García Márquez sigue un principio del exceso en términos metafóricos y lingüísticos, con la correspondiente escenificación de una corporalidad barroca en todos los niveles de la narración, es sustituida en las obras de Kohan por una afectividad racionalizada (que es a su vez mimética porque refleja la frialdad técnica que caracteriza el proceder de los nuevos soberanos). Todos los parámetros literarios —desde el lenguaje hasta las modulaciones espaciotemporales y las propias figuras— experimentan en las narrativas postdictatoriales un proceso de reducción y limitación: los dictadores como centros de irradiación de una estética excesiva desaparecen y son sustituidos por personajes corrientes y «banales», meros funcionarios dentro de los sistemas opresivos como el conscripto o la preceptora. Con esta pérdida de «esa pasión del personaje» (Rama 2008: 409) se cierra justamente la posibilidad de la conmiseración del lector y de un afecto catártico que los personajes opacos, fríos y estereotipados de Kohan ya no son capaces de evocar. El tiempo mitológico con los años incontables de vida del patriarca igualmente se contrae hacia las pocas semanas de la Guerra de las Malvinas o el servicio militar del conscripto. De la misma manera, la espacialidad de la diégesis

---

[15] Confirmo con esto una de las hipótesis centrales de Vázquez-Medina con respecto a las superposiciones entre el cuerpo político del dictador/Estado y el *cuerpo-texto*; sin embargo, el punto del funcionamiento afectivo, tal como lo describo aquí, no aparece en ningún momento en su trabajo.

se encoge, el radio del patriarca que abarcaba todos los rincones de su reino (y potencialmente se podía ensanchar hasta dimensiones cósmicas) es limitado a favor de los espacios cerrados de la disciplina foucaultiana –los cuarteles, las celdas, las clínicas, los colegios– donde «el estado creaba para sí una visión de conjunto de la violencia, de la misma manera de la que sabía controlar las informaciones visuales que se propagaban respecto a la violencia» (Riekenberg 2014: 208). Lo que cambia de manera decisiva también es, en resumen, el manejo de la visibilidad y la invisibilidad del cuerpo – un aspecto clave sobre todo en el marco de la producción estética postdictatorial, cuyos efectos se analizarán en el último punto de este trabajo en el medio más apropiado para reflexiones de este tipo: el cine.

(In)visibilizaciones del cuerpo o relecturas del corpus visual: el cine de Pablo Larraín

Destaca Riekenberg en su estudio que el Estado, como actor dentro del terrorismo que orquestaba, «creó nuevas topografías del saber de la violencia mediante la facultad de hacer visible o esconder la violencia de la manera preferida por él» (2014: 205). Esas políticas de la (in)visibilización de la violencia podían variar según los intereses de los respectivos regímenes: «En Chile por ejemplo se exhibía la violencia ilegal del estado abiertamente mientras que en Argentina se escondía de los ojos del espectador en espacios aislados» (2014: 206)[16]. Si el tema de la (in-)visibilidad de los cuerpos –como se ha visto a lo largo de este estudio– es clave en las políticas y las

---

[16] Riekenberg presupone como uno de los motivos específicos para el ocultamiento de las políticas aniquiladoras en el caso de Argentina la atención global aumentada por el tema del Mundial de Fútbol 1978. Sin poder decir más sobre estos aspectos, al menos pareciera que resultó cierto para algunos de los visitantes ilustres del campeonato, como el capitán de la selección alemana, Hans-Hubert

representaciones corporales en América Latina, entonces cabe preguntarse si este aspecto es aplicable también al cine como medio visual por excelencia. Tampoco en este último punto del análisis se trata de postular un ejemplo estético singular como «norma» dentro del campo vasto y heterogéneo que es la producción cinematográfica postdictatorial, sino más bien de un intento de extender la línea trazada hasta aquí con respecto al medio fílmico, con el fin de ampliar la perspectiva del análisis e indagar en posibles correspondencias en relación a una inquietud de representación común entre literatura y cine. Uno de los directores contemporáneos que se ha ocupado del legado de las dictaduras militares de una forma intensa e innovadora es el chileno Pablo Larraín, con la trilogía conformada por las películas *Tony Manero* (2008), *Post Mortem* (2010) y *No* (2012). Todas estas películas enfocan distintos momentos de la dictadura militar chilena (1973-1990): *Tony Manero* cuenta la historia de Raúl Peralta, quien –en plena dictadura a fines de los setenta– persigue su gran objetivo de ganar un concurso televisivo como mejor doble de Tony Manero, el personaje encarnado por John Travolta en la película *Saturday Night Fever*. Para lograr esto, Peralta –un individuo con rasgos de psicópata– comete varios asesinatos. Se mueve en un mundo de opresión, violencia e incomunicación, igual que el protagonista de *Post Mortem*, Mario Cornejo, quien trabaja como escribano en la morgue del Instituto Médico Legal de Chile. Cornejo es un testigo pasivo de los acontecimientos alrededor del Golpe de Estado del 11 de septiembre de 1973, que queda ajeno y distante ante los procesos convulsionantes en su país y –de manera algo parecida a Peralta– solamente se entusiasma frente a su única obsesión: su vecina Nancy, una bailarina del teatro Bim Bam Bum en Santiago de Chile. *No*, finalmente, completa la trilogía a través de una representación de

---

«Berti» Vogts, quien afirmó ante periodistas: «La Argentina es un país en el que reina el orden. No he visto ni un solo prisionero político».

la exitosa campaña publicitaria televisiva de la oposición chilena en torno al plebiscito de Pinochet del año 1988. La película es narrada desde la perspectiva del publicista René Saavedra, quien mediante el lanzamiento de una franja basada en la alegría y videos coloridos adaptados a los principios de la publicidad logra un inesperado éxito.

Las tres obras apuntan a un hecho señalado también por Wolfgang Bongers: «es la performance de los cuerpos humanos y de las distintas tecnologías audiovisuales la característica más destacada de la estética cinematográfica de Larraín, y [este] la expone a un juego de diversas rearticulaciones entre experiencia, memoria, historia y (an)archivo» (2014: 195). Más allá de la problemática del cuerpo como (an)archivo que investiga Bongers, lo que parece interesante –siguiendo la línea del estudio presente– es la mencionada problemática en torno a la (in) visibilidad de los cuerpos y las funciones políticas que se le atribuyen en ese contexto. Lo primero que llama la atención en las películas de Larraín es la ausencia y la invisibilidad del cuerpo colectivo. Ese cuerpo colectivo era una de las características centrales en las que se fundaba el poder del gobierno popular de Salvador Allende, un cuerpo cuya vitalidad y potencial amenazante –desde la perspectiva de las clases dominantes tradicionales– se capta a la perfección al revisar por ejemplo las impresionantes imágenes de la trilogía *La batalla de Chile*, documental grabado por Patricio Guzmán entre 1972 y 1973[17]: las masas de los trabajadores, pero también de los opositores del gobierno popular, pueblan las películas de Guzmán, donde predominan planos panorámicos de concentraciones masivas y las voces múltiples adquieren un protagonismo con sus cantos y

---

[17] Si bien no se trata de omitir las diferencias entre el género documental de Guzmán y el ficcional de Larraín, hay que subrayar que lo que aquí interesa es –más que aspectos genéricos– el problema de la escenificación de la imagen de determinados acontecimientos históricos. Véase también el interesante paralelo que describe Bongers en relación a *Post Mortem* con un documental alemán de la época (2014: 202).

consignas. De esta presencia del cuerpo colectivo vital –tan decisivo, como se ha mostrado, en el sistema weberiano basado en el carisma del soberano[18]– no queda prácticamente nada en las películas de Larraín: Santiago parece un espacio fantasmal por donde deambulan Peralta y Cornejo y cuando este último se ve confrontado por una vez con ese cuerpo colectivo es por mera casualidad, al introducirse en una manifestación con su auto. El único momento en el que ese cuerpo colectivo se hace visible es precisamente en los días posteriores al Golpe de Estado en *Post Mortem*, cuando la morgue de Cornejo se llena de cadáveres (que Cornejo, sin ninguna muestra de afectividad, se apresura a tratar de acuerdo a las normas burocráticas vigentes del nuevo régimen)[19]. Al mismo tiempo, esa desaparición del cuerpo colectivo en las películas de Larraín va de la mano con el surgimiento de un nuevo tipo de corporalidad, marcada fundamentalmente por la idea del cuerpo individual y atractivo de la sociedad de consumo: tanto la obsesión de Peralta por su ídolo Tony Manero como la de la bailarina Nancy, que lucha de manera desesperada por mantener su figura para poder seguir participando en los espectáculos del Bim Bam Bum, muestran en *Post Mortem* esa nueva forma del cuerpo (neo)liberal(izado). Este alcanza a su vez una nueva forma colectiva en los videos publicitarios de la franja plebiscitaria en *No*, donde destaca la presencia masiva de cuerpos «bellos e impecables», de acuerdo a las premisas de la publicidad de la sociedad de consumo. El efecto ambiguo que surge de *No* se debe precisamente al choque de la escenificación consumista y neoliberal de un objetivo político que aspira

---

[18] Evidentemente tampoco se trata de igualar aquí a Salvador Allende con los caudillos descritos anteriormente, sino de resaltar el hecho que también el gobierno de Allende (¡electo en elecciones democráticas!) se basaba de manera fundamental en políticas de la visibilidad del presidente y de instrumentos de una participación política directa como el plebiscito.

[19] También Cornejo en ese sentido funciona como un representante de un mal banal (véase Loy 2014a: 190-192).

a destituir al régimen político que instauró esos principios como centro de su actuar político y económico, o en palabras del director: «Ahora, ¿es sólo la derrota de Pinochet o es también la victoria del modelo de Pinochet? Esa ambigüedad creo que es la concepción de la película» (2012: en línea).

Más allá de esa ruptura en las formas de (in)visibilizar el cuerpo, son llamativos los paralelos entre el cine de Larraín y una serie de obras literarias postdictatoriales con respecto a la representación de la dictadura en tanto acontecimiento histórico narrado y visualizado. Bongers acierta plenamente cuando afirma que en las películas de Larraín «El golpe se muestra elípticamente a través de los restos y la destrucción» (2014: 193), y que «en toda la trilogía de Larraín la dictadura funciona principalmente como un fuera de campo fantasmático» (2014: 199): es llamativa la ausencia total del Golpe de Estado «como tal», es decir, con respecto a la presencia de imágenes de la memoria colectiva como el bombardeo del Palacio de la Moneda o lugares emblemáticos de las crueldades dictatoriales, como el Estadio Nacional (como sí se pueden ver por ejemplo en la segunda película de Guzmán, en calidad de testimonio histórico de los acontecimientos). Lo que se observa en el cine de Larraín es algo que se podría describir como una «estética de la huella» porque esas imágenes emblemáticas, en el sentido de un *corpus* colectivo de lo visual, ya sólo existen en forma de restos o alusiones, como por ejemplo cuando el Golpe de Estado en *Post Mortem* se anuncia únicamente a través del ruido de un avión militar mientras Mario se está duchando (como huella auditiva de las imágenes del bombardeo). Esa misma estética de la huella se encuentra en las novelas de Kohan: así aparece por ejemplo en *Dos veces junio* el tema de las desapariciones en la dictadura argentina, sólo a través de un anillo de boda que el conscripto encuentra en la arena delante del estadio mundialista (véase Kohan 2002: 63); o el de la Guerra de las Malvinas, mediante las postales que manda el hermano de la protagonista, enrolado en el ejército (véase Kohan

2007: 20). Esa forma elíptica se relaciona en Larraín también con los mismos fenómenos estéticos de «racionalización» observados anteriormente en Kohan, que difieren de manera drástica de la visualización del cuerpo como se encuentra con respecto a la época de la Unidad Popular en Guzmán: los planos panorámicos y la escenificación de múltiples lugares abiertos como escenario vital y político se reducen a planos imposibles e inmóviles (véase Bongers 2014: 191-192 y Loy 2014a: 191), la espacialidad tiende permanentemente hacia los espacios cerrados (la morgue, las casas, el cine), y la voz del comentarista guzmaniano y los mencionados cantos son sustituidos en Larraín por películas en las que reina más el silencio que el diálogo y que transportan esa «austeridad brutal» (Ramírez 2010: 76) también a nivel formal y técnico (véase Bongers 2014: 202). Frente a la proliferación de imágenes de la represión militar, el cine de Larraín busca esquivar ese *corpus* visual o, cuando recurre a ello, desplazarlo como, por ejemplo, cuando en una escena de carácter metareflexivo de *Post Mortem* se muestra la autopsia del cadáver de Salvador Allende, representando ya no el cuerpo del soberano aclamado y constituido por el colectivo, sino muerto y sometido a las normas racionales que reducen el cuerpo simbólico a un conjunto de fragmentos fisiológicos.

A modo de resumen, se puede constatar que también a nivel cinematográfico se observan importantes transformaciones en las formas de narrar y escenificar el cuerpo que –de manera muy parecida a los procedimientos observados en la producción literaria– reaccionan frente a las rupturas de las políticas corporales implementadas por las respectivas dictaduras militares en América Latina. Este estudio no pretende ser de ninguna manera exhaustivo sino más bien proponer algunas pistas para una posible genealogía del cuerpo en las políticas y las producciones artísticas de América Latina, que han experimentado transformaciones significativas a lo largo del último siglo y en el contexto tanto de realidades como de obras artísticas múltiples y complejas, cuya investigación está lejos de ser concluida.

Bibliografía

Agamben, Giorgio (2002): *Homo sacer. Die souveräne Macht und das nackte Leben*. Frankfurt a. M.: Suhrkamp.
Agencia EFE (2012): «Pablo Larraín – Cannes: Película "NO" es una historia que "merecía contarse"»: <http://www.lanacion.cl/pablo-larrain-cannes-pelicula-no-es-una-historia-que-merecia-contarse/noticias/2012-05-18/114922.html>.
Bongers, Wolfgang (2014): «La estética del (an)archivo en el cine de Pablo Larraín». En *A Contracorriente* 12(1): 191-212.
Casas, Bartolomé de las (2011): *Brevísima relación de la destrucción de las Indias*. Barcelona: Linkgua.
Eickhoff, Georg (1999): *Das Charisma der Caudillos: Cárdenas, Franco, Perón*. Frankfurt a. M.: Vervuert.
Foucault, Michel (1998): *Historia de la sexualidad I. La voluntad de saber*. Buenos Aires: Siglo XXI.
— (2002): *Vigilar y castigar: Nacimiento de la prisión*. Buenos Aires: Siglo XXI.
García, Raúl (2000): *Micropolíticas del cuerpo. De la conquista de América a la última dictadura militar*. Buenos Aires: Biblos.
García Márquez, Gabriel (1975): *El otoño del patriarca*. Barcelona: Plaza & Janés.
Grinberg Pla, Valeria (2013): *Eva Perón: cuerpo-género-nación. Estudio crítico de sus representaciones en la literatura, el cine y el discurso académico desde 1951 hasta la actualidad*. San José: Editorial de la Universidad de Costa Rica.
Hedrich, Markus (2014): *Medizinische Gewalt: Elektrotherapie, elektrischer Stuhl und psychiatrische «Elektroschocktherapie» in den USA, 1890-1950*. Bielefeld: transcript.
Kantorowicz, Ernst (1957): *The King's two bodies. A study in mediaeval political theology*. Princeton: Princeton University Press.
Kohan, Martín (2002): *Dos veces junio*. Buenos Aires: Debolsillo.
— (2007): *Ciencias morales*. Barcelona: Anagrama.
Loy, Benjamin (2014a): «"Solamente cumplo con mi deber" – la banalidad del mal y las dictaduras militares en la novela y el cine contemporáneos

de Chile y Argentina». En Hartwig, Susanne (ed.): *Culto del mal, cultura del mal: Realidad, virtualidad, representación*, Madrid / Frankfurt a. M.: Iberoamericana / Vervuert, 183-198.

— (2014b): «Vom Leib des Patriarchen zur Inszenierung der Bio-Macht - Transformationen von Körperdiskursen und Diktaturdarstellungen im lateinamerikanischen Roman und Film der Gegenwart». En Hiergeist, Teresa & Linzmeier, Laura & Zubarik, Sabine (eds.): *Corpus. Beiträge zum 29. Forum Junge Romanistik*. Frankfurt a. M.: Peter Lang, 191-202.

MAINWARING, Scott & Pérez-Liñán, Aníbal (2013): *Democracies and Dictatorships in Latin America. Emergence, Survival, and Fall*. Cambridge: Cambridge University Press.

MCKENNA, Maureen (2002): «Los dos cuerpos del dictador: el poder del doble en dos novelas canónicas del dictador». En *Hispanic Journal*, 23(1): 11-20.

O'DONNELL, Guillermo (2009): *El estado burocrático autoritario 1966-1973: triunfos, derrotas y crisis*. Buenos Aires: Prometeo.

RAMA, Angel (2008): *La novela en América Latina. Panoramas 1920-1980*. Santiago de Chile: Ediciones Universidad Alberto Hurtado.

RAMÍREZ, Christian (2010): «Pablo Larraín. Una habitación cerrada». En Cavallo, Ascanio y Maza, Gonzalo (eds.): *El novísimo cine chileno*. Santiago de Chile: Uqbar, 73-84.

RIEKENBERG, Michael (2010): *Caudillismus*. Leipzig: Leipziger Universitätsverlag.

— (2014): *Staatsferne Gewalt. Eine Geschichte Lateinamerikas (1500-1930)*. Frankfurt a. M.: Campus.

RINCÓN, Carlos (1991): «Borges und García Márquez oder: das periphere Zentrum der Postmoderne». En Weimann, Robert & Gumbrecht, Hans Ulrich (eds.): *Postmoderne – globale Differenz*. Frankfurt a. M.: Suhrkamp, 358-365.

VÁZQUEZ-MEDINA, Olivia (2013): *Cuerpo, historia y textualidad en Augusto Roa Bastos, Fernando del Paso y Gabriel García Márquez*. Madrid / Frankfurt a. M.: Iberoamericana / Vervuert.

WEBER, Max (2002): *Economía y sociedad. Esbozo de sociología comprensiva*. México D.F.: Fondo de Cultura Económica.

WEHR, Christian (2005): «Allegorie – Groteske – Legende. Stationen des Diktatorenromans». En *Romanische Forschungen* 117: 310-343.

FILMOGRAFÍA

GUZMÁN, Patricio (1975-1978): *La batalla de Chile*.
LARRAÍN, Pablo (2008): *Tony Manero*.
— (2010): *Post Mortem*.
— (2012): *No*.

(Re)presentar lo ausente
La obra de Teresa Margolles y Óscar Muñoz

Natalia Aguilar Vásquez
New York University

Teresa Margolles y Óscar Muñoz son dos artistas latinoamericanos contemporáneos cuyas obras dialogan con el contexto socio-político de violencia de sus respectivos países, México y Colombia. Este interés es perceptible en su esfuerzo por (re)presentar y hacer visible en sus obras a aquellos que ya no están, que han muerto o quienes son, en la mayoría de los casos, víctimas de la violencia: del crimen organizado, la guerra contra las drogas y las desapariciones forzadas. La obra de Margolles gira en torno a la recolección, tratamiento y exhibición de segmentos y residuos biológicos de cadáveres. Dichos cuerpos siempre son de personas asesinadas, cuerpos abandonados en las morgues por los familiares o intercambiados por un funeral apropiado –la mayoría de las víctimas y sus familias no tienen los recursos para enterrar los cuerpos–. En el caso de Óscar Muñoz el artista colombiano crea archivos a partir de fotografías de obituarios publicadas en los periódicos de su país, estas fotos son integradas y desintegradas a partir de la experimentación con técnicas como el dibujo, la pintura y la proyección de imágenes con materiales cambiables y vulnerables a variaciones en el entorno, como agua, polvo de carbón y azúcar, entre otros.

A través de un análisis comparativo de dos de las obras de estos artistas, *Aliento* (1995) de Muñoz y *Vaporización* (2002) de Margolles, este ensayo propone entender dichas obras como «narrativas alternativas» a las versiones de los hechos de la violencia y sus imágenes/fotos publicadas en los medios de México y Colombia. Estas «narrativas alternativas» comprometen y renuevan la participación del público al facilitar encuentros físicos y emotivos con la muerte, los muertos, la pérdida y realidades pasadas. La motivación para analizar en conjunto la obra de Muñoz y Margolles nace de la convicción de que, en su interés por ocuparse de temas relacionados con la muerte, la obra de ambos artistas revela un fenómeno visual y social recurrente en Latinoamérica: la constante exposición y sobreexposición a imágenes de la violencia –fotografías de muertos y crímenes en los periódicos nacionales y la televisión– ha hecho al público «inmune» a estos actos violentos. El curador y crítico de arte colombiano José Roca menciona de manera explícita la obra de Óscar Muñoz, Teresa Margolles y otros como José Alejandro Restrepo, por ejemplo, como comentarios críticos a la llamada «normalización» de la violencia[1]. Sin embargo, vale preguntarse cómo se construyen estas «narrativas alternativas» que retan a un público indiferente, y cuál es el rol del espectador en su construcción y en la obra de arte.

Teresa Margolles: cadáveres y biopolítica

La obra de Teresa Margolles gira en torno a la muerte y a la presencia del cadáver y sus huellas en el espacio público. Margolles presentó en el pabellón mexicano de la Bienal de Venecia de 2009 la exposición titulada *¿De qué otra cosa podríamos hablar?* Entre las

---

[1] Dice Roca: «En particular, uno de los rasgos que más se han invocado como propios al arte colombiano de finales de los noventa es la reflexión en torno a la violencia. En Colombia, las imágenes violentas son una presencia cotidiana en los medios —especialmente en la televisión— en donde han erosionado lentamente la sensibilidad del público frente a actos extremos. Esto ha resultado en un escalamiento de la tolerancia visual, por así decirlo [...]» (2003: en línea).

obras que la artista incluyó está *Bandera,* un lienzo sumergido en sangre recogida de escenas del crimen en los estados del norte de México, en la frontera con Estados Unidos. La artista colgó el lienzo sumergido en reemplazo de la bandera de México, entre las de la ciudad de Venecia y la de la Unión Europea; la «bandera» daba la bienvenida a los visitantes del pabellón. La misma técnica sirvió para la creación de otras obras como *Narcomensajes*: «pinturas de sangre» que fueron bordadas con mensajes encontrados al lado de los cuerpos de personas asesinadas. En la misma exposición de Margolles se presentó *Ajuste de cuentas*, una serie de piezas de joyería hechas de oro y pedazos de vidrio de ventanas de carro destruidos durante el fuego cruzado entre bandas, y la obra *Tarjetas para cortar cocaína*, mil tarjetas distribuidas durante los días de la Bienal. En cada una de las tarjetas se imprimió, en una de las caras, la foto de la cabeza de un hombre que parece haber sido torturado hasta la muerte, y en la otra el logo de la Bienal y el texto: «Persona asesinada por sus nexos con el crimen organizado» y «tarjeta para cortar cocaína» (Springer 2009: en línea).

Con la integración del cuerpo humano, del cadáver y de sus restos biológicos como medio plástico, Margolles presenta su propia narrativa de la violencia en México. El proceso de creación mismo establece un diálogo con los hechos violentos y los hace aún más «visibles» en la esfera pública al traerlos y exponerlos en los espacios destinados al arte, los museos y las galerías. Margolles lee sobre los crímenes en los periódicos e investiga el lugar exacto donde ocurrieron los hechos; una vez el cuerpo ha sido recogido, ella recolecta lo que queda, algo así como «las sobras» del cadáver: sangre, saliva, orina, barro y otros desechos. Los restos del cadáver presentado usualmente van acompañados de texto, fichas cuya información ha sido tomada de artículos de periódico que registran las muertes diarias y dan crudos detalles sobre los crímenes. Los métodos y técnicas artísticas de Margolles han sido criticados en más de una ocasión por las connotaciones éticas del uso de material biológico y los canales para conseguirlos, que implica en ocasiones sobornar a las autoridades o negociar los restos con las familias de los muertos[2]. Sin embargo, curadores como Cuauhtémoc Medina, uno de los académicos que más se ha ocupado de la obra de Margolles, asegura que con estos mecanismos la artista revela al público la corrupción de las instituciones mexicanas, da visibilidad a víctimas que de otra manera quedarían en la impunidad y ofrece los recursos para dar una sepultura digna a personas de escasos recursos (Medina 2001: 31).

En lo que concierne al «uso apropiado» de restos biológicos, su formación como médico forense le ha permito tener acceso a esos «residuos» de cuerpos. Antes de trabajar como artista independiente Teresa Margolles fue miembro fundador del colectivo artístico SEMEFO, acrónimo de «Servicio Médico Forense», un grupo que comenzó en 1990 a hacer performances y luego obras de arte creadas a partir de cuerpos muertos. El colectivo tomó el nombre del departamento de la policía mexicana encargado de practicar autopsias a víctimas de la violencia y cuerpos no identificados. Margolles, quien se graduó en 1993 como forense, no sólo trabajó en el colectivo artístico sino también en el departamento de la policía del mismo nombre. Estas prácticas sin duda han sido repetidas y han evolucionado en su trabajo como artista independiente. En lo que concierne a las alegaciones y críticas que cuestionan de manera ética el trabajo de Margolles, sin duda es cierto que en el proceso de investigación, negociación, recolección y

---

[2] Dice por ejemplo María Campiglia, quien cuestiona de manera rotunda los métodos artísticos y la contribución estética de la obra de la artista mexicana: «Buena parte de la obra de Margolles es posible sólo a partir de la violación de una serie de normativas que supondrían consecuencias de carácter penal [...] Pero es sorprendente que si bien estas operaciones se hacen públicas no sólo nunca se le ha levantado una demanda [...], sino que siempre ha contado con el cobijo institucional. [...] Es innegable que Margolles desvía, saca y vacía de sentido materias y procedimientos del ámbito jurídico» (2014: 113-114).

preparación de material para sus obras la artista se aprovecha de la corrupción de algunas instituciones mexicanas[3]. Ahora bien, al exponer en sus obras la «flexibilidad» de dichas instituciones, su obra refleja una realidad social de México: ciertas vidas son violadas y vividas en los márgenes de la ley debido a decisiones políticas y disputas de poder.

Si se entienden sus obras de arte como reflejo de las características políticas del Estado mexicano y la violencia en el país, estas confrontan la actitud de la sociedad hacia la muerte y exploran las implicaciones de la distinción entre una vida «políticamente constituida» y una «vida desnuda» —en términos de Giorgio Agamben— a través de la (re)presentación del cadáver. En esta misma línea, el pensamiento biopolítico establece un vínculo entre la ley y la vida biológica del cuerpo humano. Es decir, que el cuerpo se politiza, está subordinado a las decisiones de otros y sobre todo a tecnologías diseñadas para controlarlo y/o matarlo (Giorgi 2014: 18). En *Homo Sacer*, Giorgio Agamben ha escrito sobre la existencia de dos tipos de vidas en la tradición política de Occidente a partir de la figura del *homo sacer* bajo las leyes del imperio romano. En la antigüedad romana *homo sacer* era aquel ciudadano cuyos derechos eran revocados; el soberano automáticamente autorizaba a otros a matar al *homo sacer* sin culpa o castigo. La existencia de esta norma abre un espacio dentro del marco de la legalidad en el que los derechos ciudadanos son vulnerables a los poderes del soberano, como sucede también en las democracias contemporáneas bajo la figura del «estado de excepción»[4]. La teoría de

---

[3] Uno de los ejemplos más citados es el de su obra *Lengua* (2009), donde la artista exhibió la lengua con *piercing* de un adolescente asesinado en una pelea callejera. Para obtener la lengua Margolles negoció con la madre del muchacho, quien accedió a dar el órgano a cambio de la sepultura del cuerpo de su hijo (Campiglia 2014: 118).

[4] Anthony Downey explica que la definición del término *homo sacer* —en inglés «sacred man»— de Agamben no tiene connotaciones religiosas; en contraste, el término viene de otra acepción de la palabra «sacred», dejar a un lado o apartar.

Agamben muestra que existen mecanismos válidos ante la ley para la segregación al distinguir entre dos formas de vida; para nombrarlas, Agamben toma prestado del griego términos que definen dos tipos de vida; *bios* y *zoé*. *Zoé* expresa el simple hecho de vivir, común a todos los seres vivos; *bios* indica la vida propia de un individuo o grupo (Agamben 1998: 9). En la distinción de formas de vida en griego y en la de Agamben, *bios* no se privilegia sobre *zoé*. Ahora bien, una vez que el sujeto ha sido declarado *homo sacer* este pasa a ser «vida desnuda» o simple «zoé». En este contexto, «zoé» es en definitiva inferior, es una vida despojada de derechos.

En esta línea de pensamiento, «el cadáver» que Margolles presenta en su obra es la presencia material de disputas de poder, pues muestra, de un lado, la carne, los rastros biológicos que caracterizan a toda *zoé*, y por el otro lado que no hay un lugar delimitado para la muerte, porque en las circunstancias de México la muerte está en todas partes: en las calles, la morgue y el museo. Otros aspectos que reiteran la asociación entre los cuerpos usados por Margolles y el pensamiento biopolítico de Agamben es la cosificación de los restos humanos de las víctimas —son presentados como objetos: obras de arte— y la anonimidad en la que la artista deja la identidad de los cuerpos aun cuando son estos los protagonistas de sus obras. Los fragmentos de los cuerpos que son trasladados de la morgue al museo, sin ningún tipo de ritual mortuorio, son re-expuestos en la esfera pública. Al omitir los nombres y las historias personales de aquellos que murieron y ahora son presentados como «carne» la artista impide que el espectador pueda identificarse o reconocer a ese cuerpo como *bios*. Margolles establece una distancia entre restos biológicos e identidad, lo que reitera que su obra no pretende la restitución de «la condición humana» o el *bios* de dichos cuerpos sino la reiteración y visualización de su carencia de derechos.

De esta manera, la definición enfatiza el momento de ser y estar aislado de la sociedad y al margen de la ley (Downey 2009: 111).

La «mirada forense» y *Vaporización* (2002)

El lenguaje y los métodos de (re)presentación del «cadáver» en la obra de Teresa Margolles son los de la «mirada forense». En su estudio del crimen en los medios y la cultura popular Mariana Valverde caracteriza la «mirada forense» como una visión que se enfoca en el conocimiento y dominio del mundo material. Esta manera de ver presta atención especial a los rastros físicos dejados por las actividades del diario vivir y la relación causal entre dichos eventos, en suma: el mundo se percibe de manera semiótica (Valverde 2006: 85). Esto significa que la «mirada forense» construye una narrativa de la realidad basada en observaciones y en la asociación de signos que no parecen estar conectados a primera vista. Gabriel Giorgi ofrece otra posible definición de la «mirada forense» cuando explica que este tipo de «mirada» condensa una fenomenología de la violencia: una manera de organizar los cuerpos de las víctimas en temporalidades y topografías que se cruzan en el cadáver (2014: 214). La perspectiva de Giorgi concibe el cadáver humano como un agente que «habla», que ofrece las pistas para entender las maneras en las que la violencia ocurre, pistas e indicios que se relacionan en el tiempo y el espacio: tiempo como el pasado del sujeto que el cadáver fue (revelado en retrospectiva), pero también el tiempo biológico del cuerpo, su descomposición. En términos espaciales, se refiere a la conexión física entre el cadáver y el allí donde yace. Por ejemplo, la presencia del cadáver transforma un lugar en una «escena del crimen», y de manera recíproca, dicho espacio «habla» sobre las condiciones de muerte del cuerpo.

De manera complementaria, la «mirada forense» de Valverde propone una lectura semiótica de esta conjunción entre tiempo y espacio que se cruzan en «el cadáver». Esta aproximación semiótica sin duda se relacione con la manera en la que Margolles trabaja: además de ser forense y ver el cuerpo desde su composición material y biológica, sus obras nunca presentan el cadáver completo; siempre aparece como segmento y la unidad está ausente. El cuerpo muerto, como conjunto de signos que son leídos e interpretados por el forense, se expone a la audiencia como fragmento. Se puede decir que el espectador es confrontado con una visualización y un lenguaje forense del cuerpo muerto, y que al mismo tiempo es instigado a aproximarse al cadáver a través de una «mirada forense» para ensamblar una narrativa de la víctima basada en los signos corporales y las pistas que Margolles presenta en el museo.

Vaporización (2002) es una instalación que simula una sauna; la audiencia es invitada a un cuarto lleno de vapor que es inhalado, se impregna en la ropa y que absorbe la piel. El agua difundida en el aire ha sido previamente usada para lavar cadáveres en la morgue durante las autopsias. Los visitantes desconocen el origen del agua al entrar a la sala y sólo se enteran de su supuesta proveniencia una vez sus cuerpos han estado en contacto directo con el líquido, experiencia que desencadena sentimientos de repulsión y hastío. En esta instalación, el uso y la presencia del «cadáver» no es tan visible como en otras donde, por ejemplo, la sangre es el componente principal. No obstante, esto no significa que los restos de los muertos no sean el eje central de *Vaporización*; el hecho de que las huellas del cuerpo de los muertos se presenten como «invisibles», pues se mezclan con el agua con que se limpiaron los cuerpos y se vaporizan en el aire, añade el elemento de sorpresa en el momento en que la audiencia se entera de la proveniencia del agua usada. El cadáver de las víctimas se presenta de manera literal como materia principal para la creación de la obra, y al mismo tiempo esta presentación se vale de mecanismos de representación al exponer «el cadáver» en el museo.

Visto a través de la «mirada forense», *Vaporización* crea un espacio interactivo, algo así como una escena del crimen donde los espectadores deben explorar, interactuar y descifrar el enigma detrás del vapor que los envuelve. La pista es el vapor mismo, un signo que funciona como sinécdoque que convoca el todo de un cuerpo que permanece invisible, pero presente. Al traer a colación la parte por el todo Margolles se refiere tanto a ausencia como a presencia; a través del agua, y una vez los visitantes se enteran de cuál es su composición, es inevitable no visualizar el cadáver o bien los cadáveres que fueron lavados y ahora son inhalados y absorbidos por la piel. Por lo tanto, la sinécdoque se expande: el agua no sólo cuenta la existencia de un cadáver sino de muchos cuerpos que se encontraron en la misma morgue bajo la inspección de un forense. Incluso más: si la audiencia está ya saturada de la masiva publicación de imágenes de los muertos y de las cifras que registran los asesinatos diarios, en *Vaporización* la artista se asegura de confrontarla con «los cadáveres», de hacerla recordar los muertos e involucrarse hasta el punto de compartir el mismo cuerpo en la constante inhalación del agua vaporizada.

El agua es crucial como elemento mediador de esta interacción entre los muertos y los vivos. Visto desde una perspectiva occidental tradicional y dualista, el agua es un elemento natural comúnmente asociado con pureza, limpieza y vida; por consiguiente, se le atribuye la capacidad de desinfectar lo abyecto y lo impuro. Son sin duda estas preconcepciones del agua las que acercan tanto al público y facilitan el contacto físico en la instalación. El cadáver, por el contrario, es visto como materia en descomposición y signo de la muerte. Aunque a primera vista opuestos, el agua se convierte en aliado y vehículo de la muerte o de una «vida después de la muerte» constituida a partir de la unión de cuerpos. La integración de estos elementos —vistos tradicionalmente como antagónicos— muestra qué tan borrosas son en realidad las aparentes divisiones entre la visualización y materialidad de la vida y la muerte; si en el vapor conviven la pureza del agua y la caducidad de la carne, el cuerpo de los espectadores es de manera análoga un vehículo similar que alberga la vida del espectador de la obra y la muerte de la víctima de violencia. ¿Cuáles son las implicaciones de crear una obra de arte que se involucra de manera corporal con la audiencia? Volveré más adelante a esta pregunta.

Óscar Muñoz: los archivos de los muertos

El artista colombiano Óscar Muñoz es reconocido por experimentar en sus obras con autorretratos fotográficos y fotos de personas que han muerto y que en ciertos casos fueron víctimas de la violencia. Muñoz reproduce estas fotos al imprimirlas, dibujarlas o reflejarlas con polvo de carbón y azúcar sobre espejos, metales y agua; el resultado son obras materialmente frágiles, vulnerables al paso del tiempo y a los cambios físicos en el ambiente. Gracias a estas combinaciones de medios y técnicas plásticas, la obra de Muñoz le permite al espectador visualizar procesos de descomposición y deterioro que usualmente son imperceptibles al ojo humano. Al hacer esto, Muñoz también expone otros de los temas principales de su trabajo artístico, el interés por ilustrar la paradójica relación entre el proceso de creación de la foto y la memoria: en el deseo de capturar un momento evanescente para impedir que se nos escape, tomamos la foto y con esta foto el recuerdo, ahora petrificado, muere.

Las fotos que Muñoz integra y desintegra en sus obras hacen parte de archivos que el artista ha constituido a lo largo de su carrera. Su interés por la recolección de material fotográfico comenzó durante la década de los setenta cuando compró por kilo un grupo de 3.000 fotografías y negativos tomadas por fotógrafos ambulantes, los llamados «fotocineros», en Cali, su ciudad natal. Los «fotocineros» usualmente trabajaban en el espacio público de la ciudad –plazas, puentes y parques– fotografiando la rutina de los transeúntes; después de tomar la foto los «fotocineros» ofrecían un recibo a los paseantes para que, una vez reveladas, recogieran sus retratos en un estudio de la ciudad. Por supuesto, muchas de las fotografías no eran reclamadas y los negativos descartados o apilados en depósitos. Muñoz compra parte de estas fotos y emprende la tarea de organizar el material y dar sentido a las imágenes, ya que desconoce las identidades de los fotografiados y de los fotógrafos. Este anonimato refleja el valor social e histórico que Muñoz ve en estas fotos; para él las imágenes no sólo documentan la vida social y pública de los caleños sino también los cambios arquitectónicos y el desarrollo urbano de la ciudad, la vida en comunidad[5]. Así, las fotos que iban a ser desechadas se transforman en cápsulas del tiempo, objetos de valor colectivo que cumplen una función como envases de la memoria de la ciudad.

La colección de los «fotocineros» es la fuente principal de varias de su obras, como *El puente* (2004), en la que una selección de las fotos fue proyectada en las aguas del río Cali desde el puente Ortiz, ubicado en el centro de la ciudad. El puente Ortiz es un lugar emblemático y de gran valor histórico, su construcción –ordenada por Fray José Ignacio Ortiz, un visionario que también llevó a la ciudad la primera imprenta y fundó el primer colegio para mujeres– data del siglo XIX; el puente conecta el norte con el centro administrativo y comercial de Cali, y de ahí que durante las décadas de los cuarenta y cincuenta fuera el cruce más concurrido de la ciudad. Al proyectar las fotos en las aguas, las imágenes alcanzan una dimensión simbólica; primero, por ser recipientes de memoria, en la medida en que dicen algo sobre el paso del tiempo en la ciudad y sus transformaciones; en segundo lugar, porque regresan como proyecciones incitando a los transeúntes que cruzan el puente –en el ahora, presente– a reconocerse a sí mismos o ver sobre la superficie a sus padres o abuelos mientras las imágenes ondean al ritmo de las aguas. El agua –también crucial para la obra de Margolles– es el medio que sostiene la imagen, y aunque los paseantes pueden reconocer identificar los detalles de la foto la imagen es más frágil que nunca, ya que no es físicamente tangible y depende del temperamento del río.

---

[5] Dice Muñoz: «Compré a finales de los años 70 un archivo de 3.000 fotos callejeras. Tenían mucho que ver con la historia de la ciudad, cómo un espacio se fue transformando, y la ropa, el contorno, el contexto. Cualquier transeúnte que pasa puede pensar que el parque y el puente siempre estuvieron ahí, pero resulta que donde hay un parque había un edificio [...]» (2012: en línea).

En términos básicos, un archivo es un conjunto ordenado de documentos que un individuo, grupo o institución colecta. El archivo es un corpus de información que permite el almacenamiento, recolección y, en algunos casos, la evaluación de conocimiento y hechos históricos (Merewether 2006: 10). Jacques Derrida hace notar que el archivo es un lugar en el que se entrecruzan pasado, presente y futuro; su creación implica una revalidación del pasado a través de los ojos del presente. El archivo entonces puede asociarse con el retorno de aquello que creemos muerto, como un espectro o fantasma, que revive de un pasado histórico para cobrar sentido en el presente. Dice Derrida que el archivo es espectral *a priori*, pues «regresa a la vida» cuando es interpretado en el futuro (1995: 84). Al revivir el trabajo de los «fotocineros» Muñoz conjura un fantasma que, más que hablar del pasado, demanda la atención del público que los integra en su presente histórico, activando narrativas alternativas de lo que fue y es la ciudad de Cali. En testimonios de los espectadores de la proyección sobre el río, algunos de ellos van más allá del contexto local para establecer relaciones entre la obra y características de la violencia en Colombia. Mauricio Prieto, uno de los colaboradores en la instalación de *El puente,* cuenta: «algunos de los peatones que se detuvieron a observar las imágenes construyeron relaciones alrededor del tema de la violencia, dentro de sus conversaciones se refirieron a la práctica de botar los cadáveres al río, práctica que ha sido muy común en Colombia y que se acentuó en el periodo de la violencia de los años cincuenta» (Mosquera 2012: en línea). Estas interpretaciones de la obra, aunque distantes de la idea inicial de mostrar los cambios urbanos, conectan este primer archivo de los «fotocineros» con el segundo archivo creado por Muñoz a partir de fotografías tomadas de obituarios publicadas en los periódicos nacionales.

El artista recorta las fotos de los recién fallecidos y las utiliza, de nuevo, como fuente principal de la obra, dejando a un lado los detalles de los individuos fotografiados. A pesar de que el artista ha sido explícito al mencionar que este segundo grupo de fotos no pretende hacer alusión al contexto violento de Colombia y a la memoria de los desaparecidos o asesinados (Muñoz 2011: 147), como en el caso de *El puente*, son varios los académicos y los críticos de arte que relacionan las obras que integran las fotos de los obituarios con dicho contexto[6]. En contraste, su interés radica en proponer un análisis de la vida de la imagen en general, sin referirse a identidades o pasados individuales. Sin embargo, aunque las interpretaciones que proponen una visión social que advoca por las víctimas del conflicto colombiano en la obra de Muñoz no esté ligada a su «intención» inicial, es pertinente al analizar el cambio de percepción de las fotografías de obituarios que conforman estas obras. Son estas interpretaciones las que hacen de las obras de Muñoz un caso pertinente para la consideración del arte y la estética como plataformas para reconsiderar el «valor» de las imágenes y la obra de arte en contextos de violencia. En este caso al dejar las fotos de cierta manera «sin contexto», el artista activa el archivo de tal manera que los espectadores pueden crear su propia narrativa a partir de una foto distante en tiempo y espacio.

---

[6] Dice Lupe Álvarez, curadora de la exposición *Disolvencia y fantasmagoría*, que presentó la obra de Muñoz en el Museo Municipal de Guayaquil, Ecuador, que «*Aliento* conjura, aunque sea en un inframince (presente delgado), la fragilidad de la memoria, y nos recuerda, con el cruce de miradas, esa fuerza constituyente de la relación con la otredad. En esta obra no podría omitirse la referencia al contexto político, pues la desaparición de personas en el conflicto armado que el país vive […] representa quizás uno de los fantasmas que atraviesa la conciencia común» (2009: 167). El historiador Jaime Humberto Borja Gómez también relaciona *Aliento* directamente con el contexto violento de Colombia: «el desaparecido, invisibilizado por la fuerza de la costumbre, está inserto en el espejo donde nos reflejamos, que sólo con nuestro aliento se hace presente. Es decir, cuando es tocado por nuestro propio cuerpo» (2011: 88).

Espectros y *Aliento* (1995)

Aliento (1995) es una instalación que consiste en doce discos metálicos en los que el artista imprimió los retratos de siete personas fallecidas, cuyas fotografías habían sido publicadas en las páginas del obituario; las fotografías fueron elegidas al azar del archivo construido por el artista durante años. Los discos colgados en línea horizontal sobre la pared son espejos que invitan a la interacción. Es de importancia mencionar que, a primera vista, las fotos no son visibles para la audiencia. Los discos que han sido usados como lienzo, sobre los que se imprimió una serigrafía de las fotos, fueron cubiertos después con una capa de grasa que mantiene la fotos escondidas en las profundidades del espejo. El rostro secreto de esos *otros* congelados en el tiempo después de morir, cuya existencia se invoca a través de una foto fija, aparece por un instante frente a los espectadores después de que se les pide que exhalen directamente sobre los discos. El aliento calienta los espejos, conjura el retrato y da nueva «vida» a los muertos; por unos segundos, la exhalación de los vivos recuerda a los ya fallecidos. *Aliento* hace tangible, a través de la impresión con materiales y superficies alternativas, la existencia de los muertos, su recuerdo y conmemoración como juego entre dicotomías; ausencia/presencia, concreción/disolución.

El archivo, como explica Derrida, es como un «espectro» que existe y toma forma en el presente; algo similar pasa con las fotos de los seres queridos que miramos cuando ellos han muerto: una sola foto tiene el «poder» de traer a la memoria recuerdos tan vívidos que parece, como lo describió Roland Barthes, que «punzan». Sin duda, la foto de los muertos conjura, como el archivo en conjunto, los espectros o fantasmas del pasado. Al pensar las fotos que integra Muñoz en *Aliento* como espectros, es lógico que las fotografías extraídas de los obituarios aparezcan y desaparezcan a merced de la respiración de los vivientes. Es decir, que al conceptualizar el espectro se hace posible que una foto sea visible e invisible, esté «viva» y «muerta» y se refiera al pasado al existir en el presente. La relación que propongo entre los espectros y la fotografía para analizar el alcance de las imágenes en la obra de Óscar Muñoz en la «desnormalización» de la violencia en Colombia se constituye sobre la distancia que existe entre el referente y la imagen, tanto en la foto como en el espectro. De nuevo, las reflexiones de Jacques Derrida –quien subraya la importancia de las ideas expuestas en el libro de Barthes *Cámara lúcida*– sobre la fotografía como medio en el que la muerte y el referente se encuentran, y como facilitadora de experiencias emotivas que incitan el deseo de contacto físico (Derrida & Stiegler 2002: 115), son el antecedente de mi perspectiva crítica a la obra de Muñoz. Influenciado por el estructuralismo, Barthes propone entender la creación fotográfica al dividir el proceso en partes; lo fotografiado, la foto y el espectador (aquel que ve la foto). En ese sentido, la definición de Barthes de la fotografía funciona como reconstrucción del signo lingüístico formado por un significado y un significante. El primero es el sujeto fotografiado, la persona de carne y hueso; el segundo es la imagen, la visualización de ese sujeto.

Es relevante mencionar que Barthes denomina el referente de la foto –al sujeto u objeto fotografiado– como el *spectrum* de la foto (1981: 9). Mientras que la foto es vista como un simulacro, una imitación/repetición de la realidad, Barthes sostiene que nombra al referente *spectrum* porque la palabra retiene, en su raíz, una conexión con «espectáculo» y le añade, además, ese algo terrible que yace en cualquier fotografía: el retorno de lo muerto (1981: 9). Así pues, el *spectrum* combina, de un lado, el acto de mirar, pues es un tercero quien ve la foto (el espectáculo), y del otro lado, la concepción del fotografiado como un «muerto en vida»; vivo en su relación con el significante y con los vivos, pero biológicamente muerto. Lo que significa que la foto y el espectro son instancias en las que el pasado y el presente se superponen: el sujeto fotografiado, como referente, está tan muerto como ese que una vez fue el espectro o fantasma y ahora, en el presente, la foto (especialmente la de obituario) muestra a un vivo y está presente llenando su vacío, así como el espectro recuerda y se materializa como imagen de alguien corporalmente ausente.

En su libro Barthes también propone que algunas fotografías tienen la capacidad de incitar emociones en quien las ve; la definición de lo que él denomina el *punctum* de la fotografía es sin duda la gran contribución de *Cámara lúcida* y la razón por la que su libro después de décadas sigue siendo relevante sobre todo para el análisis de los efectos «emotivos» del arte. En contraste con el *studium*, que Barthes interpreta –en términos generales– como el contexto y el tema de la foto, está el *punctum*, una reacción emotiva que se produce al observar algunas fotos. El *punctum* es como una punzada, una cortada o una herida creada por ciertos detalles que conectan de manera personal al espectador con la imagen (Barthes 1981: 26-27). Mientras el *studium* se puede definir e identificar al instante (por ejemplo, vida en familia o paisaje), el *punctum* está relacionado con el potencial de expansión de la imagen (1981: 43). Es decir, un detalle de la foto, visto como sinécdoque, la llena por completo y la amplifica a tal punto que habilita el contacto con el espectador.

Traigo a colación el *punctum* porque considero que está vinculado a la memoria, a la remembranza de algo o alguien que se ha perdido y que funciona como síntoma de una posible perturbación causada por la presencia del regreso de los muertos. Lo que sugiere, también, que la foto y el espectro también se relacionan a nivel psicológico e individual con el espectador. Al analizar en más detalle las implicaciones de ver y definir las imágenes en la obra de Muñoz con espectros y fantasmas, la conexión entre archivo, fotografía, contexto y efecto se hace más clara. La socióloga Avery F. Gordon, a través de un análisis interdisciplinario donde se estudian fenómenos sociales a partir de la exploración de la literatura, es una de las primeras académicas en teorizar el espectro y la acción de ser acechado por ellos[7]. Para Gordon, sentirse o ser acechado por fantasmas es una manera particular de existir y de percibir el presente y la historia. De hecho, la presencia de un espectro es señal de que realidades pasadas impactan el diario vivir, y plantean re-pensar fenómenos sociales y culturales que se dan por sentado. Así pues, cuando un «espectro» se manifiesta es la señal de que aquello que parece ausente y que refiere el pasado demanda atención de los que viven y habitan el presente (Gordon 2001: 8).

Uno de los ejemplos de Gordon –sin duda, relevante a propósito de *Aliento*– es el impacto y la constante atención que la literatura argentina presta a las voces oprimidas y a los desaparecidos durante la dictadura de Videla y su Proceso de Reorganización Nacional (1976-1983). Explica Gordon que las fotografías usadas por los familiares de los desaparecidos para reclamar al gobierno justicia y el regreso de los hijos y nietos perdidos –es el caso de las Madres de la Plaza de Mayo– son el signo de que la sociedad está acechada por espectros. Las fotos que las Madres imprimen a gran escala y que son usadas como insignia de protesta son el signo y la presencia de la ausencia de los hijos que perdieron. Además de «animar» su causa, en tanto la foto es la prueba material y tangible de que los hijos y nietos existieron y fueron arrebatados a sus familias, son las Madres quienes dan nueva vida y «animan» la foto. Los retratos de estos jóvenes son la

---

[7] Además de Gordon, María del Pilar Blanco y Esther Peeren editaron una antología crítica titulada *The spectralities reader: ghosts and haunting in contemporary cultural theory*. Las editoras escriben en la introducción que su motivación es la de mostrar que ciertas características del fantasma, como su posición liminal entre visibilidad e invisibilidad, vida y muerte, materialidad e inmaterialidad, y su asociación con poderosos sentimientos de miedo y obsesión, le hacen una figura interesante de investigación dentro del campo de las humanidades y las ciencias sociales. Con su antología las autoras quieren mostrar la existencia del «spectral turn», el giro espectral como una forma de entender de manera teórica cómo realidades pasadas influyen en fenómenos sociales y culturales del presente. Véase Blanco & Peeren 2013.

única posesión y motivo para que las Madres sigan, hasta el día de hoy, revolviendo el pasado y reclamando por una realidad que fue suprimida y declarada al margen del discurso oficial de la dictadura. La «animación» de la foto que menciono no es más que la relación recíproca y «punzante» entre el *punctum* de la fotografía y su espectador. Me explico: vista la foto en sí misma, antes de ser apropiada por las Madres, se puede decir que hay en ellas *studium*, pues son retratos hechos para ser usados en documentos oficiales. Después de que las Madres pierden a sus hijos, dichas fotos comienzan a «punzar», se desvanece el *studium* y queda el *punctum*, que trasforma la función de la foto de imagen de identificación ciudadana a testimonio y cara de los desaparecidos. De nuevo la foto, los espectros, Barthes y Gordon convergen: así como las fotos de los desaparecidos durante la dictadura argentina son fantasmas que sacuden la realidad social y política en dicho país, no es descabellado decir que al coleccionar y esconder fotos de obituarios en el espejo en el que nos reflejamos Muñoz transforma la imagen de la prensa en un espectro que aparece y da cuenta de la desaparición de más de 83.736 colombianos[8].

Obras que envuelven y tocan

Aliento y *Vaporización* son obras que giran alrededor de la representación, visualización y percepción de los muertos así como con la interacción entre estos y los vivos. Si bien la obra de Margolles involucra de manera literal y visceral a los muertos y en la obra de Muñoz su presencia se caracteriza principalmente por problematizar la «vida» de la imagen y su relación con los procesos de memoria y remembranza, ambos artistas juegan con las dicotomías ausencia/

---

[8] Este es el número de desapariciones forzadas registradas en Colombia hasta el 2013. Véase Ramírez Páez & Segura 2013.

presencia, evanescencia/concreción y, por supuesto, vida/muerte. Esta oscilación en apariencia entre opuestos ha sido explorada en este ensayo a través de perspectivas críticas como la biopolítica, la «mirada forense» y el «giro espectral». Sin embargo, conviene también dedicar unas palabras al tipo de interacción que las obras demandan del público, pues es allí donde finalmente se combate la normalización de la violencia y la actitud pasiva de la comunidad ante la ola masiva de información, cifras e imágenes que inundan la prensa tanto en Colombia como en México.

Las dos obras son consideradas instalaciones, forma artística que puede entenderse como un lugar de experiencia en donde se invita al espectador a la interacción y a crear su propio significado de la obra a partir de su exploración del espacio. Una de las principales características de la instalación es que ofrece una situación que incluye y envuelve al público, por lo tanto implica que el espectador tenga conciencia de su propia corporalidad en relación con el espacio que es la obra de arte: el espectador es intrínseco a la instalación. De manera análoga, la instalación presupone ante todo un espectador corporal, pues es a través del cuerpo que se «vive» la experiencia estética, en contraste con un espectador visto solamente como un par de ojos que miran la obra de arte desde la distancia (Bishop 2005: 6). El público de la instalación artística percibe la obra con todos los sentidos, transformándose en testigo de una obra que una vez desmantelada permanece como anécdota vivida «en carne propia».

Dicha expresión, «en carne propia», aplica perfectamente para *Aliento* y *Vaporización*, ya que el espectador más que mero observador es elemento esencial para la concreción de la obra: en ambos casos la obra de arte y el público comparten el mismo cuerpo. De hecho, el cuerpo, y en especial la respiración, se usan como canal para integrar tres cuerpos en uno: el cuerpo/recuerdo de los muertos, el cuerpo de los vivos y el «cuerpo» de la obra de arte. Cuando el público entra en el espacio de exhibición de *Vaporización* la obra invade de manera inmediata los sentidos: ¿cómo huir del vapor que se esparce en el ambiente, nublándonos la vista y convirtiéndose en el aire que se debe respirar? En este caso la vista pasa a un segundo plano, ya que el exceso de vapor nubla y llena el espacio; simultáneamente, la obra apela e involucra otros sentidos: el tacto percibe la humedad del vapor y el olfato descubre la densidad y el olor de este «aire» que llena los pulmones. Al descubrir la composición y la proveniencia de la sustancia que se respira, sin duda una experiencia que parece en principio inofensiva se torna en un encuentro macabro en el que el cuerpo de los vivos entra en profundo contacto con aquello que usualmente se esconde a la vista y al tacto: el cadáver. Paradójicamente, son los muertos los que dan vida biológica a los vivos, al habitar el aire que estos respiran. En el caso de *Aliento* el caso es el contrario, el espectador debe prestar su respiración para activar la obra y dar presencia física a los muertos que se esconden detrás del espejo. No obstante, en ambos casos el resultado es similar, los vivos y los muertos no pueden separarse y desasociarse uno del otro después de participar de las obras de arte. En *Vaporización* son los cuerpos biológicos los que se integran; en *Aliento* la identidad de los vivos se fusiona con la de los muertos porque ambos comparten por pocos segundos el mismo reflejo espectral. En el segundo caso, los espectadores se enfrentan a no reconocerse cuando se miran al espejo, pero también a la pérdida de un «ser querido» tan cercano que comparte el mismo rostro, una vez el aliento se evapora. La existencia de esos a los que convoca el aliento es visible y presente, pero frágil refiriéndose precisamente a la estabilidad de los recuerdos y la memoria.

Aunque las dos obras usan medios que se perciben como confiables y transparentes –la claridad del agua y la honestidad del espejo–, en las dos instalaciones la situación «no es lo que parece». Las obras crean un escenario estético que presenta dos acciones cotidianas, respirar y mirarse al espejo, para quebrantarlas con la aparición de los muertos. Esta alteración del «orden», que también es una distorsión de la idea de que se debe mantener cierta distancia cuando se mira el arte y nunca tocarlo, les recuerda a los vivos que los muertos persisten y existen en una realidad pasada y que los espectros viven latentes e invisibles detrás del día a día y las acciones cotidianas. De esta manera las obras son un simulacro de la vida diaria, incluso de la integración de los muertos y los contextos violentos de Colombia y México. Sin embargo, al crear la sorpresa y orquestar la irrupción de los que han fallecido e integrarlos física y psicológicamente, las condiciones del encuentro y la distancia entre vivos y muertos cambia. Con esto me refiero a que si los espectadores ignoraban o percibían las noticias y las imágenes de los muertos publicados en los periódicos y anunciados en la televisión como normales, ahora los muertos, aunque aparecen en escenarios cotidianos, no pueden ser ignorados porque permanecen, incluso después de que la audiencia ha salido del museo o la galería de arte, impregnados en sus ropas, entre el oxígeno que se respira o integrados incluso en la idea de cómo nos vemos físicamente.

En *Aliento* la integración de la audiencia es menos agresiva que en *Vaporización*; los espectadores son co-autores voluntarios de la obra, pues pueden decidir si respiran o no sobre los discos metálicos. Por el contrario, en la obra de Margolles tal coautoría —me refiero a que la audiencia es el motor de la obra— es invasiva y obligatoria. No se puede escapar de ella pues se respira, la materia (el aire, el vapor, el cadáver) impone su agencia sobre el cuerpo de los vivos. Quizá sólo así, bajo la influencia de la carne en descomposición de los muertos y del agua que limpió los cadáveres de las víctimas, se puede repensar el rol y la función de las imágenes de la prensa y demandar justicia por esos *otros* que, aunque presentes en las fotos, se desvanecen poco a poco de nuestra memoria.

Bibliografía

Agamben, Giorgio (1998): *Homo sacer: sovereign power and bare life*. California: Stanford University Press.

Álvarez, Lupe (2009): «*Disolvencia y fantasmagoría*». En *Óscar Muñoz: Documentos de la Amnesia*. Badajoz: MEIAC, Museo Extremeño e Iberoamericano de Arte Contemporáneo.

Barthes, Roland (1981): *Camera lucida: reflections on photography*. New York: Hill and Wang.

Bishop, Claire (2005): *Installation art a critical history*. London: Tate Publishing.

Blanco, María del Pilar & Peeren, Esther (2013): *The spectralities reader: ghosts and haunting in contemporary critical theory*. New York: Bloomsbury.

Borja Gómez, Jaime Humberto (2011): «*Aliento*, 1995». En Museo de Arte del Banco de la República (ed.): *Óscar Muñoz: Protografías*. Bogotá: Legis.

Campiglia, María (2014): «Teresa Margolles. Reiterar la violencia». En *Barcelona Research Art Creation* 2 (1): 100-125.

Derrida, Jacques (1995): *Archive fever: a freudian impression*. Chicago: Chicago University Press.

Derrida, Jacques & Stiegler, Bernard (2002): *Echographies of television*. London: Polity Press.

Downey, Anthony (2009): «Zones of indistinction: Giorgio Agamben's "bare life" and the politics of aesthetics». En *Third Text* 23 (2): 109-125.

Giorgi, Gabriel (2014): *Formas comunes: animalidad, cultura, biopolítica*. Argentina: Eterna Cadencia.

Gordon, Avery F. (2001): *Ghostly matters: haunting and the sociological imagination*. Minnesota: University of Minnesota.

Medina, Cuauhtémoc (2001): «Zonas de tolerancia: Teresa Margolles, Semefo y más allá». En *Revista Parachute* 104: 31-52.

Merewether, Charles (2006): «Art and the archive». En Merewether, Charles (ed.): *The archive*. Cambridge: MIT Press.

Mosquera, Luis Alejandro (2012): «Archivo *Porcontacto* de Óscar Muñoz». En *Revista Visaje*: <http://revistavisaje.com/?p=760>.

Muñoz, Óscar (2011): «*Entrevista María Wills/Óscar Muñoz*». En Museo de Arte del Banco de la República (ed.): *Óscar Muñoz: Protografías*. Bogotá: Legis.

— (2012): «*El puente (2004)*». En *Óscar Muñoz Protografías, Museo de Arte del Banco de la República*: <http://www.banrepcultural.org/oscar-munoz/el-puente.html>.

Springer, José Manuel (2009): «¿De qué otra forma podríamos hablar?: El pabellón de México en el 53 Bienal de Venecia». En *Réplica* 21: <http://www.replica21.com/archivo/articulos/s_t/566_springer_margolles.htm>.

Ramírez Páez, Diana & Segura, Jaime Andrés (2013): «Comportamiento del fenómeno de la desaparición, Colombia 2013». En *Instituto Nacional de Medicina Legal y Ciencias Forenses* 4: 477-512.

Roca, José (2003): «Ausencia/Evidencia: José Alejandro Restrepo, Óscar Muñoz, Teresa Margolles parte 1». En *Columna de arena* 48: <http://universes-in-universe.de/columna/col48/col48.htm>.

Valverde, Mariana (2006): *Law and order: images, meanings, myths*. New Jersey: Rutgers University Press.

11. Entre violencia y crimen

Corpus delicti
El cuerpo indígena del delito
en dos relatos de Enrique López Albújar

Adriana Churampi Ramírez
Universiteit Leiden

> Yo no soy sólo un cuentista [...] sino un perpetuo inadaptado, un rebelde, y, por contraposición, un encadenado a la prosaica labor de hacer justicia a los hombres.
>
> Enrique López Albújar[1]

En la segunda década del siglo xx, Enrique López Albújar (1872-1966), un juez de primera instancia de la provincia peruana de Huánuco, guiado por sus convicciones, emitió una doble sentencia absolutoria en un caso de adulterio. El Poder Judicial central expresó su desacuerdo procediendo a suspenderlo. Durante este obligado alejamiento de la judicatura López Albújar se inició como escritor, oficio que lo convertiría en una destacada personalidad nacional. *Cuentos andinos*, publicado por primera vez en 1920, fue su primer libro de cuentos, del que proceden los dos relatos que abordaremos aquí: *Ushanan Jampi* y *El campeón de la muerte*.

---

[1] Luego que Miguel de Unamuno expresara su admiración por la obra de López Albújar este le escribió una carta (16 de agosto de 1933) de donde proviene este extracto. Diversas cartas intercambiadas entre intelectuales peruanos y Unamuno han sido recopiladas en Kapsoli 2002.

López Albújar no se inicia como narrador de temas andinos, sino que atraviesa por varias etapas creativas que agregan complejidad a la precisión de su *pertenencia literaria*. Las obras de su primera etapa tienden a ser consideradas modernistas por una cuestión cronológica, si bien Mario Castro Arenas destaca que tras su alejamiento de sus compañeros de generación (Chocano, Clemente Palma, los García Calderón) y su establecimiento en provincias se convierte en un «abanderado de un áspero y renovado realismo» (1964: 157)[2]. Durante su segunda etapa, denominada «del neorrealismo regional y andino», el autor ingresará a un territorio hasta entonces poco explorado, el del indio y el área andina, donde alcanzará su mayor notoriedad. Continuará con una tercera fase, la del objetivismo, caracterizado por su afán de alejarse de las trabas del regionalismo en el que se le encasillaba, según señala Estuardo Nuñez (Arriola 1968: 293).

La mayoría de sus narraciones denominadas indigenistas se dice que nacieron inspiradas por los dilemas que habían desfilado ante su despacho de juez. La crítica literaria peruana lo consagró como iniciador del indigenismo, en aquella época una innovadora vertiente en la construcción del sujeto indígena. El indio hasta entonces no había sido más que una exótica pieza decorativa en el bucólico paisaje del romanticismo y el modernismo imperantes. Se decía que carecía de esencia, de personalidad, que más que un protagonista era parte de la naturaleza descrita. A esa etapa correspondían imágenes de una arcadia inca completamente ajena a la miseria real del indio, como lo revela por ejemplo la poesía de José Santos Chocano en *La Tristeza del Inca*: «Este era un Inca triste de soñadora frente, / ojos siempre dormidos y sonrisa de hiel, / que recorrió su Imperio buscando inútilmente / á una doncella hermosa y enamorada dél» (Chocano 1906: 177) o en

---

[2] Para mayor detalle sobre su extrañamiento de la generación del novecientos, a la cual pertenecía, su alejamiento de las características del hispanismo y su admiración por González Prada, rasgos estos que definieron su producción, conviene revisar los primeros capítulos de López Alfonso 2006.

Ahí no más: «El indio asómase a la puerta / de su palacio señorial, / hecho de pajas que el sol dora / y que desfleca el huracán» (Albareda & Garfias 1963: 355).

En un contexto caracterizado por tales descripciones, la crítica concluyó que las narraciones de López Albújar presentaban por primera vez un indio *de carne y hueso*[3], un protagonista real[4]. Será efectivamente *Cuentos andinos* el que lo vinculará definitivamente con la corriente indigenista; sobre la secuencia observada en esta inclusión precisa Castro Arenas que es clara la línea del realismo indigenista, que iniciándose con Narciso Aréstegui, continúa con Clorinda Matto de Turner y adquiere brío con López Albújar para proseguir con Alegría y lograr su cumbre con José María Arguedas (Arriola 1968: 292). Cuando en 1927 se produce la polémica sobre el Indigenismo literario entre José Carlos Mariátegui y Luis Alberto Sánchez, López Albújar participará en ella –tanto con artículos como con *Cuentos andinos*– junto a destacados críticos de la época. La publicación de su artículo *Sobre la psicología del indio*, un listado de setenta características que reflejaban sus observaciones sobre el comportamiento del indio tanto en su vida privada como en el mundo urbano, provocó airadas reacciones, entre ellas la del diputado cuzqueño José Angel

---

[3] La frase es de Ciro Alegría, quien tras la aparición de *Cuentos andinos* emitió una opinión sumamente positiva resaltando el profundo significado que estos relatos, sus temáticas y sus protagonistas indígenas aportaban al desarrollo de la cultura peruana (Escajadillo 2010: 484).

[4] José Carlos Mariátegui valora que el indigenismo «no está desconectado de los demás elementos nuevos de esta hora [...] se encuentra articulado con ellos. El problema indígena, tan presente en la política, la economía y la sociología no puede estar ausente de la literatura y el arte» (1971: 328). También considera necesario aclarar: «La literatura indigenista no puede darnos una versión rigurosamente verista del indio. Tiene que idealrlo y estilizarlo. Es todavía una literatura de mestizos. Por eso se llama indigenista y no indígena. Una literatura indígena [...] vendrá a su tiempo. Cuando los propios indios estén en grado de producirla» (1971: 335).

Escalante («*Nosotros, los indios…*»). Durante la polémica Mariátegui y Sánchez hacen referencia tanto al artículo como a *Cuentos andinos*. Sánchez considera el listado como un eficiente argumento contra el indio, ya que destaca la necesidad de acercarse [a la raza india] para exterminarla (Aquézolo 1987: 70). A esta conclusión se añade su conocida opinión sobre *Cuentos andinos*:

> Con un estilo directo, apenas dorado de literatura, López Albújar presenta casos humanos tal como desfilaban ante su gabinete de juez […] en el fondo era un libro amargo, más sociológico que literario, una sucesión de casos tristes, anormales algunos, todos en los linderos de la penalidad. (Sánchez 1966: 1216-1217)

Mariátegui discrepa con la interpretación del artículo, ya que considera que López Albújar ha precisado que sus observaciones corresponden a la actitud del indio ante el blanco, y retratan entonces aspectos que él pudo observar mejor. López Albújar se limita, en ese sentido, a registrar las manifestaciones de una actitud defensiva (Aquézolo 1987: 75). El apoyo de Mariátegui se extiende a *Cuentos Andinos*:

> el indio en cuatro siglos ha cambiado poco espiritualmente. La servidumbre ha deprimido, sin duda, su psiquis y su carne. […] Bajo el peso de estos cuatro siglos, el indio se ha encorvado moral y físicamente. Mas el fondo oscuro de su alma casi no ha mudado. En las sierras abruptas, en las quebradas lontanas, a donde no ha llegado la ley del blanco, el indio guarda aún su ley ancestral. El libro de Enrique López Albújar, escritor de la generación radical, «Cuentos Andinos», es el primero que en nuestros tiempos explora estos caminos. Los «Cuentos Andinos» aprehenden, en sus secos y duros dibujos, emociones sustantivas de la vida de la sierra, y nos presentan algunos escorzos del alma del indio. (Mariátegui 1971: 336)

Tomás Escajadillo, el crítico que con mayor detalle se ha ocupado de la corriente indigenista en general y de López Albújar en particular, empieza resaltando la importancia del contexto en el cual aparece *Cuentos andinos:* el de la búsqueda de una literatura «genuinamente nacional», una aspiración con la que estará vinculado el trabajo de López Albújar. Si bien autores anteriores habían intentado presentar personajes indios convincentes, no lo habían conseguido.

> lo evidente para mí es que con él [López Albújar] se inicia, en el Perú, el indigenismo narrativo, y que sus Cuentos Andinos constituyen la primera muestra con calidad literaria y suficiente verosimilitud de una modalidad narrativa que cada vez nos entregará un personaje –el indio peruano– más logrado y visto con mayor profundidad. (Escajadillo 1994b: 21)

Precisa también Escajadillo, retomando a Ciro Alegría[5], que el aporte de López Albújar radica en que, sin hacer una literatura *proletaria* en el sentido ortodoxo, contribuyó a crear conciencia nacional al constituirse en hito del movimiento indigenista, aun cuando él mismo no se definía como tal. El crítico destaca también la independencia creativa de López Albújar, que lo llevó a alejarse de todo intento de idealizar al indígena o ganarse simpatías con determinada representación, narrando honestamente en primera persona, como narrador testigo, sin disimular su condición de «observador exterior». Su narración del mundo indígena desde fuera es deliberada: «López Albújar es un buen observador, pero ni intenta siquiera compenetrarse, contaminarse del mundo interior del indígena» (Escajadillo 1994b: 27). Los rasgos que Escajadillo propone para caracterizar las obras pertenecientes a la corriente indigenista se encuentran presentes en *Cuentos andinos*: ruptura con el pasado indianista, la presencia de

---

[5] Ciro Alegría se pronuncia extensamente sobre la trascendencia del autor en la literatura peruana al presentar *Memorias* de López Albújar. Sostiene que su obra: «Evaluada en conjunto, es un producto histórico, y no se le podrá dejar de lado nunca al enjuiciar el desarrollo de la cultura peruana» (Alegría 1963: 8).

un sentimiento de reivindicación social y suficiente proximidad al Ande y sus habitantes (Escajadillo 1994a: 44-45). Cabe relativizar el aspecto de la suficiente proximidad por la obligada comparación, dentro del Indigenismo, con José María Arguedas, el gran relator del mundo indio «desde adentro».

> Si López Albújar apenas consigue brindarnos «algunos escorzos del alma indígena», Arguedas nos introduce a los recintos más íntimos de ella. López Albújar y José María Arguedas, constituyen, a mi manera de ver, los polos contrarios, los puntos extremos de una misma escuela: el indigenismo. (Escajadillo 1994b: 48-49)

Una vez ubicados *Cuentos andinos* y su autor en el panorama de la historia de la literatura peruana, analizaremos en dos relatos las coordenadas que *dan cuerpo* a sus protagonistas.

«Ushanan Jampi» y «El Campeón de la muerte»

Ushanan Jampi, que podría traducirse como *remedio o pena final*, es la descripción de lo que el narrador denomina la justicia indígena. El relato se inicia con la escena del rebelde y reincidente delincuente Cunce Maille compareciendo ante el consejo de ancianos (*yayas*) para que se le aplique la sanción por su última fechoría. Ante su desafiante y despreciativa actitud los castigos nada consiguen; casi se presiente la escena final cuando el indio se atreva, una vez más, a violar la sanción impuesta: la expulsión del pueblo, arriesgando de esa manera su vida. La ejecución del remedio final es dantesca, López Albújar no nos ahorra una línea de horror y el lector que quiera conocer el final se verá obligado a seguir línea tras línea la secuencia de puñaladas, garrotazos, entrañas expuestas, miembros brutalmente cercenados y descuartizamiento, que es lo que al final de cuentas, según el relato, constituye la esencia del *Ushanan Jampi*.

«El Campeón de la Muerte» nos conduce por una ruta semejante. Comienza con la horripilante conclusión del secuestro de una muchacha cuando el indio de mala fama que se la había llevado la devuelve a la casa paterna en un costal, descuartizada. El anciano padre, cuya reacción el narrador considera importante aclarar para el lector –«pasada la primera impresión, había conseguido impasibilizarse, levantóse y con tranquilidad inexplicable en hombres de otra raza» (López Albújar 1957: 48)–, decide contratar los servicios de Juan Jorge, un mestizo famoso por la letal precisión de su máuser, una habilidad que ha puesto al servicio de las comunidades de la región convirtiéndose así en la versión andina de un asesino a sueldo. El lector sigue la meticulosa preparación, el rastreo y la gran precisión con que Juan Jorge, el *illapaco* (quechua para asesino a sueldo), cumple su tarea a cabalidad. La escena final nos confronta nuevamente con aquello que ya el lector adivina al leer los términos en que la anciana madre de la muchacha contrata al *illapaco*.

–¿Y cuánto vas a pagar porque lo mate?
–Hasta dos toros me manda ofrecerte Liberato [el padre]
–No me conviene. Ese cholo vale cuatro toros; ni uno menos
–Se te darán, *taita*. También me encarga Liberato decirte que han de ser diez tiros los que le pongas al mostrenco, y que el último sea el que le despene. (López Albújar 1957: 55)

La detallada descripción de cada uno de los disparos confronta al lector con el consiguiente efecto de destrucción, mutilación y ferocidad refinada que suele ser la manera en que el rifle del *illapaco dialoga* con sus víctimas, hasta culminar con éxito este encargo que era su número 69. Por si no fuera suficiente, el relato culmina con una escena de canibalismo, anunciada ya de antemano como parte de un ritual andino, coherente con el ambiente que el narrador viene traduciendo para los lectores ajenos a estos parajes inhóspitos.

—Estos —dijo, guardando los ojos en el huallqui— para que no me persigan; y ésta —dándole una feroz tarascada a la lengua— para que no avise.

—Y para mí el corazón —añadió Juan Jorge—. Sácalo bien. Quiero comérmelo porque es de un cholo muy valiente. (López Albújar 1957: 61)

Lo peculiar de estos dos relatos es que ambos constituyen algo que podría interpretarse como el intento del autor de presentarle a un lector ajeno al mundo indígena las que serían algunas manifestaciones de la llamada justicia indígena. «Ushanan Jampi» describe la manera en que una comunidad organiza su sistema de sanciones a fin de solucionar los conflictos surgidos entre sus habitantes: hay un consejo de ancianos respetables (*yayas*), ante quienes comparecen las partes buscando soluciones; hay una enumeración y rango ascendente de las penas:

> La primera vez te aconsejamos lo que debías hacer para que te enmendaras. [...] Te burlaste del *yaachishum*. La segunda vez tratamos de ponerte bien con Felipe Tacuche, a quien le robaste diez carneros. Tampoco hiciste caso del *alli-achishum*, pues no has querido reconciliarte con tu agraviado. [...] Ha llegado el momento de botarte y aplicarte el *jitarishum*. Vas a irte para no volver más. Si vuelves ya sabes lo que te espera: te cogemos y te aplicamos *ushanan-jampi*. (López Albújar 1957: 65-66)

Tras la previsible descripción del fracaso de las medidas correctivas, se procede a mostrarnos la puesta en acción de la pena máxima. El *Ushanan Jampi*, entonces, se yergue como el modelo o el ejemplo de funcionamiento de este anunciado sistema paralelo de administrar orden. Y decimos paralelo porque no puede olvidarse que nos encontramos en el Perú de comienzos del siglo xx, donde existía un aparato judicial oficial y central, del cual el autor/narrador formaba parte[6].

---

[6] Tomás Escajadillo describe «Ushanan-Jampi» como un relato sobre la justicia popular que revela una lógica indígena propia al momento de imponer orden

El lenguaje jurídico en la narración de López Albújar

Para empezar, analicemos la manera en que el uso del lenguaje del Derecho y la descripción de las instituciones jurídicas sirve en los relatos para darnos una idea de lo que sería la justicia indígena. El lenguaje del Derecho se encuentra definido y delimitado en su enunciación por principios, reglas y formalidades que son los que lo caracterizan y garantizan la cercanía a las metas que aspira alcanzar. Esta discursividad jurídica se encuentra regida por estrategias específicas que, para facilitar su máximo acercamiento al criterio de objetividad y de veracidad, recurre al uso de las abstracciones. Para conseguirlo debe intentar «borrar las marcas de subjetividad, a fin de que la responsabilidad enunciativa quede diluida en una forma general, impersonal e institucional; es en realidad la institución la que habla y la que le otorga autoridad y validez a los textos» que produce (Cucatto 2011: 3). Debe también tender a la construcción de estructuras impersonales, a la anulación del sujeto, o su ubicación en una posición menos prominente; detalles que si bien producen una cierta densidad lingüística, tienen como objetivo reforzar el efecto ritualizador destinado a poner en escena la formalidad, la complejidad y la pluralidad enunciativa del acto jurídico. Estos elementos, sin embargo, también se encuentran en la raíz de lo que ya se denomina sin tapujos su «fracaso comunicativo» (Gibbons en Cucatto 2013: 129). Formado en esta tradición, López Albújar, en su rol de autor, no logra escapar de la influencia de este su lenguaje profesional habitual. Véase, por ejemplo, en el siguiente fragmento del relato «Una posesión judicial», donde no se observan protagonistas indígenas:

---

en regiones donde la justicia central, con sus instituciones oficiales, brilla por su ausencia. Coincide así, como él mismo lo señala, con José Carlos Mariátegui, para quien esta forma de justicia sería una forma sobreviviente del régimen autóctono y un documento del «comunismo indígena» (Escajadillo 2010: 484-485).

Pedí el cuaderno y me puse a hojearlo. Tratábase de un juicio de misión en posesión, como se llamaba al interdicto de adquirir en los tiempos del antiguo Código de Enjuiciamientos Civiles, terminado ya por sentencia ejecutoriada, compuesto de unos trescientos folios e incoado en 1898, y del cual no se sabía qué admirar más, si la diabólica maraña de excepciones, oposiciones y artículos previos, la saña con que los litigantes paraban y repetían los golpes, o la marcha violenta o atáxica del procedimiento. (López Albújar 1963: 104, énfasis del original)

Enfrentado, sin embargo, al universo indígena y a lo que considera sus intentos de justicia, el registro se transforma y, probablemente en busca de la «realidad aún no definida en términos jurídicos», empiezan a menudear las descripciones de la corporeidad indígena. «Ushanan Jampi» está anunciado como el ejercicio de lo que sería un sistema penal indígena y la impresión que deja en el lector es inolvidable. El consejo de los *yayas*, «sin más señales de vida que el movimiento acompasado y leve de las bocas chacchadoras» (López Albújar 1957: 63), queda identificado en una inmovilidad, pasividad y solemnidad que contribuyen a realzar la dimensión desmesurada de las penas, que parecen poseer fuerza por sí solas, sin el dinamismo y la estructurada dirección humana. ¿Qué rumbo tomará esta estricta ley emanada de un pseudoaparato judicial catatónico y cuya ejecución se deja al albedrío de una poblada furibunda? Seguirá un rumbo predecible, como nos lo muestra el relato: desaforado, desequilibrado y excesivo, arrastrado hacia peligrosas sendas por una multitud guiada por sus instintos más elementales. Las sanciones, que presentadas parecían seguir cierto orden y estructura, traspasan –durante su ejecución– los umbrales de lo imaginado, de lo permitido y de lo conocido, de modo que sólo pueden sintetizarse en la expresión *Ushanan Jampi*, quizás en parte porque esa suma de horror, ferocidad y monstruosidad no puede encontrar sentido más que en una lengua extraña e inaccesible. La escena presentada no consigue ser abarcada por ninguno de los vocablos jurídicos pertenecientes a una tradición oficial, moderna, que aspira constantemente a definirse como *civilizada*. La corporeidad se impone hasta el final: de la sentencia ejecutada no quedará constancia en un folio, sino en la exposición de los intestinos del delincuente, pegados en el dintel de su casa, la casa de su madre, por mandato de la justicia implacable de los *yayas*.

Esta ausencia o renuncia a hacer uso de los vocablos jurídicos del sistema formal la refuerza el hecho de que al narrar la justicia indígena el relato presenta momentos de *traducción*, que a manera de pausas, son intercaladas por el narrador para explicar al lector exactamente qué es lo que está presenciando. En estas pausas al juez/narrador no le queda otra opción que echar mano de los términos de un sistema que supone de dominio público. Dicen los comuneros: «¿Has oído, Maille? ¡Caiga sobre tí jitarishum!» (López Albújar 1957: 66). Y agrega líneas más adelante el narrador:

> El jitarishum es la muerte civil del condenado, una muerte de la que jamás se vuelve a la rehabilitación; que condena al indio al ostracismo perpetuo y parece marcarle con un signo que le cierra para siempre las puertas de la comunidad. (López Albújar 1957: 68)

Es posible que López Albújar no haya tenido intención alguna de interpretar al pie de la letra las escenas indígenas según los términos de la justicia, como se define en el Derecho peruano. Eso parece indicarnos el que a lo largo de «Ushanan Jampi» el narrador se cuide de emitir opiniones de matiz jurídico sobre los acontecimientos, manteniendo una distancia que intenta ser objetiva y narrando incluso algunos acontecimientos en neutro: «Los cuchillos, cansados de punzar, comenzaron a tajar, a partir, a descuartizar» (López Albújar 1957: 75). Precisamente por eso el impacto es mayor cuando leemos, en el momento más horripilante del castigo y cuando la actitud de los pobladores se confunde con la ferocidad de los perros: «Y todo eso acompañado de gritos, risotada, insultos e imprecaciones, coreados por los feroces ladridos de los perros, que a través de las piernas de los *asesinos* daban grandes tarascadas al cadáver» (López Albújar 1957: 75; énfasis mío). Si es que «Ushanan Jampi» no era más que la descripción de una, casi exótica, práctica campesina, al usar este bien definido y conocido vocablo pasa a convertirse, en los términos del sistema jurídico oficial, en un delito.

La ubicación de «El campeón de la muerte» dentro de las fronteras del sistema judicial no parece evidente hasta que leemos cómo el padre de la víctima señala que la muerte del agresor «era indispensable para tranquilidad de su conciencia, satisfacción de los yayas y regocijo de su Faustina en la otra vida» (López Albújar 1957: 54).

Pampamarca es descrita como una tierra de tiradores donde «en medio de la vida pastoril y semi bárbara de sus moradores, la única distracción es el tiro al blanco» (López Albújar 1957: 48). En este ambiente no sorprende que, como parte del peculiar concepto de justicia comunal, el mejor tirador desempeñe un rol casi institucional. Juan Jorge no es un simple asesino a sueldo; como él mismo menciona, «yo no me alquilo sino para matar criminales. Mi máuser es como la vara de la justicia» (López Albújar 1957: 54). El profesionalismo del *illapaco* incluye el cumplimiento de una serie de procedimientos antes de iniciar su tarea: «haré averiguar con mis agentes si es verdad que Hilario Crispín es el asesino de tu hija, y si así fuera, mandaré por el ganado como señal de que acepto el compromiso» (López Albújar 1957: 56). La *institución* entonces del asesinato a sueldo forma parte de la estructura del ejercicio de justicia de esta comunidad indígena: lo aprueban los *yayas*, lo define el *illapaco* y lo ponen en ejercicio las partes involucradas. Si bien el narrador adopta un tono positivo al describir las características personales del *illapaco* y su oficio, al final el lector que se deje llevar por esta epopeya se ve confrontado con un dilema. Si ya se ha conseguido tolerar como protagonista central a quien elimina personas como profesión, el hecho de que su tarea concluya con una observación como «Sácale el corazón, para comérmelo porque es de un cholo muy valiente», obliga bruscamente a redefinir las fronteras entre civilización y barbarie, exigiendo del lector una toma de posición.

Semidesacreditado ya el modelo de justicia indígena por comparación con los diferentes principios éticos que rigen el sistema judicial oficial, concentrémonos en la descripción de las penas y castigos del modelo indígena. La dinámica de las penas y los castigos que caracterizan al ámbito indígena corresponden a prácticas superadas y excluidas del sistema penal peruano. Si observamos el código penal vigente (1924) en el periodo de aparición de los *Cuentos andinos*, veremos que fue elaborado aspirando a constituirse en un código sobre todo moderno. Víctor Maúrtua, autor casi exclusivo de la reforma penal (Abastos 1937, 1938) integra en su proyecto de reforma penal de 1921 algunas influencias del código español de 1848 y sobre todo del anteproyecto y códigos suizos de 1915-1916 y 1918, complementados por el proyecto italiano Ferri de 1921 y el código, también italiano, Zanardelli de 1889. En 1924, con ciertas enmiendas, el proyecto se convertirá en ley.

En *Vigilar y castigar*, Foucault analiza la evolución tanto de las instituciones punitivas como del espectáculo que las acompañaba, y señala que aquellas legislaciones, que sirven de modelo a las instituciones peruanas, se hallaban ya desde fines del siglo XVIII y comienzos del siglo XIX en franca transformación. Es de esperar entonces que la legislación oficial peruana haya seguido la evolución experimentada por sus pares europeos. Ese es efectivamente el caso y lo demuestran innovaciones incluidas en el código penal de 1924 como el concepto mismo de reeducación, dejando de lado la sola presencia de las instancias de castigo. Foucault alude a la tendencia de las instituciones judiciales a alejarse de la barbarie que concentraba la acción punitiva en el cuerpo del delincuente. Cita a B. Rush, que ya en 1787 decía:

> No puedo por menos de esperar que se acerque el tiempo en que la horca, la picota, el patíbulo, el látigo, la rueda, se considerarán, en la historia de los suplicios, como las muestras de la barbarie de los siglos

y de los países y como las pruebas de la débil influencia de la razón y de la religión sobre el espíritu humano. (Foucault 1976: 18)

Estas formas ya obsoletas darán paso a la reclusión, la prisión, la deportación, modelos que tienden a alejarse lo máximo posible del cuerpo y del dolor como objetivos de la acción punitiva[7]. Es notable entonces que al describirse esta justicia indígena peruana en pleno siglo XX observemos un evidente retroceso hacia todo aquello que caracterizaba los castigos, las penas, la fusión entre verdugo y sistema judicial y la presencia del ceremonial penal del modelo tradicional del siglo XVII europeo.

La estrategia que percibimos en *Cuentos andinos* no intenta desestimar el modelo de justicia indígena a partir de una inconsistencia jurisdiccional, arguyendo que un Estado-nación moderno presume la existencia de un único sistema judicial central que excluye necesariamente toda otra forma paralela. El argumento es mucho más sutil, ya que evidencia –con los relatos como ejemplos– que la sola consideración de la existencia de un sistema indígena como el descrito equivaldría a un retroceso a formas bárbaras que el país presume haber dejado atrás en aras de la modernidad.

«Ushanan Jampi» es un ejemplo en el cual el *ceremonial de la pena* está vigente: aquel intento moderno de suprimir la identificación entre el sistema judicial y el verdugo, al que alude Foucault, aquí aún no ha tenido lugar[8]. El grupo de ancianos constituidos en consejo no actúa

---

[7] Foucault menciona que las penas consideradas modernas, como «la prisión, la reclusión, los trabajos forzados, el presidio, la interdicción de residencia, la deportación», recaen también sobre el cuerpo. Sin embargo, «El cuerpo se encuentra aquí en situación de instrumento o de intermediario; si se interviene sobre él encerrándolo o haciéndolo trabajar, es para privar al individuo de una libertad considerada a la vez como un derecho y un bien» (Foucault 1976: 18).

[8] «El castigo ha cesado poco a poco de ser teatro. Y todo lo que podía llevar consigo de espectáculo se encontrará en adelante afectado de un índice negativo. [...] el rito que "cerraba" el delito se hace sospechoso de mantener con él turbios

como una institución, ya que no deja de ser un conjunto de cuerpos identificables. Quienes emiten la sentencia son también participantes activos en su ejecución, cuerpos presentes, como lo comprobamos cuando uno de los *yayas* muere baleado durante la persecución de Cunce Maille. Verdugo y justicia se confunden, alejándose de la aspiración moderna de dividir claramente el terreno de la justicia y el cumplimiento de la sentencia.

Los cuerpos como el objeto de la represión penal

La acción punitiva sobre el cuerpo del delincuente es otro elemento presente en *Cuentos andinos*. *Ushanan Jampi* no es simplemente un castigo, veloz, efectivo, instantáneo, que sanciona al delincuente; se trata de presenciar, en detalle, la escena del suplicio: el garrotazo inicial seguido de la primera puñalada, las pedradas, la extirpación de los órganos y luego el paseo de sus restos por el pueblo, siguiendo las órdenes de los *yayas* para que todos vean *lo que era* el *Ushanan Jampi*. La caminata hacia el fondo de la quebrada es una suerte de *via crucis* durante el cual el cuerpo es eliminado, extinguido, reducido, quedándose entre las puntas de las rocas, las quijadas de los perros y los cactus. Ni más ni menos que una andina versión de las *mil muertes*[9] del siglo XVII europeo.

Con el paso del tiempo, la desaparición del cuerpo como objeto de la represión penal ha dado paso a cierta *sobriedad punitiva* carac-

---

parentescos: de igualarlo, si no de sobrepasarlo en salvajismo [...] de emparejar al verdugo con un criminal y a los jueces con unos asesinos, de invertir en el postrer momento los papeles, de hacer del supliciado un objeto de compasión o de admiración» (Foucault 1976: 16).

[9] «La muerte-suplicio es un arte de retener la vida en el dolor, subdividiéndola en "mil muertes" y obteniendo con ella, antes de que cese la existencia, [lo que Olyffe denominaba] "the most exquisite agonies"» (Foucault 1976: 39).

terizada por la presencia de formas más abstractas, sintetizadas en expresiones como aquella que establece que la pena no se aplica ya a un cuerpo real sino a un sujeto jurídico poseedor de derechos, de los cuales el fundamental es existir, o que la pena equivale a la pérdida de un bien o un derecho, sin centrarse ya en el suplicio. En «El campeón de la muerte», sin embargo, la justicia propuesta retrocede a la aplicación de la más antigua y sencilla simetría del dolor y el sufrimiento: el horrendo padecer de Faustina, del cual sólo leemos un resumen en la escena del despliegue de sus restos descuartizados, cobra detalles con el suplicio del asesino a quien el *illapaco*, en cumplimiento del encargo del padre, no debe asesinar de inmediato, algo sencillo en vista de su habilidad, sino más bien debe herir, destrozar, mutilar a lo largo de nueve disparos, para sólo eliminarlo con el décimo. Foucault señala que precisamente la ceremonia penal ha ido desapareciendo, entre otros motivos, para eliminar el parentesco entre las instancias oficiales punitivas y el criminal, ya que se arriesga la posibilidad de igualar o sobrepasar la ferocidad de este último. En *El campeón de la muerte* el verdugo es el brazo de la justicia campesina y su ferocidad iguala la magnitud del delito cometido, para al final incluso superarla.

Los protagonistas indígenas, tan artificiales que una rápida comprobación con la realidad revelaba su inexistencia en la vida diaria, se transforman en *Cuentos andinos* en sujetos, pero sujetos que parecen caber perfectamente y adaptarse –literalmente– a aquellos definidos en el Código Penal Maúrtua. Cuando López Albújar publica sus cuentos el Código Penal vigente excluía a los indígenas de responsabilidad penal plena al considerarlos *imputables relativos*, atendiendo a una división etnocentrista que dividía a los sujetos de derecho en

> civilizados (generalmente, descendientes de europeos, citadinos, hispanohablantes cristianos), indígenas (semicivilizados, degradados por el alcohol y la servidumbre) y salvajes (miembros de las tribus de la Amazonía). (Hurtado y Du Puit 2007: 227)

Obedeciendo a tal división, los artículos 44 y 45 estipulaban que al penalizarlos se tuviera en cuenta su «desarrollo mental», su «grado de cultura» y sus «costumbres» (Hurtado & Du Puit 2007: 227). No hay que esmerarse demasiado para detectar cierta intertextualidad entre la ley y *Cuentos andinos*.

Recrear el accionar de los cuerpos indígenas como víctimas o victimarios en un contexto de justicia, de tal modo que queden insertados en plena Edad Media en medio de un mundo que desesperadamente anhelaba ser considerado moderno, constituye una efectiva estrategia para reforzar su posición subalterna, inimputable, sujeta a tutela, ignorante de los lineamientos que rigen la existencia de una institución nacional fundamental como es el sistema jurídico. ¿Cómo animarse entonces a considerarlos ciudadanos plenos de ese país moderno?

Como bien sostiene Foucault, el estudio de los mecanismos punitivos, de los castigos y las penas, no solamente tiene que ver con las reglas del Derecho sino que remite al análisis de las relaciones de poder en las que se encuentra inmerso el cuerpo mismo. Hay una economía política del cuerpo: de sus fuerzas, de su utilidad, de su docilidad y sumisión. *Cuentos andinos,* con sus historias sobre los cuerpos que conforman la comunidad indígena, sea en sus roles de víctimas o de victimarios, no se limita a plantearnos episodios bucólicos de su vida diaria, sino que sutilmente descalifica a este colectivo, y al hacerlo lo excluye de una participación activa a la vida nacional. Nos propone más bien su posicionamiento en un espacio claramente definido al interior de la estructura social y política de la nación: la subalternidad, en su sentido más excluyente y carente de toda posible contribución positiva.

De esa manera, la descripción de un modelo alternativo al sistema normativo hegemónico, aparte de discrepar, por decir lo menos, en cuanto a la definición de los delitos y sus correspondientes castigos, adquiere también una nueva función, la de constituirse en frontera determinante de la inclusión y la exclusión de determinados colectivos[10]. El próximo paso sería el clamor por la urgencia de que los excluidos y sus prácticas deban someterse a una modificación de sus creencias y costumbres, en vista de que han sido descritas como bárbaras, desacreditando así su ubicación en un contexto oficial nacional que se define en términos completamente diferentes. Se va diseñando de esta manera el discurso de la imposición de un proceso *civilizador* a fin de integrar a estos colectivos claramente definidos como problemáticos.

Esta noción de colectivos problemáticos no es nueva, como señala la descripción de Eduardo Galeano en *Cinco siglos de prohibición del arcoiris en el cielo americano,* al narrar el destino de los pueblos originarios en las Américas a partir de 1492:

> *El problema indígena*: los primeros americanos, los verdaderos descubridores de América son *un problema*. Y para que el problema deje de ser un problema, es preciso que los indios dejen de ser indios. Borrarlos del mapa o borrarles el alma, aniquilarlos o asimilarlos: el genocidio o el otrocidio. (Galeano 1993: 19)

Pese a que la historia latinoamericana está plagada de genocidios de pueblos originarios, no ha calado aún a fondo en la conciencia colectiva la magnitud en que estos actos nos disminuyen a todos en nuestra condición de seres humanos. En una sociedad cada vez más obsesionada con la emergencia del yo, sobre todo a costa del sacrificio de los múltiples *otros*, las maneras erróneas o abusivas que adopta la

---

[10] La discusión, aunque suene increíble, alrededor de la *existencia* del indio y la comunidad tenía como trasfondo esenciales dilemas sobre economía y, abarcándolo todo, el gran problema de la tierra. El debate Mariátegui-Víctor Andrés Belaúnde, en la década del veinte, es tan sólo un ejemplo del intenso intercambio de propuestas respecto a la realidad nacional y el dilema de mantenerla o cambiarla. Espinoza lo resume así: «el cambio no podía limitarse a la superficie y resultaba indispensable determinar las fuerzas sociales llamadas a participar en él; precisaba definirse entre capitalismo o su secuela o socialismo en proceso de consolidación en ese momento en el mundo» (Espinoza & Malpica 1970: 100).

representación de la otredad han sido desplazadas prácticamente al universo retórico. Se ignora, sin embargo, que es tan sólo el comienzo de un grave error, ya que toda práctica que contribuya al objetivo de eliminar la otredad no es más que un paso que nos acerca también a la defunción de su obligada contraparte: el yo.

Bibliografía

Abastos, Manuel G. (1937): «El delincuente en el Código Maúrtua». En *Revista de Derecho y Ciencias Políticas* I (1): 8-43.

— (1938) «El delincuente en el Código Maúrtua». En *Revista de Derecho y Ciencias Políticas* II (2): 306-322.

Aquézolo Castro, Manuel (ed.) (1987): *La polémica del indigenismo*. Lima: Mosca Azul.

Albareda, Ginés de & Garfias, Francisco (1963): *Antología de la poesía hispanoamericana. Perú*. Volumen 5. Madrid: Biblioteca Nueva.

Alegría, Ciro (1963): «A manera de prólogo». En López Albújar, Enrique: *Memorias*. Lima: Talleres Gráficos de P.L. Villanueva.

Arriola Grande, Maurilio (1968): *Diccionario literario del Perú*. Barcelona: Comercial y Artes Gráficas.

Castro Arenas, Mario (1964): *La novela peruana y la evolución social*. Lima: Cultura y Libertad.

Cucatto, Mariana (2011): «Algunas reflexiones sobre lenguaje jurídico como lenguaje de especialidad: más expresión que verdadera comunicación». En *Revista Virtual Intercambios* 15 (1): 1-11.

— (2013): «El lenguaje jurídico y su "desconexión" con el lector especialista. El caso de a mayor abundamiento». En *Revista Letras de Hoje* 48 (1): 127-138.

Chocano, José Santos (1906): *Alma América poemas indo-españoles 1875-1934*. París: Vda. de Ch. Buret.

Escajadillo, Tomás (1994a): *La narrativa indigenista peruana*. Lima: Amaru.

— (1994b): *Narradores Peruanos del siglo xx*. Lima: Lumen.

— (2010): «López Albújar narrador o juez?». En *Revista de Crítica Literaria Latinoamericana* XXXVI (72): 481-488.

Espinoza, Gustavo & Malpica, Carlos (1970): *El Problema de la tierra*. Lima: Amauta.

Foucault, Michel (1976): *Vigilar y castigar. Nacimiento de la prisión*. México: Siglo xxi.

Galeano, Eduardo (1993): *Ser como ellos y otros artículos*. Madrid: Siglo xxi.

Hurtado Pozo, José & Du Puit, Joseph (2007): «Derecho Penal y Diferencias Culturales: Perspectiva general con respecto a la situación en el Perú». En *Anuario de Derecho Penal. Derecho Penal y Pluralidad Cultural 2006*. Fondo Editorial de la Pontificia Universidad Católica del Perú, 111-243.

Kapsoli, Wilfredo (2002): *Unamuno y el Perú, Epistolario, 1902-1934*. Lima: Universidad Ricardo Palma.

López Albújar, Enrique (1957 [1920]): *Los mejores cuentos*. Lima: Patronato del libro peruano.

— (1963): *Nuevos cuentos andinos*. Lima: Populibros Peruanos.

López Alfonso, Francisco José (2006): *«Hablo, Señores, de la libertad para todos» (López Albújar y el Indigenismo en el Perú)*. Alicante: Cuadernos de América sin nombre 17.

Mariátegui, José Carlos (1971): *7 Ensayos de interpretación de la realidad peruana*. Lima: Amauta.

Sánchez, Luis Alberto (1966): *La literatura peruana, derrotero para una historia cultural del Perú*. Tomo IV. Lima: Ediventas.

Escritura y cuerpo
Lo sagrado en la poesía de Paula Glenadel
y Laure (Collete Peignot)

Susana Scramim
*Universidade Federal de Santa Catarina – Conselho
Nacional de Desenvolvimento Científico e Tecnológico*

Preámbulo

En una sociedad como la brasilera, cuyos hilos del lazo social se han roto, resulta paradójico que –simultáneamente a esa ruptura– se haga una poesía que insiste en producir un lenguaje que opera por analogías. ¿Serán los versos intentos para restituir los lazos rotos? Pero antes de responder ésa, otras preguntas se asoman a esta observación: ¿cuáles son los puntos por donde son operadas las relaciones de semejanza con intención de suturar? ¿Dónde comienza la imagen en relación a una realidad, si la realidad ya está vacía de contenidos sociales? Analizar la poesía de Paula Glenadel en el contexto de la producción de la poesía brasileña moderna y contemporánea puede contribuir a una reflexión sobre estas cuestiones.

Es importante para la poesía operar por analogías, pero desde finales del siglo XIX la poesía brasileña desconfía de las nociones de verdad que organiza la experiencia de representación. En el sentido opuesto a la afirmación de la verdad como contrapuesta a la irrealidad, la poesía prefiere establecer un pacto artificioso. La similitud ocurre entre un artificio y otro. La poesía de Glenadel se preguntará más de una vez «Como é que se separa / imagen de semelhança?» (2008: 22). La verdad es aceptada como el contexto de una relación artificiosa.

En los últimos años de mi trabajo como investigadora he estudiado con mucho interés la relación entre la experiencia artística y las formas de vida y de muerte en la sociedad brasileña moderna y contemporánea. En el marco de esa investigación he desarrollado un análisis del arte y de la poesía del fin del siglo XIX, que en Brasil se llamó arte decadentista. También he tomado como uno de los objetivos principales de mi trabajo analítico reevaluar las acusaciones que la crítica brasileña moderna le hizo, y le sigue haciendo, a los artistas decadentistas. El reproche principal ha consistido en que las manifestaciones artísticas decadentistas no lograron superar los límites de la forma, y que esos límites formales circunscriben la experiencia artística al culto de la muerte. En ese sentido, el arte decadentista sería un mero ritual de *religio mortis* en la cultura brasileña y, por eso, impotente ante la tarea de producir una experiencia artística vital que tenga como base la comunicación entre sus participantes.

La crítica brasileña de la primera mitad del siglo XX, desde sus primeras posiciones –como, por ejemplo, las de Mário de Andrade, quien reivindicó una literatura moderna para sus contemporáneos–, consideró en su horizonte a la vanguardia artística de los años veinte como la alternativa más potente contra las formas y fuerzas de la excepción por las cuales la cultura moderna, con su violencia destructora, se instauraba en Brasil. Para Mário de Andrade, las vanguardias serían las alternativas más eficientes porque, frente al aspecto trágico inherente al proceso de modernización en el cual la *religio mortis* estaría instaurada, serían adeptas al humor y a la irreverencia iconoclasta. La *religio mortis* inherente a la experiencia artística de finales del siglo XIX, además de obviamente poder ser comprendida como un desdoblamiento de la religión, estaba también vinculada al pensamiento mítico. En el proceso de construcción de las obras de arte se instauraba una comprensión del mundo en la cual la condición humana estaría bajo la imposición de un destino que subordina al héroe sin habla o portador de un habla *infans* (para hacer referencia aquí a la concepción de lengua *infans* de Giorgio Agamben) a la condición de un débil ser humano abandonado a las fuerzas caprichosas de algo que le es superior, o sea, a las fuerzas del destino. Eso hace que Mário de Andrade rechace la experiencia artística resultante de esa posición en el mundo. Si consideramos la cuestión desde otro punto de vista, veremos que la construcción de la experiencia artística de la vanguardia está fundamentada en una comprensión del mundo que se posiciona contra los postrománticos y decadentistas modernos y encara con ironía el punto de vista trágico que se presentaba ante él, el cual era el punto de vista de los discursos moralistas fundamentados en el análisis científico y jurídico del carácter de los seres. Tal complejidad revela una comprensión del arte como algo pulsante y vital tanto para el artista como para la sociedad, y nos lleva a concordar con Octavio Paz cuando dice en «El caracol y la sirena» que la modernidad no es una industria; sus formas, ya difundidas en el modernismo finisecular, dan testimonio del padecimiento del girar en el vacío, vivido en el arte como una estética del lujo y de la muerte (Paz 2008: 2).

Pido disculpas por la rapidez con que trato temas teóricos tan importantes y complejos como estos, pero son cruciales para lo que propongo aquí como lectura de formas de vida y muerte o, más específicamente, como lecturas del sacrificio ritual. El ritual tiene el poder de formular pensamientos desde ambos lados, manteniendo su dependencia del modo en que haya elegido operar con estos conceptos. Asocio estos dos modos de tratar la experiencia artística de finales del siglo XIX —culturas de vida y culturas de muerte— a las maneras en que la sociedad brasileña opera con la violencia. Al proponer alternativas a la crueldad modernizadora nacional recurre a otros modos de esta, nunca a los que derivan del poder revolucionario. Las formas de violencia nacionales derivan de la colonización externa (imperialismos y nacionalismos), y de la crueldad del proceso de colonización interna (conflictos de clases).

La investigación que desarrollo tiene su origen en esa inquietud, en el interés sobre el carácter antiautoritario de la obra poética de Murilo Mendes[1] y su posición libertaria, que no puede ser confundida con una postura religiosa idealista porque su posición nunca es «salvacionista» o redentora de la cultura secular. Al contrario, su posición libertaria es definida por un miedo/rechazo a la muerte simultáneo al enfrentamiento a los desafíos que supone la posibilidad del fin o la destrucción. Una posición, esta, propia de una experiencia de lenguaje marcada por la relación con el mito. En ese sentido, el análisis de esta poesía, aun con características decadentistas, entra en el ámbito de los estudios de las relaciones entre literatura y mito para, entonces, proseguir con la construcción de una lectura sobre el fascismo y el antifascismo en el medio intelectual y cultural brasileño en los tiempos «anacrónicos» del fascismo, esto es, del fascismo residual en la sociedad democrática actual.

El contraste entre la poesía de Murilo Mendes y su rechazo al autoritarismo provocó, necesariamente, una pregunta existencial que produjo nuevas orientaciones en mi investigación científica sobre la poesía moderna y contemporánea. Desde las primeras investigaciones de Mário de Andrade, como las que había postulado en *A escrava que não era Isaura* (1925) sobre la poesía y la cultura brasileñas, su propuesta fue la de crear una simultaneidad de sentimientos y «afecciones» que pudiesen conformar, tanto en el sentido de dar forma como en el de consolar, una ansiedad brasileña; lo que yo llamaría hoy, en clave nietzscheana, una «angustia» del ser brasileño. Cito a Andrade:

---

[1] Si bien Murilo Mendes es un poeta del siglo XX, su obra mantiene características del arte decadentista que aquí insistimos en considerar ya como moderna/vanguardista.

Fui educado num colégio francês. Palpito de entusiasmo, de amor ante a renovação da arte musical italiana. Admito e estudo Uidobro e Unamuno. Os Estados-Unidos me entusiasmam como se fossem pátria minha. Com a aventura de Gago Coutinho fui português. Fui russo durante o Congresso de Gênova. Alemão no congresso de Versalhes. Mas não votei em ninguém nas últimas eleições brasileiras.
—Traidor da pátria!
—Calabar!
—Anti-brasileiro!
—Nada disso. Sou brasileiro. Mas além de ser brasileiro sou um ser vivo comovido a que o telégrafo comunica a nénia dos povos ensanguentados, a canalhice lancinante de todos os homens e o *pean* dos que avançam na gloria das ciências, das artes e das guerras. Sou brasileiro. Prova? Poderia viver na Alemanha ou na Áustria. Mas vivo remendadamente no Brasil, coroado com os espinhos do ridículo, do cabotinismo, da ignorância, da loucura, da burrice para que esta Piquirí venha a compreender um dia que o telégrafo, o vapor, o telefonino, o Fox-Jornal existem e que A SIMULTANEIDADE EXISTE (N). (1980: 266)

Esa angustia se traduce en el sentimiento de pertenecer a una comunidad en la cual ya no se reconocen los hilos del lazo social. Una sociedad en la que ya no hay espacio para la simultaneidad de sentimientos propuesta por la vanguardia modernista en Brasil, ya que los hombres, incluyendo a los poetas, no se disuelven en los «hombres iguales», y el aquí y ahora que fundamenta toda ontología –todo el ser individual– es más importante que cualquier promesa de existencia compartida. Los acontecimientos de las dos últimas décadas en Brasil dejaron de ser comunitarios y han sido transformados en una crueldad banal; no quiero ser ingenua con el tema de la violencia social, sabemos que en toda comunidad hay relaciones violentas, pero cuando ellas ocurren en un completo sinsentido, no hay manera de pensarlas o de reflexionar sobre ellas reorientándolas a lo comunitario. Ejemplos de esta violencia sin fin serían los acontecimientos ocurridos en Río de Janeiro y en São Paulo. Entre ellos, que son tantos, cito los que hasta ahora son los más impactantes: en enero de 2014, un adolescente fue encadenado a un poste por vecinos de Botafogo, barrio carioca donde él presuntamente habría cometido un crimen –robar un teléfono móvil a una transeúnte–, y por esta razón fue brutalmente golpeado y parte de una oreja le fue cortada. Algunos meses después, un hombre fue asesinado, su cuerpo troceado en pedazos y sus miembros, tronco y cabeza, fueron expuestos en diferentes puntos entre las avenidas Paulista y Consolação, en Sao Paulo.

De este modo, busco construir con mi trabajo un sentido válido que intervenga sobre las formas de vida en la experiencia artística. Los poemas de Paula Glenadel y de Laure, la autora de *L'Histoire d'une petite fille*, me interesan porque ambas tratan del sacrificio que se consagra mediante la destrucción. No desean la inteligibilidad y tampoco la aceptación conservadora de su lenguaje, ya que se puede conservar –en el proceso de comprensión y estabilización del sentido– lo indeseable. El lenguaje sacrifica la realidad que entra en suspensión mediante el ritual analógico del vacío. Esa suspensión consagra la realidad y le quita el uso inmediato e instrumental. La realidad, de este modo, pasa a existir como escena del lenguaje.

Poesía del siglo XX: artificio, realidad e imagen. Laure (Colette Peignot) y el problema del sacrificio

¿De quién son esas firmas? ¿Quién firma? ¿A qué nombre están vinculadas? ¿Colette Peignot y Laure? Sabemos solamente que el carácter activo de la escritura literaria que a ellas se relaciona constituye una profunda búsqueda existencial. Su intransigente y angustiado modo de vida propició una aguda reflexión junto a Georges Bataille, que desembocó en el análisis de este último sobre la formas de vida ante la castración corporal y mental del militarismo y de la política policial, tanto de las fuerzas de izquierda como de derecha, a comienzos del siglo xx. En uno de los pocos textos escritos por Laure sobre lo sagrado en el arte y la sociedad, el *pathos* trágico se impone como eje de lectura, pero no deja de ser curioso que ese aspecto trágico de sus escritos, y de su silencio, estén a disposición de su pasión por la comunicabilidad y lo sagrado.

En uno de los fragmentos de ese texto, reunido póstumamente por Georges Bataille y Michel Leiris, vemos a Laure referirse a lo sagrado como algo muy distinto del mero hecho de defender a un amigo contra las imposturas, o de tomar partido con estrépito y violencia a favor de aquello que se quiere. Laure se pregunta —en la traducción de esos textos realizada por Julio Azcoaga—: «¿Qué color tiene para mí la noción misma de sagrado?» (2014: s/n)[2]. Que se constituye en la misma pregunta —«Qu'est-ce, pour moi, que le sacre? Plus exactemant: en quoi consiste *mon* sacré?»— que Michel Leiris enuncia en «Le sacré dans la vie quotidienne» y en «L'homme sans honner», textos de julio de 1938 publicados en una compilación de Denis Hollier, *Le Collège de Sociologie*. La respuesta de ambos, es decir, la de Laure y Leiris, al sentido y color de lo sagrado parecen muy semejantes entre sí. En el segundo fragmento de «Lo sagrado», firmado por Laure, leemos:

> No estoy de acuerdo cuando se llama «sagrado» al hecho de defender a un amigo contra las imposturas, o de tomar partido con estrépito y violencia por aquello que se quiere. Ese momento donde la palabra es tan intensa como el sentimiento experimentado es aquello que simplemente llamo: los únicos momentos válidos de «la vida con los otros».
>
> (Me apresuro a decirlo, ya no hay ningún momento válido de «mi vida con los otros», pero es un paréntesis superfluo que me arrastraría demasiado lejos).
>
> Antaño no admitía esos «momentos válidos», y me encerraba en un mutismo total cuando no tenía la posibilidad de expresar aquello

---

[2] En la edición de *Lo sagrado* de Hekht Libros no aparecen números de página.

que me importaba totalmente, o al menos aquello que me implicaba un sentido cargado de consecuencias, cargado de expresiones. Ya no soportaba la banalidad de los otros tanto más que la propia (el propósito de «no decir nada»).

¡Era una actitud poco humana!

Me la vuelvo a topar en este hecho:

Alegrarse mucho de volver a ver a los amigos... Después... depresión profunda al darnos cuenta que en verdad nada ha cambiado, que hemos estado apartados de nosotros mismos por fuerza de las cosas, o por cobardía triste.

La corrida restablece lo Sagrado porque existe una amenaza de muerte, de muerte real, pero sentida, experimentada por otros, con otros.

Imaginar una corrida sólo para uno.

(a explicar en extenso) (2014: s/n)

Michel Leiris, en sus escritos sobre lo sagrado, esboza

> un inventario de lugares, acontecimientos, objetos, circunstancias que tienen el poder, por un brevísimo instante, de traer a la superficie insípidamente uniforme en que habitualmente deslizamos en el mundo algunos de los elementos que pertenecen con más derecho a nuestra vida abisal, antes de dejar que retornen –acompañando el ramo descendente de la curva– a la oscuridad pantanosa de donde habían emergido. (2001: 12)

Ese inventario de lugares abriga las fugas hacia afuera del tiempo profano y ellos equivalen, en el mundo contemporáneo, a los ritos, juegos y fiestas de otros tiempos y culturas. Pues lo sagrado, que tuvo su estatuto alterado por la modernidad, no desapareció de la cultura del siglo XX. Denis Hollier, en la introducción a una edición comentada de todos los textos de los autores que fundaron el Collège de Sociologie entre 1937 y 1938, afirma que la esfera de lo sagrado no desapareció de la experiencia contemporánea (Hollier 1988). Hoy sería menos colectiva y consciente, y más individual e inconsciente, si perteneciera más a un abordaje psicológico que sociológico. Hollier recuerda que el propio Roger Caillois también proponía algo como una interiorización de lo sagrado. «Constructores de espejos»: es de ese modo que Leiris se refiere a aquellos que toman como tarea la organización de esos lugares y acontecimientos en los cuales puede llegarse a tocar el mundo y a sí mismo. Cito a Leiris:

> [...] y que, por lo tanto, nos alcanzan al nivel de una plenitud portadora de su propia tortura y de su propio declino;
> No tendrán chance de éxito si no mesclaran a la liga con que componen el acero de su espejo (espectáculo, puesta en escena erótica, poema, obra de arte) un elemento susceptible de hacer repuntar a través de la belleza más rígida o más suave algo de loco, de miserable hasta el fin y de irreductiblemente *vicioso*. (2001: 75)

A su vez, Laure escribe en el poema «Lo sagrado»:

> [...]
>   Cabalgaba las nubes
> con aire de loca desgreñada
> o de mendicante de amistad.
> Sintiéndome un poco monstruo
> ya no reconocía más a los humanos
> que sin embargo amaba.
> Me vieron aterrizar
> en un cielo de diorama
> donde helada hasta los huesos
> me petrificaba lentamente
> hasta devenir
> un perfecto accesorio de decoración. (2014: s/n)

Es posible que ese accesorio de decoración al cual se refiere el poema sea un espejo. Y siendo el espejo –espectáculo, puesta en escena erótica, poema, obra de arte– ese efecto de reconocimiento, pues de eso se trata en el instante en el nos miramos al espejo, nos lleva a reflexionar sobre el carácter mimético de la vida y del arte. No puedo extenderme aquí, por una cuestión de tiempo, en el desarrollo de esta reflexión[3]. Ahora bien, me gustaría proponer nuevamente que la relación de lo mimético, o sea, entre la imagen y la semejanza, pertenece al ámbito de lo sagrado con el cual estamos trabajando en este análisis. De modo que hay una cuestión que merece plantearse otra vez: ¿es un problema del destino o del carácter el hecho de que el arte y la vida sean miméticas? En el ensayo «Sobre la facultad mimética», Walter Benjamin busca los efectos de la acción de la facultad mimética sobre el lenguaje. La discusión misma, y la separación fundamental entre lo mimético y lo antimimético, quizá se deban a la oposición establecida en Occidente entre imagen natural e imagen artificial o, en los términos de Benjamin, al advenimiento de una lectura mágica y de una lectura profana. De esa manera, estamos nuevamente en la esfera de lo sagrado.

¿Cómo producir una reflexión sobre el carácter mimético? ¿Cómo producir una lectura menos realista y más profana del mundo? ¿Cómo tratar lo sagrado en el mundo contemporáneo?

Lo contemporaneo y lo sagrado. Paula Glenadel

Paula Glenadel, esa firma que se inscribe como una poeta brasileña contemporánea, tiene tres libros de poemas publicados, es traductora y crítica literaria, y uno de sus textos más intrigantes lleva por título «Crueldade e hierarquias: motivos animais em Hugo e Lautréamont» (en el libro *Estéticas da crueldade*, organizado por ella misma y Angela Dias). Su penúltimo libro de poemas tiene el contundente título de

---

[3] Véase Scramim 2015.

A fábrica do feminino, y está curiosamente dividido en tres partes denominadas «A fábrica do feminino», «A cidade dos homens» y «A cidade fantasma».

En la primera parte, «A fábrica do feminino», el ente femenino es desplazado de su condición natural propia de lo sagrado —que se caracteriza por estar fuera del uso, gesto muy frecuente de la poesía lírica desde las canciones trovadorescas— y es recolocado en escena para ser el producto de una fábrica, o sea, un Femenino que pueda ser usado, restituyendo así lo sagrado al uso. El acontecimiento es marcado por la profanación, ya que lo sagrado femenino aún está allí; la experiencia es la del secuestro del ámbito de lo sin uso de lo sagrado en la esfera del uso de lo sagrado. Lo que nos lleva de nuevo al encuentro con el pensamiento de Octavio Paz en «El caracol y la sirena», cuando dice que la modernidad no es la industria sino el lujo.

La parte intitulada «A cidade dos homens» produce el mismo efecto de lectura, pero jugando con el «dictado» —que participa del ámbito de lo sagrado— de que lo masculino habita el mundo, es decir, habita desde siempre una artificialidad no sagrada que le confiere una distinción en relación a lo femenino, pero no frente al mundo que es su lugar. «A cidade fantasma», la tercera parte del libro, es el lugar del juego entre esas relaciones miméticas y antimiméticas, esto es, sagradas y desacralizadas, con el mundo. Esa provocación por parte de la organización de los poemas y de los propios poemas promueve una reflexión sobre la relación entre lo que ha sido apropiado por la sociedad como natural y lo que ha sido desde siempre tomado como artificio en las relaciones capitalistas modernas, así como en los vacíos del lenguaje y los diversos modos de leer que oscilan entre esas dos posiciones, entre lo natural y lo artificial. En el poema «Espelho», leemos:

> Como é que se separa
> imagem de semelhança

> um tempo para cada coisa
> vacas magras e vacas gordas
>
> ruminando dietas capas cartazes
> sonhando celulose e superfície
> mulheres sem celulite
>
> parcelando plásticas
> mastigando críticas
> maquinando máscaras
> maquiando cílios
> (2008: 22)

Frente al espejo no se separa la imagen de la similitud, no se separa la experiencia de la mímesis. Se destaca con la pregunta por «cómo» separar justamente la incapacidad humana de ser atravesada por alguna exterioridad sin que esta exterioridad implique una amenaza a su propia condición. La violencia con que esa exterioridad se impone hace que el tiempo se divida en un tiempo de vacas flacas –tiempo de lo profano– y de vacas gordas –tiempo de lo sagrado–, pero el lenguaje poético intenta suspender la violencia de esa significación. El lenguaje de la poesía encuentra su límite en esa escisión entre los tiempos generados por la separación entre exterioridades e interioridades, y la poesía acaba por existir a causa de ese límite. Esa escisión es productiva porque potencia la escena que el espejo deja ver, y de ese modo le ofrece fuerza a la escena que el lenguaje del poema establece con el «afuera», que no es solamente caracterizado por las dietas, plásticas, máscaras, y sí por el papel –la celulosa–, los carteles, las capas, o sea, todo un vocabulario de exterioridades que indica cierta interioridad de lo poético y su deseo de abrirse hacia los sentidos proferidos por la voz en la escena frente al espejo.

En 1938, cuando Michel Leiris propuso la interiorización de lo sagrado para «escapar» al realismo, valorizaba una experiencia que todavía tenía como expectativa una relación de «primordialidad» con lo sagrado ante la vida dominada por la banalidad mundana. En un sentido opuesto, Giorgio Agamben, al desarrollar la idea de Walter Benjamin sobre las estructuras religiosas del capitalismo, disiente de su maestro en lo que respecta a la caída de la aureola del arte como síntoma de su salida del dominio de lo sagrado, y afirma que la poesía de Baudelaire es la que lleva a las últimas consecuencias esa operación de vínculo entre lo sagrado y, según Agamben, lo profano. La decadencia de la aureola con la llegada de la mercancía no destruye la esfera de culto del arte, al contrario: es la mercancía la que entra fatalmente en la esfera de lo sagrado, y eso quiere decir profanar. Mientras tanto, para el filósofo italiano Baudelaire amplía la categoría de lo sagrado más allá del dominio del mundo de los dioses, incluyendo en él también el infierno, lo que conllevaría un sentido de profanación dentro del propio ámbito de lo sagrado. En el ensayo «Baudelaire o la mercancía absoluta», publicado en *Estancias*, dice Agamben: «si consagrar (*sacrare*) era el término que designaba la salida de las cosas de la esfera del derecho humano, profanar, a su vez, significaba restituirlas al libre uso de los hombres» (2007: 86). Cuando afirma que lo que regula esa separación entre lo sagrado y lo profano es el sacrificio, refiriéndose en ese momento a los estudios de Marcel Mauss, sostiene que es el rito el que puede servir para una operación de pasaje franco entre esas esferas. Mediante un rito se pasa no solamente a la esfera de lo sagrado, sino que se hace igualmente posible pasar (y nótese que se dice pasar y no retornar) a la esfera de lo profano.

Para Georges Bataille, quien dedicó su vida a investigar las relaciones entre comunidad, arte y vida, el ámbito de lo sagrado atraviesa las relaciones comunitarias y artísticas, y por eso produce vida. En sus estudios, sin embargo, Bataille constató que la esfera de lo sagrado implica algo excesivo que escinde el ámbito del uso, transfiriendo su función para una disfunción, algo que no consigue ser capturado o apropiado en las relaciones instrumentales y en los juegos de poder.

Quizá podamos decir aquí que «escindir el ámbito del uso» (se trata de escindir y no de suprimir) implica una actitud de escape a las estrategias de dominación y de colonización; digamos también que escindir el ámbito del uso implica la construcción de cierta violencia, y aun de cierta promoción de la violencia instrumental. El sacrificio consagra a través de la destrucción.

Sacrificio, ritual e (in)apropiación: formas alternativas a la banalidad del mal

En 1925, Georges Bataille se psicoanaliza, por indicación de Michel Leiris, con Adrien Borel (véase Bataille 2012). Como resultado de este proceso de análisis, su psicoanalista le da a Bataille un negativo de una fotografía que tuvo un importante papel en su investigación sobre las formas de vida. Aquel negativo era una de las imágenes de la ejecución pública de Fu-Zhu-Li, en 1905, hechas por Louis Carpeaux, y publicadas en su libro de 1913, *Pékin qui s'en va*. Fu-Zhu-Li había matado a alguien perteneciente a una casta superior a la suya en la cultura china, un príncipe mongol que había seducido a su esposa. El emperador chino, sin embargo, hizo valer con Fu-Zhu-Li la típica complacencia china y alteró la pena para su crimen: en lugar de ser quemado vivo sería destrozado aún en vida, pero drogado con opio, en cien pedazos de carne. El opio no tenía la función de quitarle el dolor, sino la de alargar lo más posible la vida de la víctima. Las imágenes del despedazamiento de la víctima son desconcertantes porque no llora, no grita; al contrario, Fu-Zhu-Li parece gozar mediante el sacrificio. La violencia allí, para Bataille, deja de tener la función de expiación general de la especie para adquirir la función de un acontecimiento no apropiable, imposible de ser capturado por cualquier razón instrumental. La posición de Fu-Zhu-Li, de modo ambivalente, es la de una víctima contextualizada y al mismo tiempo, dislocada de contexto, que participa y a la vez no participa de su suplicio. Pese a estar totalmente dominado, enteramente sometido por sus verdugos, no parece resignado. Y no porque no aceptara la pena que se le impuso. Su rebelión no es la explosión de un sentimiento de inocencia, una reacción de los que se piensan los últimos del mundo, los que, sintiéndose abandonados por Dios, se denominan a sí mismos y en defensa propia héroes o justicieros. Fu-Zhu-Li parece ajeno a todo y entre tanto, plenamente conectado a todo, sus ojos están y permanecen abiertos. En su ausencia, es una víctima que se rebela en su silencio. Su silencio lo separa del mundo y de sí mismo. Y quizá sea este uno de los efectos del sacrificio y de la entrada en el ámbito de lo sagrado: la desfiguración momentánea de una consciencia que sufre.

Me gustaría finalizar esta reflexión con una pregunta, no propiamente para ustedes, pero, también, para ustedes en su propio y particular acontecer.

¿Qué nos dice el espejo?

O aún:

¿Cómo ponernos a la escucha de lo que dice?

¿Cómo lo hace la poesía?

¿Cómo analizar el rechazo a la violencia instrumental, sea como respuesta dada por la indiferencia o como aquella ofrecida por la diferencia, sea como rechazo del verdugo, sea como el de la víctima frente a los acontecimientos y experiencias sociales? Experiencias que no están localizadas sólo en las grandes ciudades o en el arte latinoamericano, sino diseminadas por todo el mundo.

Bibliografía

Agamben, Giorgio (2007): *Estância: a palavra e o fantasma na cultura occidental*. Belo Horizonte: Editora da UFMG.

ANDRADE, Mário (1980): *Obra Imatura*. São Paulo: Itatiaia.
BATAILLE, Georges (1988): *OEuvres completes*. Paris: Gallimard.
HOLLIER, Denis (1997): *Absent without leave. The French literature under the threat war*. Cambrigde: Harvard University Press.
— (1988): *Le Collège de Sociologie, 1937-1939*. Paris: Gallimard.
GLENADEL, Paula (2008): *A fábrica do feminino*. Rio de Janeiro: 7 Letras.
LAURE (2014): *Lo sagrado*. Buenos Aires: Hekht libros.
LEIRIS, Michel (1988) : «Le sacré dans la vie quotidienne». En *Le Collège de Sociologie, 1937-1939*. Paris: Gallimard.
— (2001): *Espelho da tauromaquia*. São Paulo: CosacNaify.
PAZ, Octavio (2008). «El caracol y la sirena» En *Cuadrivio*. Barcelona: Seix Barral.
PEIGNOT, Colette (2012): *Lo sagrado Laure. Notas de Georges Bataille y Michel Leiris*. Buenos Aires: Hekht libros.
— (1997): *Écrits de Laure. Texts établi par J Peignot et le Collectif change*. Paris: Pauvert.
SCRAMIM, Susana (2015): «Sobre o caráter mimético: poesia». En Scramin, Susana & Siscar, Marcos & Puchea, Alberto (eds.): *O duplo estado da poesía*. São Paulo: Editora Iluminuras.
SURYA, Michel (2012): *Georges Bataille: la mort a l'oeuvre*. Paris: Gallimard.

Silencio y criminalidad
El caso de María Carolina Geel

Alia Trabucco Zerán
University College London

El callar no es no saber qué decir,
sino no caber en las voces

Sor Juana Inés de la Cruz

Catorce de abril, 1955, Santiago de Chile. María Carolina Geel se encuentra en el salón de té del Hotel Crillón, lugar de reunión habitual de la aristocracia chilena. Comparte su mesa con Roberto Pumarino, viudo, un hijo, quien había sido su pareja hasta hacía pocos meses. Conversan en voz baja durante el servicio de té, pero casi a las cinco de la tarde Geel saca de su cartera un revolver calibre 6.35 y apunta a la cara de su compañero de mesa. Son cinco certeros balazos. Roberto Pumarino, de 26 años, muere en el acto.

Geel, pseudónimo de Georgina Silva Jiménez (1913-1996), había publicado tres novelas antes de ese fatídico abril: *El mundo dormido de Yenia* (1946), *Extraño estío* (1947) y *Soñaba y amaba el adolescente Perces* (1949). En su labor como crítica literaria había editado, además, *Siete escritoras chilenas* (1949), un importante ensayo donde examinó la obra de Gabriela Mistral, Marta Brunet y María Luisa Bombal, entre otras escritoras de su época. Se desempeñaba, asimismo, como taquígrafa y columnista en varios periódicos santiaguinos. Era, pues, una figura relevante en el escenario cultural de la época.

El asesinato de Roberto Pumarino, célebre en la historia literaria-criminal chilena, no sólo tuvo como resultado la producción de un cadáver. Generó también dos importantes textos en los meses posteriores al crimen: una sentencia judicial (Primer Juzgado del Crimen de Santiago 1955) y el libro *Cárcel de mujeres* (1956), escrito por la propia Geel en prisión. A diferencia de otros asesinatos perpetrados por mujeres y que también originaron diversas producciones culturales, el de Geel es un caso único, ya que su primera y principal repercusión cultural provino de la propia autora del homicidio. Esta autoría múltiple, criminal y literaria, hace del caso del Crillón un hito doblemente extraño, lo que justifica un análisis centrado en la interacción entre la sentencia judicial y el libro, y no en producciones culturales posteriores, pese a su innegable importancia. A *Cárcel de mujeres* se suman, de hecho, varias crónicas policiales, un radio-teatro, cuentos e incluso un programa de televisión. Desde la academia, en tanto, también se acumulan los estudios sobre la novelista.

En este complejo proceso de recuperación hay dos temas que se reiteran: el silencio y la transgresión. El énfasis en la transgresión no es sorprendente. Si ya el eje mujer/escritura denota una impronta subversiva en la primera mitad del siglo XX, el añadido del elemento delictivo permite hablar de infracciones sucesivas. No sólo se trata de una mujer escritora en un ambiente mayoritariamente masculino: se trata, además, de una empleada del Estado, una crítica literaria, separada dos veces cuando no existía el divorcio legal, asesina, condenada, presa e indultada. El segundo tema, el silencio, ha de verse con mayor suspicacia. ¿Por qué se ha insistido desde la academia en hablar del silencio de Silva Jiménez? ¿Acaso no habló durante el juicio? ¿Acaso no publicó un libro desde la cárcel? ¿Qué es exactamente lo que calla María Carolina Geel?

Raquel Olea, en un ensayo sobre *Cárcel de mujeres*, ha analizado las connotaciones de género del lenguaje asociado a la violencia. Una vez identificado el nudo masculino/violencia, donde el ejercicio de la fuerza es naturalizado e incluso adjetivado positivamente, Olea se pregunta por su subversión: qué ocurre cuando el gesto escritural consiste en representar a la *mujer* como sujeto violento. En este nuevo eje femenino/violencia, señala Olea, «la escritura se abre a la inscripción cultural de un nuevo sujeto social» (2011: 101), y en este intento de inscripción, el lenguaje se quiebra. «María Carolina Geel da cuenta de la *irrepresentabilidad* del hecho que la mantiene encarcelada, de un *quiebre* del lenguaje, una *falla* en la memoria, marcando su relato con la *imposibilidad* de aprehenderse, dando cuenta de una *incomprensión* de sí misma, una *imposibilidad* de nombrar, de nombrarse» (2011: 103; énfasis mío). Las letras no alcanzan a formar palabras y las palabras no construyen un relato porque la conjunción mujer/sujeto/violencia es imposible, según Olea. Esta fuga del lenguaje es común en estudios que examinan a la mujer como *objeto* de violencia. «Romper el silencio», de hecho, es una frase común en los llamados a quebrar el ciclo del abuso y denunciarlo. Lo curioso es que este análisis se conserve intacto pese a que la relación sujeto-objeto esté invertida: Geel *ejerce* la violencia y Pumarino es *objeto* de ésta. Sin embargo, el porfiado silencio consigue torcerse y quedar del lado de lo femenino. Geel, la victimaria, se constituye en víctima de un lenguaje que la elude. La violencia ejercida *por* el sujeto femenino deviene, acaso por su excepcionalidad, en un trauma para la perpetradora. Este es el argumento problemático del texto de Olea, pues cuestiona la capacidad de Geel de actuar voluntariamente y, por lo tanto, su agencia. Aunque en su análisis el silencio se proponga como una estrategia de búsqueda (búsqueda de un lenguaje capaz de constituir al sujeto femenino violento), en última instancia la búsqueda fracasa y prima un silencio desarticulador. El gesto de callar es leído como una imposibilidad de la autora de escenificarse como sujeto de poder (poder de amenaza, en este caso), subrayando la posición desempoderada de Geel. La escritora-asesina pierde su arma pues pierde el lenguaje.

Si bien Geel pudo haberse visto enfrentada a un vacío al intentar posicionarse *textualmente* como sujeto de violencia, su silencio, en el contexto de la publicación de *Cárcel de mujeres* y del procedimiento judicial, constituyó, en mi opinión, una estrategia diferente. La sentencia del caso *Pumarino vs. Silva Jiménez* se hallaba enterrada en los archivos judiciales y no había sido estudiada hasta ahora, y es precisamente la recuperación de este material lo que informa mi análisis. Las fricciones entre esta fuente y la literaria, sus zonas de contacto y sujeción, permiten oír nuevamente los silencios de Geel: observar cuándo y cómo emergen, quién los exige o los prohíbe, y cuáles son sus implicaciones. En mi aproximación a la obra de Geel esta perspectiva no sólo supone la lectura de *Cárcel de mujeres* como un texto poroso, necesariamente invadido por el discurso legal. Implica, además, develar ciertas jurisdicciones textuales entre los distintos discursos (Still & Worton 1991: 27), específicamente entre el discurso jurídico y el literario, e interrogar su complejo funcionamiento.

Pero este análisis asume también la porosidad entre lo textual y lo extra-textual. Y lo extra-textual incluye una consideración sobre el silencio como forma de expresión reveladora de influencias discursivas. «No cabe hacer una división binaria entre lo que se dice y lo que se calla; habría que intentar determinar las diferentes maneras de callar», señala Foucault (1999: 27). Ese es precisamente el objetivo de este artículo, pues son distintos los silencios que emergen de los textos analizados. A continuación, examinaré estos silencios de María Carolina Geel. En primer lugar, analizaré la confesión en el procedimiento penal. La ausencia de confesión por parte de Geel provocó una obstrucción de la maquinaria jurídica que trajo consigo dos consecuencias: en primer lugar, gatilló la irrupción del discurso psiquiátrico en el proceso penal, produciendo la emergencia del arquetipo de «la loca»; y en segundo lugar, propició un intento por parte del discurso jurídico de absorber el texto literario, transformándolo en evidencia judicial. Luego examinaré el libro *Cárcel de mujeres* a la luz de la sentencia, para finalizar con una reflexión sobre el rol del silencio y la ambigüedad en la obra literaria como tácticas de resistencia frente al mandato confesional impuesto por el discurso jurídico, y me referiré a cómo estas estrategias permiten hablar de la emergencia de una subjetividad femenina violenta.

Silencio en la Corte: la confesión en el proceso penal moderno y el caso de Georgina Silva Jiménez

Si bien la sentencia judicial *Pumarino vs. Silva Jiménez* no había sido estudiada hasta ahora, la cobertura mediática del proceso, sumada a algunas lecturas críticas de *Cárcel de mujeres*, instalaron el rumor de que Georgina Silva Jiménez había guardado silencio durante el juicio. Que se había negado, incluso, a una defensa letrada. Este mito ha de ser desbaratado.

Pocos minutos después de ocurrido el crimen del hotel Crillón, su salón de té se vio colmado de reporteros. Los fotógrafos capturan el cadáver ensangrentado de Roberto Pumarino y obtienen numerosas imágenes de la autora.

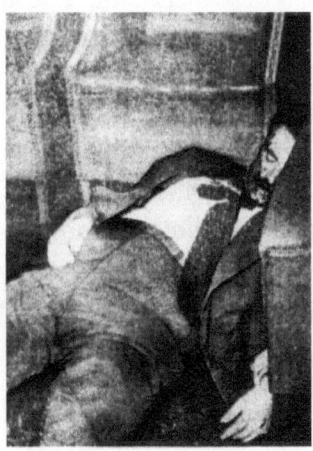

Los periodistas, en cambio, no consiguen declaraciones. La escritora es trasladada a la primera comisaría de Santiago e interrogada por la policía. Geel no revela por qué ha cometido el asesinato. Durante el procedimiento es entrevistada por actuarios, abogados y psiquiatras. La autora responde cada vez: se refiere a su trabajo, a su relación con Pumarino, a su vida como escritora. Habla, Geel, pero *no dice*. El diario *Clarín* señala: «María Carolina Geel solamente respondía con entrecortados monosílabos a las preguntas de la policía. No reveló el móvil preciso de su crimen» (Anónimo 1955d). La sentencia judicial agrega: «La autora primero se negó a declarar para luego decir que no sabía por qué había cometido el delito; siempre se expresó con frases entrecortadas y en forma vaga» (Primer Juzgado del Crimen de Santiago 1955: 2). El actuario resume así las reacciones de la acusada: «Interrogada por el tribunal para que exprese en forma precisa el motivo que tuvo para disparar, contestó en forma algo incoherente». Tanto la prensa como los actores en el proceso se refieren a un trastabillar, a una incoherencia. Silva Jiménez, enfrentada al aparato judicial, organizado para obtener de ella una confesión, se blinda con palabras vagas. Señala, por ejemplo, que no pensó en lo que hacía, que no tenía un motivo para matar, que tal vez pensaba suicidarse, que se sentía muy infeliz. De allí que la primera línea de la sentencia sea tan desconcertante. Luego de describir a la autora como «una mujer de 44 años, soltera, escritora, sin apodo, primera vez presa», señala que la imputada se encuentra *confesa*. ¿Es esto posible? ¿Qué confiesa Carolina Geel?

La sentencia, al describirla como *confesa*, recurre a una vieja táctica legal, una estrategia descrita por Bourdieu como el mayor poder del derecho en el campo lingüístico: crear aquello que nombra. La sentencia crea a la *mujer confesa* pese a que Geel, en realidad, jamás confiesa. Geel *admite*. Y lo que admite es un hecho cuya elocuencia hacía de la admisión un acto prácticamente innecesario. Admite un asesinato cometido en un lugar público, con decenas de testigos. La configuración verbal de esa admisión sería más o menos la siguiente:

¿Le disparó usted a Roberto Pumarino? *Sí, lo hice*. La consecuencia es que Geel afirma o más bien *confirma* su autoría.

Esta admisión, aunque el tribunal pretenda lo contrario, no constituye una confesión. Geel no revela una información de gran valor porque no revela *su verdad*, es decir, el significado que ella atribuye al gesto criminal. Un acto confesional, a diferencia de estas declaraciones, trae siempre aparejado un alto *costo de enunciación* (Foucault 2014). Su precio debe ser tal que necesariamente *modifique* la relación del sujeto con el acto cometido. En el caso de un imputado implica decir *Sí, soy un criminal susceptible de arrepentimiento*, y ese arrepentimiento es el que altera su relación con el crimen. En la declaración de Geel, en cambio, sólo se materializa la primera parte del enunciado, el *sí*, pero no alcanza a constituirse la subjetividad criminal atada a la enunciación de esa verdad. Una *verdadera* confesión, al modificar la relación del sujeto con el acto, se configura, además, dentro de una relación de dependencia: quien confiesa se reconoce a sí mismo en una posición subordinada. «Avowal is a verbal act through which the subject affirms who he is, binds himself to this truth, places himself in a relationship of dependence with regard to another, and modifies at the same time his relationship to himself» (Foucault 2014: 17). Geel, si bien admite haber cometido el asesinato, no le da un significado unívoco a su gesto, no revela *su* verdad, eludiendo esa posición subordinada. Foucault, sobre este punto, alude a una elocuente escena ocurrida en un tribunal francés. Un hombre acusado de violación es interrogado. El hombre admite haber cometido los crímenes y se encuentra en el tribunal para que se le imponga una condena. Sin embargo, los jueces quieren que ese hombre reflexione, que indique sus motivos. El sujeto no responde. Las preguntas se repiten, los jueces se exasperan. El acusado se niega otra vez. Ese silencio, señala Foucault, pone en jaque al sistema judicial.

> Why? Because the accused remains silent. Remains silent about what? About the facts? About circumstances? About the way in which they occurred?

About the immediate cause of the events? Not at all. The accused evades a question which is essential in the eyes of a modern tribunal [...] «Who are you?» (Foucault 1990: 126).

Esta pregunta es clave porque en el proceso penal moderno ya no es el *acto delictivo* el que se juzga sino al *sujeto criminal*. La confesión opera como dispositivo generador de subjetividades, y de allí que el tribunal necesite una conexión entre el acto y el sujeto. Pero, curiosamente, la máquina generadora de subjetividades incluye la desubjetivización: incita al acusado a hablar para, enseguida, silenciarlo (Olsson 2013: 129). Así, el sujeto confeso queda despojado de poder. La ambigüedad de Geel y su silencio sobre los motivos del crimen dificultan esta conexión. Aunque el homicidio tenga una autora, el castigo pierde sentido porque el sistema penal no sabe a quién está castigando. Ignora quién es el cuerpo criminal que amenaza al otro cuerpo, el social. El juez no puede contestar la pregunta por la subjetividad criminal: quién es usted, quién es Georgina Silva Jiménez, quién María Carolina Geel.

Este rechazo de un acto confesional provocó dos grietas en el procedimiento penal. En primer lugar, me referiré a la irrupción del discurso psiquiátrico y, con él, al ingreso de la figura de «la loca». Enseguida, examinaré una segunda irrupción: la literatura como evidencia judicial y las demandas confesionales en el ingreso de *Cárcel de mujeres* al expediente.

Geel, la loca (o la irrupción de la psiquiatría en el discurso judicial)

Ante la reticencia de Geel y el temor de encontrarse frente a un crimen sin motivo, el engranaje judicial se traba y el discurso psiquiátrico irrumpe en su lugar. Durante la primera instancia, Silva Jiménez es sometida a seis análisis médicos. El perito del Instituto Médico Legal, Francisco Beca, influenciado por la psiquiatría alemana y el psicoanálisis, describe a Geel como una «personalidad psicopática hístero-depresiva» (Primer Juzgado del Crimen de Santiago 1955: 15). Sobre las características de este tipo de personalidad, señala: «fuerte impulsividad instintiva, sobrecarga agresiva, explosividad, control disminuido de los impulsos, tendencia a rebelarse contra las normas establecidas». El Dr. Claudio Molina discrepa de estas conclusiones y señala que el homicidio es «psicológicamente imputable a la reo» (1955; 16). El informe del Dr. Hugo Montial, por su parte, plantea que el delito fue el resultado del «biotipo, climaterio, labidad neurovegetativa». El lenguaje se va cerrando con cada intervención. La causa del crimen se busca en alguna malograda combinación química. El aparato sancionatorio se ve forzado a sustituir la confesión por el examen; busca en el cuerpo aquello negado por la palabra. Es la propia Geel quien identifica esta operación en un pasaje de su libro: «exámenes que pretendían ubicar el origen de mi acto» (Geel 2000: 93). La psiquiatría, armada de un nuevo campo de conocimiento, intenta anexarse un nuevo dominio: el criminal.

Lo que le interesa a la psiquiatría es el delito como indicio de un elemento peligroso en el cuerpo social que ha de ser neutralizado. A mediados del siglo XX esta estrategia, dirigida específicamente a una mujer, no es extraña. Al día siguiente del crimen, la revista *Vea* advierte: «Las cosas no ocurren porque sí. Es la época que vivimos. Las mujeres ya no toman vinagre para aparecer desfallecientes ante la mirada del hombre que las engaña, sino que empuñan una pistola automática y saldan a balazos odiosos engaños» (Anónimo 1955e). Este temor es el que intenta aplacar la psiquiatría al urdir una nueva narrativa sobre la protagonista.

Lynda Hart observa una contradicción cuando las mujeres tienen participación en la criminalidad. Las mujeres serían simultáneamente construidas como violentas por naturaleza e incapaces de toda agresión (Hart 1994: x). Esta paradoja se funda no sólo en cierta mitología sobre lo femenino, en las dicotomías activo/pasivo, inteligible/sensible, descritas por Helene Cixous (1995: 320-323), o en la aterradora antítesis de la figura angelical de la buena madre, sino también en la criminología de Lombroso y Ferrero, quienes elaboran la figura de la *criminal por naturaleza*. Susanne Kord se pregunta entonces: «all women are natural criminals, but female criminals are no longer natural women. What, then, is the true gender of the female criminal?» (2009: 7). En esta interrogante radica la tensión entre *mujer* y *peligro* o, más bien, la expulsión mutua de estos términos, pues la locura destierra a la mujer no sólo de su género sino del género humano. Peligro y mujer se rompen como nudo simbólico al irrumpir la locura. El peligro deviene enfermedad. La asesina es patologizada y la agencia removida de su acto, una táctica común cada vez que un discurso es puesto en crisis por una mujer violenta. Que María Carolina Geel pudiera ser consciente, peligrosa y responsable de sus actos está fuera de lugar. Pero, y aquí surge otra contradicción, la locura beneficia también a la imputada.

Malaquías Concha, abogado de Silva Jiménez, alega que Geel estaría exenta de responsabilidad penal. Funda esta exención en que su defendida habría cometido el acto movida por una fuerza irresistible de carácter transitorio: un arrebato. En subsidio, argumenta que Geel se encontraba totalmente privada de razón y plantea que su locura ya se había manifestado por medio de ideas suicidas. El abogado recurre así a dos modelos derogatorios de la agencia femenina: el crimen pasional (un arrebato de celos) y el crimen por locura (el absoluto descontrol). El uso de estos modelos es interesante. Josefina Ludmer, al analizar ficciones de mujeres asesinas en la literatura argentina, identifica la siguiente torsión: mujeres que *actúan* signos femeninos (la histeria, la pasión) pero que *usan* esos signos para evadir el castigo (Ludmer 1999). Geel parece recurrir a esta estrategia y de manera exitosa. La sentencia de primera instancia la condena apenas a 541 días de presidio basada en un atenuante de carácter psicológico. Sin embargo, esta sentencia es apelada. La Corte de Apelaciones solicita nuevos exámenes, pero tampoco son concluyentes. La maquinaria judicial, sin confesión ni exámenes que den certeza sobre el origen del crimen, se traba una vez más. Pero el engranaje jurídico funciona en pos de su propia perpetuación: el derecho, esta vez, recurre a la literatura.

Evidencia y literatura (o *Cárcel de mujeres* como prueba documental

María Carolina Geel publicó *Cárcel de mujeres* mientras se encontraba recluida. Insisto en el momento de la publicación: luego de una sentencia leve y con amplias posibilidades de obtener la libertad condicional, las partes están *ad portas* de los alegatos ante la Corte. El abogado de Geel parece confiado: «¡Será absuelta!», declara (Anónimo 1956d). Su confianza parece justificada: la Corte habitualmente confirma las sentencias de primera instancia, de modo que Geel debería abandonar la prisión en apenas tres meses. Es entonces cuando la editorial Zig-Zag publica *Cárcel de mujeres*. La maquinaria legal se reactiva y el discurso judicial se desmarca nuevamente de su territorio, esta vez para hurgar en la literatura. El abogado querellante amplía sus acusaciones. La obra *Cárcel de mujeres*, señala Benjamín Montero, acredita la premeditación de Geel, quien, con un afán exhibicionista, mató a Pumarino *para* escribir el libro y alcanzar la fama que no había conseguido. «A la reo le duró muy poco su trastorno mental, pues a los cuatro días de perpetrado el crimen empezó a escribir su libro *Cárcel de Mujeres* que le ha dado bastante dinero, según tengo entendido» (Anónimo 1956c). El abogado identifica autora y protagonista, atribuyéndole al libro carácter de testimonio. Busca, así, atribuir a la literatura la *función de verdad* exigida al acto confesional. La publicación, en esta estrategia, permite a Montero utilizar la obra como prueba de la lucidez e imputabilidad de Geel. Malaquías Concha, por su parte, se ve forzado a alterar su defensa. «Mi defendida no está loca. No lo ha estado nunca y yo jamás he dicho lo contrario», aclara. «Siempre sostuve que en el momento mismo de apretar el gatillo de su pistola actuó privada de razón» (Anónimo 1956a). Concha se separa de su tesis original, basada en una afección psiquiátrica anterior, y se ve forzado a presentar su descontrol como un momento excepcional. La publicación del libro remece la hipótesis del crimen por locura y Concha se ve obligado a entregar un ejemplar al tribunal. El objeto literario ingresa al expediente y en sus hojas se borra la numeración editorial para adquirir el número de las fojas. La literatura, así, deviene evidencia.

¿Es posible que Geel y su defensor no hubieran previsto esta situación? Sólo cabe hacer conjeturas sobre los motivos para publicar el libro en un momento tan peculiar. Tal vez Geel no pudo soportar los argumentos de su abogado. Acaso vio en su defensa, fundada en su supuesta inestabilidad mental, una amenaza a su carrera literaria. O tal vez aún resonaba en su memoria el crimen cometido por María Luisa Bombal, quien no fue condenada luego del intento de homicidio que cometiera diez años antes exactamente en el mismo hotel. A lo mejor se sintió protegida por ese precedente absolutorio o su asesinato era, en realidad, una «cita» literaria-criminal a Bombal, que sólo se completaría con la publicación del libro. O tal vez fue un exceso de confianza de una mujer privilegiada que creyó saldado su destino con la primera sentencia. Mi conjetura, sin embargo, es que Georgina Silva Jiménez estaba consciente de lo que provocaría la publicación. Perdido el control luego de cometer un asesinato, perdido nuevamente al ser representada como una mujer inestable, irracional, una loca, perdido el dominio de su cuerpo al encontrarse bajo tutela del Estado y constante escrutinio médico, Geel, tras las rejas, publica su libro para afectar las narrativas en disputa: para recuperar el control sobre el relato.

El libro, desde luego, es admitido como evidencia. La Corte de Apelaciones (1956) describe a Geel como una personalidad «anormal» y utiliza como prueba de esa anormalidad sus dos matrimonios «fallidos», sus constantes cambios de casa, su «desprecio por la organización social o, si se quiere, de los convencionalismos» (20), los informes médicos y «la interpretación que hacen los psiquiatras de los personajes de sus diversas obras literarias a través de los problemas sexuales y emocionales» (21). Vale recordar que corre el año 1956. La narrativa de Geel ya ha sido calificada como «rara», acusada de desarrollar «una temática impropia para la mujer» (Tamayo 2005: 94) y compuesta por volúmenes «inquietantes, indecisos» (Díaz Arrieta 1955: en línea). Geel, de hecho, se refiere al matrimonio como «una espantosa miseria moral» (Geel 2000: 81) y, salvo un libro también de su autoría, la novela *El mundo dormido de Yenia,* el lesbianismo había sido objeto de escasas representaciones literarias. *Cárcel de mujeres* rompe con este mandato, gatillando una fascinante polémica. Tras la publicación, el debate sobre «la verdad» de lo ocurrido en el Crillón, es decir, sobre los motivos del asesinato, se traslada a «la verdad» sobre el relato literario y el lesbianismo en el presidio. Los medios desean ser los recipientes de esta nueva confesión: es una manera de obtener legitimidad, de conseguir de la autora, ya no criminal, sino literaria, una confesión sobre su identidad sexual, el otro ámbito típicamente atado a las demandas confesionales (Foucault 1999: 11). Vale recordar que la Correccional El buen pastor era regenteada por monjas católicas. Estas religiosas, encargadas de la vigilancia, ofrecen declaraciones a los diarios tras la publicación. Niegan que «esos actos» tengan cabida en la correccional. Algunas reclusas, por su parte, apoyan a sus vigilantes y se refieren a Geel como una mentirosa. Así, de ser descrita por la prensa como una escritora «prestigiosa» o «conocida» (Anónimo 1955f), Geel pasa a ser calificada como «exótica», «enigmática» y «agresiva» (Anónimo 1956b), además de «escritora de libros de éxito bastante relativo», «que no alcanzó nunca el renombre que ella esperaba» (Anónimo 1956e). Ante este descalabro mediático, con inminentes repercusiones jurídicas, su abogado defiende la veracidad del libro y la integridad de su autora. «Dice toda la verdad», señala Concha en los diarios (Anónimo 1956d). Este es el momento que Geel aprovecha para romper nuevamente su silencio. La primera vez lo había hecho publicando su libro. Ahora envía una sorprendente carta a los medios:

> Señor Director: debo hacer un paréntesis al absoluto silencio guardado hasta ahora sobre la publicidad que se hace alrededor de mi persona […] con motivo de una crónica aparecida en una revista respecto de un libro mío titulado *Cárcel de Mujeres* […] Mucho caudal se hace ahí de un mero hecho humano que es el producto de una época, de un ambiente y sobre todo de causas biológicas ajenas a todo control que no sea el de la ciencia, y por tanto escapa él a los esfuerzos y la rigurosa reglamentación que las religiosas puedan desplegar. Las anomalías que he podido observar entre las presas y que son una mera expresión de la infinita naturaleza humana, en nada afectan al orden y la severísima vigilancia que imponen las Madres. Aún más, tengo el cabal convencimiento de que tales anomalías, sin la influencia moral de dichas religiosas, es decir, bajo una administración laica, tendrían proporciones enormemente más alarmantes. (Anónimo 1956b)

Lo interesante de la irrupción de Geel es el control. Una vez más escoge el momento y el medio para hablar. Su estrategia consiste en recuperar el control presentándose como una mujer consciente, informada y posicionada respecto de la polémica provocada por su libro. No parece ser la prosa de una persona *anormal*. La carta está fechada apenas una semana antes de los alegatos ante la Corte, confirmando la estrategia de reinscripción como sujeto responsable. Pero el gesto de Geel es más complejo. Tal como ocurre con algunos pasajes de su texto, la publicación busca validar la autoridad de las monjas. Su reinscripción como sujeto va de la mano de una reivindicación de la autoridad punitiva, representada por las religiosas. Geel, el sujeto criminal, no sólo pretende recuperar el control. Desea diferenciarse de las otras presas, delincuentes comunes, pobres, lesbianas, para posicionarse del lado de las monjas, mujeres puras, asexuadas y poderosas, «seres blancos» (Geel 2000: 23), en sus palabras. Su posición sobre el lesbianismo, por otra parte, es tan ambigua en la carta como en su obra. Geel parece intentar naturalizar un fenómeno que califica como «una mera expresión de la infinita naturaleza humana» a la vez que lo describe como anómalo, con causas biológicas imposibles de controlar y que podría llegar a tener el carácter de «alarmante». En el libro, en tanto, tras describir un encuentro sexual entre dos reclusas, anota: «mi respiración tenía algo anhelante» (2000: 54). Pero más allá de esta ambigüedad, Geel concreta un objetivo que sólo puede servir a una estrategia: aclara que lo que ella escribió –el secreto por excelencia, el sexo– es verdadero, intentando recuperar legitimidad en tanto sujeto discursivo.

En medio de esta polémica, la Corte de Apelaciones dicta su sentencia. La inadecuación social de Geel como mujer y escritora, separada de dos hombres, que publica libros *raros*, protagonizados por mujeres lesbianas, sirve para articular su *a*normalidad: su desviación de la norma. El tribunal agrava la primera sanción y la condena a tres años y un día. Pero eso no es todo. Esa pena lleva consigo una inhabilitación *absoluta* y *perpetua* para ejercer derechos políticos. Geel, que intentaba con la publicación reinscribirse como sujeto responsable, es expulsada de la república política: no podrá ejercer derechos políticos de por vida. Georgina Silva Jiménez es también condenada a perder la voz.

Cárcel de mujeres: la ambigüedad como estética y estrategia

Si Georgina Silva Jiménez es expulsada de la república política, María Carolina Geel busca su reinserción a la otra república, acaso no menos masculina: la de las letras. Con el libro transformado en elemento probatorio, una aproximación que ilumine las fricciones entre la obra y la sentencia, es crucial.

Cárcel de mujeres es un libro singular entre los abundantes diarios y testimonios propios de la literatura escrita en prisión. Autobiografía, ensayo, novela, escritura del yo, confesión, diario íntimo, nada parece capturar el género del elusivo texto de Geel. Esta hibridez, sin embargo, no entorpeció el éxito comercial del libro, que fue publicado en 1956 por Zig-Zag, reimpreso en cuatro ocasiones y reeditado en el 2000 por la editorial Cuarto Propio, con una introducción de la escritora Diamela Eltit. En su primera edición, la obra fue precedida de un prólogo del influyente crítico Hernán Díaz Arrieta, conocido bajo el pseudónimo de Alone. Sus páginas enmarcaron sus primeras lecturas e influyen aún en interpretaciones contemporáneas del libro. Díaz Arrieta se erige como uno de los principales defensores de Geel e incluso excede este rol, auto-designándose *padrino* de su autora. «Escriba», anota Alone en una carta enviada a prisión y que él mismo se encarga de citar, «cuente, diga simplemente cuanto sepa; porque aunque se trate de usted misma, usted no lo sabe todo» (Geel 2000: 16). El crítico desea, con su prólogo, establecer con Geel la relación jerárquica que ella había rechazado al rehuir el acto confesional. Es él quien esta vez la *invita* a escribir. Parte de la crítica, de hecho, habla de un texto «escrito a sugerencia de Alone» (Olea 2011: 101). En esta versión, el libro se debe a su generoso gesto, a un hombre que ofrece su ayuda a una traumatizada escritora, sumida en una «resignación inerte, silenciosa, expiatoria» (Geel 2000: 20). Así como el derecho intenta quitarle autoría a Silva Jiménez calificándola como jurídicamente incapaz, el crítico intenta arrebatarle su autoría, ya no criminal, sino literaria. «Diríase que la autora ha escrito llevada de la mano, con los ojos vendados» (Geel 2000: 19), señala; «Fue preciso un trabajo casi de hipnotismo para que dejara hacer y que este breve libro […] se salvara» (Geel 2000: 21). Pero el prólogo es más que una invitación a escribir: Alone concibe la escritura como redención y él quiere provocar ese anhelado arrepentimiento. «Declare su verdad», ordena, «le servirá para explicarse usted misma su caso» (2000: 16). Una vez más, la autora se ve enfrentada a esta demanda. Y una vez más, las exigencias fracasan. María Carolina Geel no sólo no confiesa, sino que, y esta es mi conjetura, utiliza al crítico para reingresar a su mundo: el literario. Tras meses de polémicas donde había sido retratada como una mujer inestable, ambiciosa al punto de asesinar para vender sus libros, acusada incluso de beber la sangre de su víctima, Geel utiliza y avala al crítico para recuperar un poder perdido y volver, así, a su mundo: el literario. Desde luego, su estrategia no está exenta de contradicciones. Por un lado, supone la aceptación de un prólogo que la victimiza y le exige una confesión y, por otro, presume una estrategia criticada por Cixous «The moment women open their mouths —women more often than men— they are immediately asked in whose name and from what theoretical standpoint they are speaking, who is their master and where they are coming from: they have, in short, to salute» (Eagleton 1995: 314). Pero Geel, al tomar la palabra, también impone sus condiciones.

Si bien la autora parece aceptar la «invitación» de Alone, rechaza la demanda que arroja sobre su escritura: la redención. La protagonista de *Cárcel de mujeres* se encuentra recluida en una zona de la prisión denominada *El pensionado*, reservada para las presas de clases sociales privilegiadas. Desde allí, asomada a una única ventana, la narradora observa, escucha y anota. Situada en un cetro que la separa de las demás reclusas, en una posición privilegiada o, en palabras de Eltit, panóptica (Geel 2000: 12), la protagonista rehúye la posición subordinada inherente a la confesión para asumir ella, la asesina, la vigilancia de las otras reas. Desde allí, no hay redención. Cada una de ellas es inspeccionada por el ojo implacable de la protagonista, quien desde su clase social de privilegio, desde su celda privada, desde la excepcionalidad de la escritura y la mirada, se permite despreciar y simultáneamente admirar a las reclusas más pobres, signándolas como ignorantes y salvajes, como bellas, lindas y frescas. «Una recluida hay que tiene una *linda y fresca* voz *ineducada* [...]», «anguilas voraces», «una risa igualmente *hermosa* y *plebeya*» (2000: 23; énfasis mío). En esta mirada evaluadora radica su estrategia, una manera de invertir los roles y separarse de las demás, de contaminar a las otras para mantener su pureza (Kristeva 1982). Así, en una lectura en clave autobiográfica, la autora intenta recuperar la posición de poder minada a lo largo del proceso penal publicando un libro validado por el más importante crítico de la época, pero intentando eludir tanto sus demandas de redención como la posición de cuerpo dócil y auto-vigilante propia de la existencia carcelaria (Foucault 1991). Geel, por medio de su protagonista, usurpa el rol de vigilante para ser ella quien escudriñe y juzgue a las demás.

A lo largo del libro, de hecho, la narradora se aboca a relatar anécdotas carcelarias en lugar de su recuerdo criminal. Esta elusión de su acto homicida es el silencio que identifica Raquel Olea en la obra: un mutismo que sólo se quiebra con ambigüedades. «¡Quién comprenderá que ese saber que iba a ocurrir era a la vez como ciego, sin saber!» (80-81), escribe Geel, quien plantea como posibles motivos del asesinato la rivalidad, el azar, el parecido de Pumarino con su hermano muerto e incluso los deseos suicidas de la propia víctima. Su atención hacia los ruidos también es llamativa. «Murmullo de voces, prolongado, denso y sordo» (23), «cacofonía zumbona y doliente» (78), «griterío que crecía en olas» (62), escribe Geel, como si ese ruido incesante le impidiera inquirir al interior de sí misma, o el silencio de Olea, en realidad, no fuera más que un ruido dentro de otro mayor, que Geel magnifica para así ocultar su ensordecedor disparo. Pero, vale recordar, la escritura ocurre bajo la inminencia de una apelación capaz de indagar en los ámbitos más insospechados. En este contexto, cada ausencia adquiere otra dimensión. Eludir, aludir y elidir emergen como estrategias de una escritora que conoce su oficio y su contexto. Geel halla en la escritura, es decir, en el lenguaje literario, un instrumento de poder capaz de disputar el relato de incapacidad, monstruosidad y locura erigido desde los periódicos y las Cortes. El ingreso de la literatura al expediente judicial provoca un blindaje de lo literario. La estructura del libro es un buen reflejo. La narración está constituida por trazos desconectados que contienen confusas introspecciones: «Razones, causas, razones. Nada sirve de nada» (93), «¿Cómo escribir sobre esto?» (91), «Mi angustia, quizá, quedaría sin respuesta» (63), oraciones ambiguas que se conjugan en un código imposible de ser cooptado por el tribunal. A estas reflexiones de la narradora les siguen detallados relatos sobre las mujeres presas. Ella juzga y así evita ser juzgada. La distinción entre esas *otras* y ella misma, su fascinación y repudio hacia las demás presas, a quienes califica como *hermosas* y *plebeyas* en una misma línea, es decir, su rechazo y pertenencia al universo carcelario, atraviesa el texto en una ambivalencia que subraya la posición variable del sujeto protagonista.

El fragmentarismo, además, funciona como estética que permite eludir las demandas normativas de unidad genérica: *un* género femenino indisoluble y fijo, y *un* género literario unívoco y definitivo, limitado a las categorías de novela, ensayo, cuento o poesía. Se trata de una ambigüedad estilística –formal y sexual– que sirve de poética y política textual. La obra cuestiona las exigencias canónicas de una narrativa lineal y asume formas quebradas. Y el libro fragmentario rehuye la super-vigilancia canónica de otros géneros literarios y la *jurisdicción* del sistema legal. Pero el fragmentarismo es también el marco que permite la contradicción. En lugar de organizar sus materiales de manera unitaria y asumir una autodefensa que explique y expurgue su acto criminal, la autora ataca los fundamentos de la retórica clásica. «¡Dios mío, mi acto era también "su" acto!» (81), escribe Geel. La narradora, en una de sus cavilaciones, sugiere que *ella* debía morir y que en lugar de suicidarse lo asesinó a él. Asimismo, insinúa que él deseaba morir y ella no fue más que un mero instrumento de ese deseo. Geel reivindica la contradicción, rechazando los confines de una sola narrativa y de una única verdad. Geel no parece ser un sujeto que carece de lenguaje para nombrarse, sino una mujer consciente de las consecuencias de sus palabras, que tuerce y calla cuando el gesto de desplegar y decir podría serle perjudicial.

Pero Geel no apela únicamente a *motivos* contradictorios. Alude, también, a un sujeto contradictorio. «Tú buscas y te oprimes las sienes y clamas» (97), anota, «al menor toque, vuelves a empezar, a buscar, a interrogar con los labios helados» (97). La narradora se escinde y utiliza esta separación para acusarse/acusarla, interrogarse/interrogarla, como si el crimen fuera imputable a otra versión de sí misma. Esta ruptura, además, parece convocar al lector, a la lectora, quien se ve interpelada por esa segunda persona: tú buscas y te oprimes las sienes y clamas, es decir, el lector que indaga sobre las razones del crimen se ve descubierto en su gesto interrogador. La duplicación retórica del yo, la escisión de la protagonista en un texto de carácter híbrido aunque con rasgos autobiográficos, permite hablar de la escisión del sujeto femenino (Moi 1985).

Foucault analiza el rol del *sujeto confeso*, es decir, del *yo* confeso, a nivel institucional y político. Vale recordar que en este crimen es una mujer quien produce el cadáver de un hombre joven, de clase media, viudo, funcionario de la Caja de Empleados Públicos. Silva Jiménez y su víctima son situados en extremos opuestos del espectro moral. Pumarino es representado como un *hombre ordinario,* lo que permite asociarlo simbólica (y jurídicamente) a una figura central del sistema legal chileno: el «buen padre de familia», bueno y razonable por definición[1]. La producción de ese cuerpo, representativo de un símbolo articulador del orden legal, permite abrir una serie de interrogantes sobre el cuerpo social. En las democracias representativas, la ley, en teoría, es una manifestación de la voluntad ciudadana. Bajo esta lógica, quien infringe la ley y confiesa, es decir, el *sujeto confeso,* no está, según Foucault, siendo castigado por el Estado. Es el propio individuo quien se auto-castiga: se reconoce a sí mismo en la ley sancionatoria y en los jueces que la aplican (Foucault 2014: 200-230), o sea, *engendra a la autoridad.* La confesión, por medio de la emergencia de ese *yo* confeso, deviene, así, un rito reafirmador de la soberanía nacional (Foucault 2014: 207), un rito que Geel impide tanto en el juicio como en el libro. Al no confesar, la autora evita reconocerse en las leyes sancionadoras del Estado, permitiendo cuestionar los cimientos del orden jurídico y de un Estado en plena consolidación. Desde principios del siglo XX los valores en los que se sustentaba la masculinidad hegemónica habían sido cuestionados por nuevos sujetos sociales. La presencia de los trabajadores y la irrupción de las mujeres en espacios considerados típicamente masculinos fueron los ejes de esta interrogación. Sin embargo, el Estado patriarcal está lejos de admitirse en aprietos. Por el contrario, se encuentra en un

---

[1] Durante el juicio, testigos lo describen como «un empleado eficiente y muy trabajador, con gran espíritu de superación y en su vida privada era un hombre de costumbres correctas y estimado por el personal»; «era el mejor funcionario de la Caja y un compañero excepcional y muy correcto»; «Muy buen compañero»; «Fiel cumplidor de sus obligaciones» (Primer Juzgado del Crimen de Santiago 1955: 5-8).

repliegue conservador. Si bien en 1955 el movimiento feminista ya ha conquistado en Chile el derecho al voto, muchas leyes continúan limitando la actuación de las mujeres como sujetos jurídicamente capaces[2]. Parece ser un momento de retroceso de la oleada feminista. La participación política femenina pasa a ser absorbida por los partidos tradicionales y los grupos feministas desaparecen paulatinamente (Serrano 1992: 201). El proyecto del radicalismo, instalado en el Chile de mitad de siglo, pretende fortalecer al Estado basándose en la constitución de la familia nuclear e intentando robustecerla mediante políticas heteronormativas. La masculinidad tradicional se redefine con la imagen del padre-trabajador, mientras que la feminidad queda acotada al espacio privado: la madre-esposa. A nivel simbólico, el silencio de Geel abre la posibilidad de cuestionar los fundamentos de ese modelo normativo. El *sujeto confeso,* ese que engendra y legitima la autoridad punitiva, no emerge. La imputada no se auto-castiga porque no se reconoce en la ley sancionatoria. La escritora se niega a contestar la pregunta de Foucault: ¿Quién es usted?

Con esta cuidadosa estrategia de develar y velar, en un contexto de exigencias que intentaban cooptar a la sujeto criminal calificándola de manera arquetípica como loca o anormal, Geel elude la operación generadora de subjetividades que supone la confesión: se niega a producir su verdad. «La zona profunda de mi yo no es accesible a los demás» (2000: 93), afirma la autora, alejándose explícitamente del género confesional. Con una escritura fragmentaria Geel alude, en cambio, a un sujeto ambiguo y heterogéneo, una subjetividad atravesada por contradicciones internas (Richard 1996: 742). El intento por configurar textualmente al sujeto femenino violento ya no queda cifrado en la imposibilidad y el silencio, sino en un tumulto más

---

[2] Valga mencionar la regulación sobre la capacidad de la mujer casada en régimen de sociedad conyugal en Chile, donde pierde la administración de los bienes familiares y propios.

complejo. La narradora, en determinado momento, emprende un monólogo donde señala, entre cuidadosas comillas: «Es que algo monstruoso alienta en mi ser» (2000: 97). Esa monstruosidad, ese «algo» que no puede ser nombrado, es el punto que exalta Olea: «El gesto de María Carolina Geel habla también de una monstruosidad oculta en la falta de palabra» (2011: 104). ¿Pero por qué entrecomillar esa monstruosidad? Geel habla de ser «un puro animal entre las gentes» y reitera ese *algo monstruoso* aludiéndolo en segunda persona como «tu monstruosidad» (2000: 96, 97). Vale recordar, en este punto, que la prensa publicó en reiteradas ocasiones una imagen de la autora inclinándose sobre el cuerpo ensangrentado de Roberto Pumarino junto al siguiente titular: «Asesinato y locura en el "Hotel Crillón": Mató a su amante y luego bebió su sangre»:

> La conocida poetisa y escritora rubricó su pasional asesinato con un cuadro realmente dantesco y macabro: se arrojó loca sobre el ensangrentado cuerpo de Roberto Pumarino y lo besó frenéticamente... se empapó en su sangre caliente... y bebió de ella... juntaba sus manos cubiertas de sangre y con ellas se cubría sus labios, aspirando profundamente... (Anónimo 1955b)

La monstruosidad aludida por Geel se re-significa en este contexto. La prensa elabora dos perfiles: el de una mujer silenciosa e inestable, presa de sus propios arrebatos (la loca), y el de una mujer-monstruo que, luego de asesinar a su amante, bebe su sangre. Esta *sed de sangre* permite vincular a Geel a una figura que reúne sexo, violencia y muerte: la vampira. Silva Jiménez, es decir, la mujer violenta, es *vilificada* en los medios como un miembro que no pertenece a la sociedad y *mitificada* como no perteneciente a la esfera de lo humano. La prensa desea hablar de un cierto *tipo* de mujer para así ubicarla en el límite de una subjetividad recuperable. «Monsterization, thus, allays anxiety», señala Belinda Morrissey (2003: 111), aunque el uso del monstruo es también *revelador* de esa ansiedad: luego de las conquistas del movimiento feminista no sorprende el temor a una expresión agresiva de la sexualidad femenina, encarnada en la vampira y la lesbiana, figuras asociadas a Geel tanto por su acto homicida como por su escritura (Creed 1993: 59). La figura de la vampira revela, además, ciertas fantasías sobre el cuerpo reproductivo (Lykke 1996). El cuerpo femenino emerge como un «otro» fetichizado, la bella mujer inmortal, encarnando el miedo a una sexualidad femenina fuera de control, que rebasa lo *re*productivo para *producir*, según Kristeva, el más abyecto de los objetos: un cadáver, aquello que nos recuerda nuestra inevitable muerte, nuestra transformación en desecho. La mujer vampira, de este modo, transita entre la naturaleza y la cultura, entre lo humano e inhumano. Es un ser que se afirma en la indeterminación. No sorprenden, así, las alusiones a la monstruosidad frente a un acto que no puede ser comprendido. Esa mujer y ese crimen generan en la prensa el deseo (o la urgencia) de la mitificación. Pero Geel retoma la monstruosidad urdida por la prensa para atribuírsela a su acto y no a sí misma, en un intento por señalar un *territorio* de a-normalidad, una nueva zona donde se reúnen, acaso por primera vez, violencia y feminidad, un tumulto donde se erigen, tal vez, los cimientos de un nuevo sujeto.

Algunas ruidosas conclusiones

Numerosos estudios sobre el silencio y la feminidad han sido emprendidos desde la academia y el feminismo, interrogando la extendida asociación entre lo femenino y el mutismo (Olson 1979; Stout 1990; Hedges & Fisher 1994). Marjorie Agosín, Janis P. Stout, Debra Castillo, entre otras, se refieren al silencio como forma de evadir la autoridad. Pero es Josefina Ludmer, en una breve y brillante lectura de un texto de otra mujer confinada, quien servirá para urdir algunas conclusiones.

Ludmer analiza la *Respuesta a Sor Filotea*, de Sor Juana Inés de la Cruz. Allí inquiere en el cuestionamiento de Sor Juana a la siguiente sentencia de San Pablo: «callen las mujeres en las iglesias pues no les es permitido hablar». Sor Juana, ante este mandato, articula su respuesta en torno a tres palabras, dos verbos y una negación: *saber*, *decir* y *no*. «Saber y decir, demuestra Juana, se erigen como campos enfrentados para una mujer: toda simultaneidad de esas dos acciones acarrea resistencia y castigo», señala Ludmer (1985: 48). Las posibilidades para la subjetividad femenina serían las siguientes: *no saber*, *saber sobre el no decir, decir que no sabe, no saber decir, no decir que sabe*. Se reorganiza, según Ludmer, «el campo del saber en función del *no decir* (callar)». No decir: aquí está la exigencia. ¿Pero qué ocurre cuando *decir* es el mandato del *saber*? ¿Qué ocurre, pues, con la confesión? En ese caso *saber* y *decir* se unen para dar forma a la demanda inversa: *deber decir lo que se sabe*.

La conexión mujer/silencio, donde el silencio rara vez es voluntario, se quiebra frente a la exigencia confesional y el *no* irrumpe como resistencia; un silencio auto-impuesto y estratégico. «Silence in these instances either calls into question the legitimacy of the authority invoked by the question and the questioner or attempts to circumscribe a domain of autonomy that cannot or should not be intruded upon the questioner», señala Judith Butler, iluminando una posible resistencia oculta en el silencio (2005: 12). Butler realza el poder que subyace a una negación: *no decir lo que se sabe*. Callar. No confesar.

Es precisamente la negación y no un silencio desvalido, no un *silenciamiento*, el que emerge en el caso de Geel. Frente al Estado, es decir, enfrentada al tribunal, Geel *no dice que sabe*. Frente a Alone, el crítico, *dice que no sabe decir* porque, como Sor Juana, no sabe decir en posición de subalternidad (Ludmer 1985: 48). Su retórica de oposición *oculta su saber* en torno a los motivos del crimen y hay, desde luego, una agencia en esa negación (Castillo 1992: 240). Allí parece ocultarse la afirmación de un yo, una subjetividad que aparece cifrada debido a las presiones de los arquetipos derogatorios de la agencia presentes en las intervenciones del derecho y la psiquiatría.

Geel, por medio de su elusión del acto confesional y de una escritura fragmentaria y ambigua, deja un trazo consciente en el lenguaje. De allí la importancia de esta lectura intertextual, de subrayar la jurisdicción ejercida por el discurso jurídico sobre el literario, y de allí, también, la relevancia de visibilizar el gesto de ocultamiento. Es, acaso, el germen de una subjetividad femenina violenta, una que permite a Geel recobrar, en última instancia, su doble autoría: la del crimen, cuestionada por el discurso jurídico y psiquiátrico, y la del libro, arrebatada por el crítico literario. Y tal vez, como en el caso de Sor Juana, sean precisamente esos *no*, esos rastros en el lenguaje, los que la definen como sujeto y operan como una política y poética de la negación (Castillo 1992: 55): *no* sólo una mujer, *no* sólo una escritora y, sobre todo, *no* sólo una asesina. Pero toda negación supone su reverso: María Carolina Geel, mujer, escritora y asesina, y cada uno de los silencios que crujen entre las letras.

Bibliografía

Agosín, Marjorie (1986): *Silencio e imaginación: Metáforas de la escritura femenina*. Ciudad de México: Katún.

Anónimo (1955a): «Acostada y silenciosa pasó ayer Carolina Geel». En *Clarín*, 18 de abril.

— (1955b): «Asesinato y locura en el "Hotel Crillón": Mató a su amante y luego bebió su sangre». En *Clarín*, 15 de abril.

— (1955c): «Homicida pasó a la casa correccional». En *El Mercurio*, 16 de abril.

— (1955d): «Sangriento té del Hotel Crillón». En *Clarín*, 16 de abril.

— (1955e): «La tragedia del Hotel Crillón». En *Vea*, 20 de abril.

— (1955f): «Vida y perfil de María Geel: La escritora que mató». En *Clarín*, 15 de abril.

— (1956a): «Lo que dice María Carolina en el libro es cierto: Yo autoricé publicación». En *Clarín*, 29 de marzo.
— (1956b): «María Carolina Geel precipitó la guerra santa en la correccional». En *Clarín*, 24 de marzo.
— (1956c): «Mató a Pumarino para vender su libro». En *Clarín*, 5 de abril.
— (1956d): «¡Será Absuelta!». En *Clarín*, 29 de marzo.
— (1956e): «Tres años y un día». En *Clarín*, 5 de mayo.
BUTLER, Judith (2005): *Giving an account of oneself.* New York: Fordham University Press.
ELTIT, Diamela (2000): «Mujer, frontera y delito». En *Emergencias: Escritos sobre literatura, arte y política*. Santiago de Chile: Planeta / Ariel, 95-101.
— (2000b): «Mujeres que matan». En María Carolina Geel: *Cárcel de Mujeres*. Santiago de Chile: Cuarto Propio, 9-13.
CASTILLO, Debra A. (1992): *Talking Back: Toward a Latin American Feminist Literary Criticism*. Ithaca: Cornell University Press.
CIXOUS, Hélène (1995): *La risa de la Medusa. Ensayos sobre la escritura*. Barcelona: Anthropos.
CORTE DE APELACIONES DE SANTIAGO (1956): *Sentencia Judicial contra Georgina Silva Jiménez*, 4 de mayo. Rol 61.200, Cuaderno de Decretros N. 9239. Archivo Nacional de la Administración, Ministerio de Justicia.
CREED, Barbara (1993): *The monstrous-feminine: film, feminism, psychoanalysis*. London y New York: Routledge.
CRUZ, Juana Inés de la (2012): *Respuesta a Sor Filotea*. Barcelona: Linkgua.
HERNÁN Díaz Arrieta (1955): «Plumas nacionales: María Carolina Geel». En *Zig-Zag* 59 (2613), 26 de mayo: <http://www.memoriachilena.cl/602/w3-article-78944.html>.
EAGLETON, Mary (ed.) (1995): *Feminist literary theory: a reader*. Oxford: Willey-Blackwell.
FOUCAULT, Michel (1990): «The Dangerous Individual». En *Politics, philosophy, culture: interviews and other writings 1977-1984*. New York: Routledge, 125-152.
— (1991): *Discipline and punish: the birth of the prison*. London: Penguin.
— (1999): *Historia de la sexualidad I: la voluntad de saber*. Ciudad de México: Siglo XXI.

— (2003): *Abnormal: lectures at the Collège de France 1974-1975*. New York: Picador.
— (2014): *Wrong doing, truth-telling: the function of avowal in justice*. Chicago: University of Chicago Press.
GEEL, María Carolina (1956): *Cárcel de mujeres*. Santiago de Chile: Zig-Zag.
— (2000): *Cárcel de Mujeres*. Santiago: Cuarto Propio.
HART, Lynda (1994): *Fatal women: lesbian sexuality and the mark of aggression*. London: Routledge.
HEDGES, Elaine & FISHER, Shelley (ed.) (1994): *Listening to silences: new essays in feminist criticism*. New York / Oxford: Oxford University Press.
KORD, Susanne (2009): *Murderesses in german writing: 1720-1860: heroines of horror*. Cambridge: Cambridge University Press.
KRISTEVA, Julia (1982): *Powers of horror: an essay on abjection*. New York: Columbia University Press.
LUDMER, Josefina (1985): «Tretas del débil». En González, Patricia & Ortega, Eliana (ed.) *La sartén por el mango: Encuentro de escritoras latinoamericanas*. San Juan: Huracán, 47-54.
— (1999): *El cuerpo del delito: un manual*. Buenos Aires: Perfil/Básicos.
LYKKE, Nina & BRAIDOTTI, Rosi (eds.) (1996): *Monsters, goddesses and cyborgs: feminist confrontations with science, medicine and cyberspace*. London: Zed Books.
MOI, Toril (1985): *Sexual/Textual politics: feminist literary theory*. London / New York: Methuen.
MORRISSEY, Belinda (2003): *When women kill: questions of agency and subjectivity*. London / New York: Routledge.
OLEA, Raquel (2011): «Mujeres que matan: Dos relatos situados entre el silencio y lo monstruoso». En Aguila, Elena (ed.): *Mujeres y violencia: Silencios y resistencias*. Santiago de Chile: Red chilena contra la violencia doméstica y sexual, 97-105.
OLSSON, Ulf (2013): *Silence and subject in modern literature: spoken violence*. London: Palgrave MacMillan.
PRIMER JUZGADO DEL CRIMEN DE SANTIAGO (1955): *Sentencia Judicial*

contra Georgina Silva Jiménez, 30 de noviembre. Rol 61.200, Cuaderno de Decretos N.9239. Archivo Nacional de la Administración, Ministerio de Justicia.

RICHARD, Nelly (1996): «Feminismo, experiencia y representación». En *Crítica Cultural y Teoría Literaria Latinoamericanas* 62: 733-744.

SERRANO, Claudia (1992): *Estado, mujeres y política social en Chile*. Santiago de Chile: Cieplán.

STOUT, Janis P (1990): *Strategies of Reticence: Silence and Meaning in the Works of Jane Austen, Willa Cather, Katherine Anne Porter and Joan Didion*. Charlottesville / London: University Press of California.

TAMAYO, Caridad (2005): *Hombres sin mujer y mujeres sin hombre: Tanteos al universo carcelario en la novela hispanoamericana*. La Habana: Letras Cubanas.

WORTON, Michael & Still, Judith (eds.) (1990): *Intertextuality: theories and practices*. Manchester: Manchester University Press.

III. Entre norma y moral

El cuerpo enamorado como cuerpo ilegal
La exploración de las posibilidades del arte en *El infarto del alma*

María José Sabo
Universidad Nacional de Río Negro

En 1994 aparece en la escena cultural de la transición chilena *El infarto del alma*, con fotografías de Paz Errázuriz y una escritura exquisita y singular a cargo de Diamela Eltit. Se trata de un libro inusual, dislocado respecto del repertorio de los géneros literarios tradicionales y de las matrices representacionales más legitimadas —el testimonio entre ellas—, no sólo porque articula fotografía y escritura, matrices escriturales de mayor peso dentro del tempo cultural de la memoria, sino porque a su vez cada uno de estos soportes artísticos interpela su propia tradición propiciando derivas y fragmentaciones con respecto a los géneros y a la posibilidad misma del relato. También es un libro «insólito», como propone Julio Ramos (2011: 63), por su apuesta por un trabajo artístico en colaboración que depone el rédito que dispensa la obra *propia*, yendo así a contracorriente de un campo cultural y artístico formateado crecientemente por las lógicas del neoliberalismo (Richard 2001: 244). El volumen recoge la experiencia del viaje que en 1992 realizaron Diamela Eltit y Paz Errázuriz al hospicio de enfermos mentales de Putaendo, Chile. Un viaje que tiene como objetivo acercarse humana y artísticamente a las parejas de enamorados que se han formado entre los alienados, que viven allí recluidos y excluidos de la sociedad y cuyas vidas penden de la «caridad rígida del Estado» (Eltit & Errázuriz 2010: 15). Lo que rápidamente se pone en evidencia en el texto es que ellos son los «locos», es decir, los sujetos que funcionan como el reverso de un patrón social, médico y cultural de «normalidad» que los excluye, pero también los «locos de amor», como lo son indefectiblemente todos los enamorados: «después de todo los seres humanos se enamoran como locos, como locos» (2010: 21). El sentimiento amoroso y la potencia de expansión hacia los otros que éste propicia en el cuerpo quiebra los férreos lindes de la exclusión/inclusión social, revelándose como sustrato común del ser humano, tejido conectivo entre los cuerpos y entre éstos y el arte. El amor se asienta así como *lo común* a todos en tanto no es *propio* de nadie, y por ende, aquello de lo que nadie puede apropiarse ni reclamar de forma excluyente. En este sentido, y en tanto la fuerza disolvente y centrífuga del amor lo hermana constantemente a la locura, el cuerpo enamorado se torna cuerpo ilegal al poner bajo amenaza lo que Michel Foucault identificó como las técnicas de sujeción y normalización del individuo moderno, aquellas que tienen en el cuerpo un punto de aplicación primordial (Giorgi & Rodríguez 2009). Es a través de esas técnicas que se gestiona el ideario de la comunidad moderna, basada en la *propiedad* y la *pertenencia*, y se conmina a la vida a corresponder y a ajustarse a un contorno anatómico preciso y prefijado que asegure lo socialmente inteligible, a una conducta «sana» que también regula una forma de *desear* y vincularse corporalmente con los otros: es sobre estos elementos que pueden sostenerse identificaciones plenas y derivarse derechos jurídicos y reconocimientos, o en otras palabras, una *personeidad* (Butler 2010: 17-19). Pero el amor que atraviesa los cuerpos y que los disloca y expande en múltiples encuentros, arrasando con las garantías de las «identidades» estables, evidencia que la vida es, por el contrario, «aquello que es capaz de error» (Foucault 2009: 55), un espacio donde el cuerpo opera desvíos no programados ni capturables por el poder. En ese sentido, desbaratando los modelos normativos y las distribuciones estratificadas que el poder administra, el amor singulariza al cuerpo al sustraerlo de los dispositivos de control y desviarlo hacia una experiencia que es única de ese cuerpo y del *entre* los cuerpos, tan irreductible como a su vez *común* a lo humano.

Los locos forman pareja y se aman a pesar de la interdicción social que ve en esa relación un contacto monstruoso y potencialmente amenazante para la sociedad. En este sentido es elocuente el pasaje donde Eltit relata que una de las asiladas se baja el pantalón y le muestra una cicatriz que la autora reconoce inmediatamente como «la marca histórica y obligatoria que se oculta en el cuerpo de algunas mujeres dementes, de esas que perdieron todas las batallas familiares», es decir, la huella de su esterilidad, «una operación sin consulta que le cercenó para siempre la capacidad reproductiva» (Eltit & Errázuriz 2010: 16). La cicatriz pone en evidencia las lecturas médicas y sociales que han pasado autoritariamente sobre el cuerpo del enfermo mental y han dictaminado la legalidad de su reclusión, su esterilidad e invisibilidad en pos de contener su potencial contaminación aberrante de la «normalidad», aquella que en contraposición definiría la cara positiva de una comunidad basada en la *pertenencia*, la «comunidad nacional» donde cada uno es «dueño de sí mismo».

Por el contrario, los locos enrostran a esta sociedad que los desplaza la pérdida más radical y temida, esto es, la pérdida con respecto al «sí mismo» de la identidad, el nombre propio y al reconocimiento de la ciudadanía; los locos están «perdidos en distintas ensoñaciones, consumidos en un diverso delirio» (2010: 16). En palabras de Eltit, el loco es un «expropiado de sí», y por eso «los asilados son materialmente otro, abiertos a camuflarse (a refugiarse) al interior de cualquier cuerpo, a adentrarse en cualquier mente, a habitar en el otro a cualquier costo» (2010: 43). Su locura redoblada por la potencia enloquecedora del amor los descalza del modelo moderno de una individualidad basada en la identificación plena del sujeto con su cuerpo y mente. A contracorriente, los cuerpos de los asilados «transportan tantas señales sociales que cojean, se tuercen, se van peligrosamente para un lado» (2010: 10); el loco se pierde amorosamente en el otro, al tiempo que es para él mismo también un otro. Frente al sujeto moderno entronizado como modelo de ciudadano para un Estado como el chileno, que por estos años se enfunda en el relato de su renacer después de la dictadura, el loco repone la potencialidad interpelante de la otredad, porque en todas las expresiones apasionadas y afectuosas yace el otro, convocando a un desborde corporal que pone de manifiesto la frágil estabilidad y unidad del «sí mismo». Eltit señala que «el sujeto, enclavado en su unidad, se golpea ante los escollos que le presenta ese otro» (2010: 34), porque éste interpela esencialmente la convalidación del sujeto en una *identidad* corporal y mental, una *propiedad* y una *pertenencia*.

A través de los cuerpos marcados socialmente por la ilegalidad e ilegitimidad, *El infarto del alma* busca problematizar las formas en que se piensa y se construye la *comunidad* en el Chile de la Transición democrática, y por esa vía problematiza asimismo la relación que entabla el arte con dichos cuerpos, haciendo hincapié en el amor como sentimiento raigal del ser humano –y por consiguiente, como sustrato valiosísimo para la práctica artística. También el arte, entregado a las fuerzas centrífugas del enamoramiento, sale de sí y se acerca a la locura creadora, no para «salvar» el mundo de lo prosaico con la varita mágica de la estetización, sino apenas para tocar y ser tocado por esos cuerpos y los afectos que se ponen en juego en el encuentro entre las autoras y las parejas de asilados, abriéndose hacia la fuerza disolvente del amor en dirección a eludir sus propios marcos de legitimación, autoridad y especificación artísticas para dar cobijo a los cuerpos ilegales, aquellos que se vuelven «de las maneras más diversas, inasignable[s] e innombrable[s] para el discurso del saber, de la ley y de la política» (Giorgi & Rodríguez 2009: 28). En *El infarto del alma* el amor que viven los alienados recluidos en el hospicio, y que comparten con las autoras, incide en la posibilidad que tiene el texto de proponer –y también de experimentar artísticamente, a través del trabajo colectivo basado en la amistad entre Eltit y Errázuriz– otras formas vinculares que rompen la comunidad moderna de pertenencia en el Chile de la Transición democrática.

El cuerpo enamorado como cuerpo ilegal

El hospicio de Putaendo se erige como lugar a espaldas de la ciudad, no sólo porque, como consta en la escritura de Eltit, se halla retirado de la capital chilena, sino porque funciona recluyendo e invisibilizando cuerpos indeseados por la sociedad. Se ponen en escena «dos mundos [...] como si un pedazo de ciudad se hubiera fugado –a la manera de una fuga psicótica– hacia allí» (Eltit & Errázuriz, 2010: 9). La ciudad también tiene sus cuerpos marginados –los obreros, los pobres, las prostitutas–, pero estos son todavía capitalizables, es decir, *apropiables* (vueltos *propiedad*) por la ley de la ciudad que los distribuye y estratifica según un orden basado en la economía de lo racional y del rédito. El cuerpo del loco, en cambio, es culpable de la ilegalidad mayor: detentar en muchos casos un cuerpo sano para el trabajo, pero una mente que naufraga en el delirio.

En *El infarto del alma* los asilados se hallan en una situación extremadamente precaria de indigencia y abandono, son «los seres más desprovistos de la tierra» (12). Como afirma Eltit, «sus cuerpos se volvieron ilegales» (44) para una «mirada social inflexible ante su delito de la no pertenencia» (73). Son *ilegales* en tanto socialmente *ilegibles*: su corporalidad no puede ser leída porque cae fuera de los «marcos de reconocimiento de la vida humana» en tanto vida vivible (Butler 2010: 11), ni apropiada por la lógica que rige la dimensión vincular de la sociedad chilena de la Transición –esto es, la lógica del capitalismo, el consumo, la producción y reproducción. Por eso, como sostiene la escritora, son recluidos en el hospital psiquiátrico de Putaendo, símbolo del «triunfo de la razón, de la economía de lo racional, cuyo empeño mayor es dilucidar los límites y especialmente los límites de la propiedad» (2010: 45-47). Allí experimentan la pérdida de las garantías civiles al separárselos de la ciudadanía y pagan así su transgresión imperdonable: haber «arruinado el llamado familiar a la prolongación de la especie» (2010: 73).

No es casual que el texto emerja en el contexto de la Transición democrática (1989-1990) y de los gobiernos de la Concertación chilena. Precisamente en estos años se observa un proceso de reconfiguración contundente de la «identidad nacional», que licúa a través de la política del olvido las posiciones divididas en torno a la deuda humana e histórica de la dictadura militar que se registraban entre la sociedad civil y la castrense. En esos años asistimos a un proceso de «blanqueamiento» del pasado (Moulian 2002), orquestado desde el propio Estado y correlativo a un blanqueamiento de los cuerpos, los cuales debían ocultar/olvidar las *cicatrices* de la tortura para que un proceso de reconciliación democrática tuviera lugar. En este escenario emerge un nacionalismo «cosmético», como lo denomina Richard (2001: 163-164), el cual busca «performar una identidad» desembarazada de la memoria de un pasado signado por el terrorismo de Estado. La puesta en escena de ese proceso cosmético fue sin dudas la participación de Chile en la Exposición de Sevilla de 1992 con la exhibición de un iceberg como símbolo de la naciente identidad chilena; el hielo señalaría la «transparencia», la «pureza» y el blanqueamiento (Moulian 2002: 47). Asimismo, la complejidad técnica que implicaba transportar el iceberg a través del océano sin que se descongelara funcionó como prueba de la modernidad técnica a la que había entrado el país a través del modelo económico neoliberal. Chile se presentaba a todas luces como una sociedad nueva en la cual, al igual que en el hielo en tanto nuevo símbolo nacional, no cabía la opacidad y turbiedad que inyectaba la insistencia en la memoria del pasado; se definía así una forma de comunidad sin restos. Es en este año de 1992, mientras que Chile desplegaba internacionalmente su nueva identidad, que Eltit y Errázuriz emprenden su viaje por el reverso de aquella puesta en escena, yendo hacia el Chile que nadie quiere ver para encontrarse con los sujetos-desperdicios de esa «familia chilena» nuevamente reconciliada en pos de un futuro lleno de promesas. Allí se encuentran con los cuerpos emparejados de los asilados, porque «la pareja es la única forma de establecer alianza cuando el tiempo del naufragio ya se ha manifestado, cuando sus nombres ciudadanos han sido borrados de la faz de la tierra» (2010: 77).

Los locos, «enfermos residuales, indigentes, NN, sin identificación civil» (Eltit y Errázuriz 2010: 9), experimentan un doble abandono: son despreciados tanto por la propia familia de origen como por la «nueva familia» de la nación chilena en la que se escuda el discurso de concertación, reconciliación y pacificación. Fuera de todo linaje que les garantice pertenencia y legalidad, reinventan a través del amor una comunidad de lazos que muchas veces son precarios y efímeros, pero también tan férreos como el delicado hilo de contacto con el otro, lleno de misterio y potencia incalculable, irreductible a un programa político prefijado. Frente a la primera pareja de enamorados que se le presenta, Eltit no puede sino quedar conmocionada ante el misterio del amor: mientras él le muestra un cicatriz en el estómago, ella, repitiendo el gesto de su novio, le muestra en su vientre la cicatriz de su esterilización, y así «la pareja se ama, se pierde en distintas ensoñaciones, pero están aferrados por una inseparable cercanía, conectados estrechamente por el paso de un cuchillo en el estómago que los hace el uno para el otro, sólo el uno para el otro [...] se trata de un amor único, total, un amor loco» (2010: 16).

Al contrario del cuerpo legitimado para arrogarse garantías civiles, es decir, del cuerpo ciudadano de la «reconciliación nacional», sin marcas comprometedoras que pongan en peligro la estabilidad del pacto social del olvido, en el hospicio de Putaendo otros cuerpos (tullidos, marcados, desencajados por los efectos del fármaco) reconfiguran la comunidad por fuera de las pertenencias a una esencia, sea ésta la «sangre» del linaje familiar o la identidad de una nación. De modo que a través de la conexión de una cicatriz surge una forma de vinculación que abre los límites del cuerpo con respecto a su contorno anatómico pero también con respecto a aquel límite social, impreso en la esterilización forzada, que busca reducirlo a una finitud inocua. La cicatriz es el vehículo dialógico con otros cuerpos, a la vez que concreto también enigmático y lúdico, en el «permanente tránsito al otro» (2010: 33) que pone a funcionar el amor. Esa dislocación es precisamente el centro del amor para Eltit, porque éste siempre rompe los modelos establecidos, funcionando como «la máxima desprogramación de lo real». Y es eso lo que lo vuelve inasimilable para las políticas de la identidad que funcionaron como discursos altamente convocantes durante la Transición y los gobiernos de la Concertación chilena. Políticas de la identidad que a través de las consignas de la integración y tolerancia, o como sostiene Nelly Richard, de la consigna de una «pluralidad sin contradicciones» (2011: 16), buscaron uniformar las subjetividades bajo el ideal de un *nosotros* reunificado en el ejercicio disciplinado de la ciudadanía amnésica. El amor descompone precisamente ese *nosotros* compacto e instaura «la forma de la errancia en el otro, en el otro, en el otro» (Eltit & Errázuriz 2010: 43), porque el amor «fluye, se dispara, se dispersa» (2010: 22). La experiencia amorosa es un exceso vital que desborda los límites del cuerpo, irreductible a la identidad y a las formas de inclusión y representación (social, estética y jurídica) que demandan en primera instancia su domesticación y su sujeción a los lindes de una individualidad legible por el poder.

Tanto para la dictadura militar como para los gobiernos de la Concertación la «familia chilena» constituyó la institución predilecta en la medida en que se la propuso como el órgano base para la conformación de la sociedad y la defensa de sus valores (Richard 2011), y por tanto, como el mecanismo axial para la *transmisibilidad* del código de pertenencia a la comunidad. La familia funcionó así como reproductora de una naturalización de los destinos (paternos y maternos) del cuerpo. Pero *El infarto del alma* se desliga de esa ley del linaje familiar para constituir otro tipo de familia a través del contacto libre entre los cuerpos, un contacto que, al interpelar desde la afectividad, «nos abre a la profundidad de nuestra propia insanía» (Eltit & Errázuriz 2010: 10).

Apenas llegan a Putaendo Eltit y Errázuriz, los asilados se les acercan y las llaman «tía» y «mamita», «mamita, mamita, como si yo hubiera criado a una hija consentida», se sorprende Eltit del desprendido afecto que le dispensan y del vínculo inmediato y éticamente convocante que éste construye (2010: 15). A partir de allí, de esa exposición al otro sin inmunización, Eltit declara que «ahora yo también formo parte de la familia», atomizando así el mecanismo regulador de la sangre como forma de administrar la pertenencia y la identificación. Los pacientes la besan y la abrazan, y «entre tantos besos reiterados aparece en mí el signo del amor», dirá Eltit (2010: 15).

En tanto este exceso acontece en el espacio del entre-cuerpos, emerge en el texto el horizonte de la acción política bajo la consigna de un volver a imaginar la comunidad desde sus intersticios menos vigilados: los cuerpos fuera de toda ley y reconocimiento, los cuerpos cuya pérdida no resultaría merecedora del duelo porque, como propone Butler (2010), constituyen vidas no vivibles. *El infarto del alma* toma estos cuerpos en tanto restos de una sociedad excluyente para pensar otros modos de comunidad que, siguiendo a Mónica Cragnolini, pueden ubicarse en un pensamiento de la «comunidad del resto», la cual supone afirmar el no cierre del otro en figuras atrapables y dominables por una subjetividad representativa: «que el otro no sea representable significa que el otro no es apropiable, que no es reductible a un número en un programa o proyecto, que es una singularidad que excede, excedencia de sentido con respecto a todo programa» (Cragnolini 2009: 23). El otro es así «singularidad y acontecimiento no programable» (2009: 24). En tanto restos, «vidas residuales», los asilados de Putaendo impiden la totalización y el cierre de los sentidos en el pacto de consenso que la Transición democrática busca imponer, se resisten a conformar, como propone Cragnolini, «una respuesta que neutralice el conflicto» (2009: 22). Su no-pertenencia no funciona cómodamente como sustrato sobre el cual refundar otra comunidad aparte; no es ése el objetivo, sino como principio de alteración contante de la *propiedad* (la identidad propia, la nación propia) en tanto fundamento cohesivo de la *pertenencia*, corroyendo a la vez la idea misma de que una comunidad se funde en dichas relaciones de pertenencia y que éstas sean objeto susceptible de reificación política. Para escapar a las fuerzas clasificadoras que buscan desplegar su control sobre la potencialidad del desborde, *El infarto del alma* se expone también amorosa y alocadamente al entrelazamiento de los cuerpos.

Pensar el arte desde el cuerpo enamorado

En tanto experiencia ilimitada de errancia y desprogramación radical con respecto a «la economía de lo razonable», aquella que «obliga a dejar afuera de sus recuentos utilitarios tanto las fallas como los excesos» (Richard 2001: 23), el amor constituye una cantera de potencias inauditas ya sea para pensar la relación entre los cuerpos, ya para problematizar el lugar del arte, en particular, frente a la interpelación política que le significan estos cuerpos ilegales, desplazados, vulnerables y vulnerados en extremo.

Mientras por un lado Errázuriz fotografía a las parejas que se han formado en el centro de reclusión psiquiátrica, Eltit construye una voz fragmentaria y múltiple, por momentos sostenida en su propia biografía artística –por ejemplo, cuando relata el «diario de viaje» al hospicio–, y en otros ensayando una voz desde adentro mismo de la insania mental; la escritura de diversas cartas de amor que se titulan «El infarto del alma», redactadas desde la voz de una loca enamorada y abandonada por su amante. Textos sin fechar, sin nombre y sin firma, que no pertenecen a nadie, evidenciando que el amor y la escritura que de él procede convocan e interconectan a todos por igual, traspasando allí también la distancia supuesta entre un objeto representado artísticamente (la apelación al amor a través del género paradigmático de la «carta romántica») y la experiencia del arte como vivencia que de esta forma se revela atravesada por la fuerza deconstructiva y liberadora de ese mismo amor.

También hay en el libro fragmentos de ensayismo lírico en los que se reflexiona por ejemplo sobre la figura de la madre y sobre la tradición de la literatura amorosa. Encontramos, por otro lado, la transcripción completa del relato de un sueño de una de las asiladas y también un poema, titulado «La falta», que se va reescribiendo de forma intermitente, y donde a la vez que se apela a los clichés del relato del amor no correspondido (la espera, la soledad, el hambre del otro, la falta del otro), también se los retuerce para que éstos digan otras cosas: porque la falta es asimismo el hambre que provoca la pobreza y el sometimiento del cuerpo privado de libertad. De este modo, la errancia amorosa de los cuerpos en el contacto con otros cuerpos es acompañada por una escritura también en errancia por entre los soportes y en el desborde de lo que la institución literaria demarca como su límite inteligible. Asistimos así a una escritura que no disimula su enamoramiento con la palabra y, de este modo, su condición de estar «expropiada de sí» y expuesta a una otredad que la fragmenta y disloca.

A través de ambos soportes, escritura y fotografía, y del desborde de éstos hacia múltiples mixturas, las autoras entran en contacto con ese exceso que comporta el vínculo amoroso y que hace desbordar los límites corporales y la pertenencia a una individualidad erigida como bastión de seguridades sociales. Lo que ocurre *entre los cuerpos*, su dimensión de pura potencia acontecimental, es el punto central por el que gravita también la experiencia artística. También allí Eltit se reconocerá portadora de un amor que la aliena, que la saca de sí y la lleva hacia el otro, porque, según sus palabras, «después de todo he viajado para vivir mi propia historia de amor. Estoy en el manicomio por mi amor a la palabra, por la pasión que me sigue provocando la palabra» (Eltit & Errázuriz 2010: 12).

Amor, locura y enfermedad se religan a un linaje literario que Eltit tiene muy presente a lo largo de su escritura, encarnado principalmente en las figuras de Bretón y de Rimbaud, pero sobre todo la novela romántica del siglo XIX, que retorna a través de una memoria cultural puesta en entredicho. Esta contigüidad entre el arte, la enfermedad y la locura establece en el texto una zona de complicidades con los asilados que difícilmente pueda traducirse a la idea de un arte funcional a la representación testimonial y a la reparación. Pero también porque ese amor, al igual que el arte, pertenece a una economía otra, desencajada de los diseños instrumentales del cuerpo y la palabra: «El amor que es únicamente gasto y desgaste afectivo y por ello el despilfarro puro» (Eltit & Errázuriz 2010: 73).

La intensidad que portan estos cuerpos, la cual cuaja en la obstinación de la vida que se amarra siempre al deseo atávico por otro, poniendo en el primer plano lo más irreductible del ser humano que es su capacidad de amar, coloca al arte en el lugar del testigo y lo envuelve en la responsabilidad de dar testimonio. Como afirma Julio Ramos, el arte «volverá de allí iluminado, a poner en forma, a dar cuenta de la catástrofe que ha visto [...]». Aunque también haya quienes «no regresan, ni devuelven la mirada, ni entran en el intercambio de dones que implica el traslado metafórico» (2011: 64).

Ambas autoras, una desde la fotografía (Errázuriz), la otra desde la palabra (Eltit), venían desarrollando su proyecto artístico en el marco de los últimos años de la dictadura chilena, la llamada Escena de Avanzada, reforzando muchas de estas búsquedas iniciales en los años posteriores de la Transición, y en particular, la exploración de un lenguaje y de una manera de aproximarse al relato del horror que, sin desatender la urgencia ética de la denuncia, también potenciara el extrañamiento de la experimentación radical como mecanismo de resistencia a la incorporación fácil del arte al mercado y/o a la traducibilidad ideológica directa que demandaban los códigos artísticos de izquierda. Diamela Eltit formó parte del grupo C.A.D.A (Colectivo de Acciones de Arte), el cual congregaba a artistas de distintas disciplinas (artistas plásticos, visuales, performers, poetas) desde una apuesta por lo colectivo como práctica de resistencia a la economía neoliberal del consumo. Ya desde estos años, sus trabajos estuvieron marcados por el sostenimiento de lo experimental y el socavamiento de los lugares más estables e institucionalizados del arte. Textos como *Lumpérica* (1983), *El Padre Mío* (1989) o *Mano de obra* (2002) desdibujan constantemente los límites entre el testimonio y la novela, y a su vez, lo que podríamos llamar lo «específico» al interior de cada género. Para Leónidas Morales (2004), de hecho, con el *Infarto del alma* se terminó la novela para Eltit. Y este punto final con respecto al género y sus especificidades no sólo tiene que ver con la mixtura que en el libro hay entre escritura e imagen, una forma compositiva que claramente no es nueva, sino, más precisamente, por la forma en que tanto una como la otra se salen de las convenciones y sistemas de autorización propios del medio artístico. Siguiendo a Florencia Garramuño, por cómo exploran ellas también formas de no pertenencia y no especificidad, «sustentándose en una radical deconstrucción de todo aquello que tenga ver con lo propio, lo específico, lo que se define por pertenecer, de modo cómodo y estable, a un medio, una categoría, o una especie» (2014: 157). Aquí son el amor y la amistad, el encuentro fortuito, los que sostienen la experiencia artística colectiva. En *El infarto del alma* no hay sujeción ni a una genealogía literaria determinada (la del amor romántico del siglo XIX) ni a una política de la representación «reparadora», conminada ésta principalmente desde los códigos artísticos de la izquierda (Richard 2011), es decir, hay una desaprensión deliberada con respecto a aquellos elementos que le garanticen al arte un lugar de autoridad en la sociedad, una legibilidad cómoda y con ella, una legitimidad según las «reglas del arte». Estas decisiones estéticas se hallan en diálogo estrecho con la fuerza crítica y política de los flujos de la afectividad: lo que el cuerpo *locamente* enamorado, vuelto ilegible e ilegal para la sociedad del rédito utilitario, le brinda al arte.

La fotografía no está puesta en relación a la palabra para «ilustrar» (no hay epígrafes ni correspondencias claras), y si bien hay un trabajo con la pose, lo cual podría llevarnos al terreno de la belleza estética, de la estetización —porque inevitablemente toda foto (re)compone otra realidad a través del encuadre, el enfoque, etcétera–, esa pose sacude el código de la pose publicitaria y su ofrecimiento al ojo de cuerpos sanos, maquillados, vigorosos, jóvenes. Lo que vemos, por el contrario, es la pose de la pareja de enamorados, la típica foto del «somos novios», allí donde el amor «se posa» sobre el cuerpo y se actúa para la cámara un «estar juntos». Pero en estos cuerpos también se posa el fármaco sobre el rictus ladeado, la mirada extraviada y «la notoria desviación de sus figuras» (2010: 10), que perturba desde el corazón mismo del registro los marcos legales que distribuyen desigualmente las posibilidades de que una vida, un afecto, un cuerpo y una determinada relación entre los cuerpos sean retratados. Es por eso que en las fotografías de Errázuriz hay una vuelta sobre los códigos de la fotografía médica y antropológica, la misma que se usó en el ámbito de la criminalística, es decir, la fotografía del saber científico que ponía en primer plano el rasgo facial y corporal incriminatorio, el cual delataba al sujeto en su torcedura (incluso potencial) con respecto al mandato social de la buena conducta. Por último, en su evidente carácter de álbum que retrata la intimidad de las parejas, en la serie de estas fotos encontramos una interpelación a la tradición del álbum familiar y al álbum de casamiento en la medida en que ahora sus protagonistas son los otros inesperados de ese modelo de retratos sociales: estos locos excluidos de un espacio familiar de contención, en el cual se dé reconocimiento y se celebre ese amor que se recoge en las imágenes: «No hubo entre nosotros una ceremonia, no existe un solo documento público que pruebe que, al menos, un día tú y yo nos conocimos, pero nos conocimos», dice la voz de una loca de amor una de las varias cartas que componen el libro (2010: 79).

También la palabra se escribe haciéndose cargo críticamente de su propia genealogía: es allí donde aparecen fragmentos de la más delicada tradición literaria, a través de la cual se ha codificado una sensibilidad amatoria pero también una forma reglada y estéticamente encumbrada del cuerpo que ama y es objeto de amor. Eltit hace referencia a la novela del Romanticismo en tanto forma cristalizada a través de la cual se ha representado «legítimamente» al amor como locura, y al amor como colindante y contraparte de la enfermedad, en especial por la figura trágica del tuberculoso, que de forma extremadamente estética muere de amor y su vida, a pesar de la enfermedad, «vivida» y «vivible» (Butler 2010) en tanto objeto de testimonio por una tradición literaria, es sin lugar a dudas *merecedora* de duelo y llanto. A Eltit no se le escapa que en esa matriz literaria la palabra adquiere una función de «purificación estética» de la enfermedad y el cuerpo, es decir, que opera una «conversión ascendente» (Eltit & Errázuriz 2010: 63). Por ello, en dicho punto, esta tradición de la novela romántica es traída para ser atravesada por una perturbación interna, una desidentificación que disloca a la literatura de su propia genealogía. Hay allí una relación tensa con la memoria espacial del propio hospicio de Putaendo, cuya primera función en los años cuarenta fue la de ser un sanatorio destinado a los tuberculosos de las clases pudientes, escenario privilegiado de la novela romántica, y ahora, en «el recambio de cuerpos bajo la tutela del Estado» (2010: 68) ha pasado a ser un manicomio donde aquellos relatos del siglo XIX parecen ya no tener cabida porque a los locos de amor del presente «jamás la fama amorosa los volverá leyenda dentro del imaginario social» (2010: 74).

Eltit se pregunta «¿cuál memoria común podría llegar a establecerse entre los antiguos tuberculosos y los presentes cuerpos locos?» y la respuesta excede al evidente nexo de la enfermedad: lo que es *común* es *el amor* que reaparece «en las siluetas menos esperadas [...] abriéndose paso a través de la pasividad de los fármacos [...] y (continuando) secretamente el legado» (2010: 73). El amor es lo común a todos en la medida en que no sostiene privilegios ni reconocimientos distribuidos de forma diferencial según las vidas vivibles y no vivibles. Por ello «reaparece en el hospital del pueblo de Putaendo apenas como una cita tercermundista de un modelo ya cesado. Resurge entre los cuerpos que transportan las más ásperas huellas carnales de su desamparo social» (2010: 77).

No hay cuerpos que amen más que otros, porque el amor no está en los cuerpos sino en lo que sucede *entre* los cuerpos en ese devenir deleuziano que, en tanto potencia (porque todo puede acontecer a través de un contacto en cual no hay nada programado) se hace lugar de lo político. La pregunta por lo fundante de la comunidad, lo que nos hace aún estar juntos pese a todo, pese al horror de un terrorismo dictatorial que ha lacerado en extremo el vínculo social, se radicaliza en el marco de la Transición democrática, cuando las esencias, los nacionalismos, la patria, el *nosotros* de la chilenidad ha mostrado su revés más monstruoso. El arte explora, a través de ese salirse de sí de los sujetos asilados en el manicomio, las posibilidades de una comunidad fuera de las esencias, fuera de los linajes institucionales y familiares: la voz de la loca dirá que «mi único mundo posible es aquel que comparto contigo. Mi piel pierde su sentido si no la califica tu mano» (2010: 29), poniendo de relieve la productividad crítica y transformadora del «ser con» de la comunidad de no pertenencia. La construcción de lo común es un trabajo siempre en desenvolvimiento, una acción que pone en marcha el cuerpo como sede de los afectos y empuja hacia el encuentro a través de un constante salirse de sí. En su encuentro con estos cuerpos enamorados, también el arte se sale de sí (de lo que ese «en sí» del arte recortan y demandan las instituciones) y se transforma en laboratorio de otros lenguajes en contacto, en el cual, a la vez que se experimenta con nuevos materiales, se reescribe en clave crítica la genealogía del soporte:

> La gran pregunta que recorre a los cuerpos que habitan en el reclusorio siquiátrico parece ser: «¿Quién soy?», pregunta que se torna crucial e insoslayable cuando el yo está en franco estado de interdicción. Sin embargo, ¿no es acaso la pregunta propia de un enamorado?: «¿quién soy yo cuando me he perdido en ti?». (Eltit & Errázuriz 2010: 40)

El infarto del alma propone pensar entonces el arte como un enamoramiento, en tanto en su desplazamiento hacia afuera y hacia el encuentro con esos otros opera, como la locura, «la máxima desprogramación de lo real» (2010: 16). En la última de las cartas que la loca enamorada escribe a su amado observamos la huella de ese enamoramiento que atraviesa y empuja al arte y al artista. No encontramos allí a una escritora (Eltit) que «tome la voz» que el loco no tiene y escriba las cartas que su experiencia de amor no escribirá jamás. Por el contrario, nos damos cuenta de que lo creíamos que eran cartas que recreaban la voz de la insania son en verdad las cartas de una artista enamorada de la palabra, cuyo deseo último es «besar mi propia boca» (2010: 79), porque el objeto amado, la palabra, está allí, en esa boca, completamente internalizado. El encabezado de estas cartas pasa así de un sostenido «te escribo» a un «escribo» que pierde el pronombre indicial del tú, y lo que se escribe es el acontecer amatorio donde «de arte será hoy mi deslumbrante deseo. Qué maravilla. ¿Piensas que alguien podría acaso incendiar verbalmente la tierra?» (2010: 80).

En este pasaje de la escritura desde la representación hacia lo acontecimental se signan las posibilidades interpelantes del arte. Como sostiene Alain Badiou:

> Hay un punto muy potente en el arte, y es que rinda justicia al acontecimiento. Incluso ésta es una de sus definiciones posibles: el arte es lo que, en el orden del pensamiento, rinde completamente justicia al acontecimiento [...] Sólo el arte restituye la dimensión sensible de lo que son un encuentro, una sublevación, una emoción [...] El amor [...] es el momento en que un acontecimiento viene a agujerear la existencia [...] Porque el amor es irreductible a toda ley. No hay ley del amor. (2012: en línea)

Esa potencia acontecimental del estar fuera de toda ley entrelaza los cuerpos-restos expulsados del orden social con el salirse de sí del arte para ir en la búsqueda de una política que no se resuelve en la representación y reparación de «la falla» de la insania, sino en la complicidad del devenir enloquecido en el que el arte y el cuerpo se tocan, porque en el extremo de la escritura, en tanto el lugar de la escritura es el borde, sostiene Jean-Luc Nancy, «*no ocurre sino eso*». «No le ocurre, pues, otra cosa a la escritura, si algo le ocurre, que *tocar*. Más precisamente: tocar el cuerpo» (2003: 13; énfasis del original).

El arte como cuerpo de afectos

En un texto anterior a *El Infarto del alma* Diamela Eltit ya se acerca al lenguaje del loco como forma de exploración estética y de compromiso con la situación social y política de Chile; en este caso, el habla pertenece a un loco vagabundo cuyo nombre da título al libro, *El Padre Mío* (1989). Este texto, exceptuando el prólogo a cargo de Eltit, consiste en la transcripción literal de tres diálogos/entrevistas con Padre Mío que la autora graba en 1983, 1984 y 1985. En ese primer acercamiento ya se emplaza una pregunta central que luego vuelve a aparecer en *El infarto del alma*: la relación entre el arte, la estética y el sufrimiento del otro:

Desde dónde recoger esta habla era la pregunta que principalmente me problematizaba, especialmente, porque su decir toca múltiples límites abordables desde disciplinas formalizadas y ajenas para mí, como la siquiatría, por ejemplo. Hube de ubicarme, otra vez, en un lugar diverso, *un espacio de suplantación que no apela a revertir nada, a curar nada, como no sea instalar el efecto conmovedor de esta habla y la relación estética con sus palabras vaciadas de sentido*, de cualquier lógica, salvo la angustia de la persecución silábica, el eco encadenatorio de las rimas, la situación vital del sujeto que habla, la existencia rigurosamente real de los márgenes en la ciudad y de esta escena marginal. En suma, actuar desde la narrativa. Desde la literatura. (Eltit 1989: 16)

El vagabundo llamado Padre Mío, su delirio y su corporalidad se transforman en cantera para una búsqueda artística que intervenga críticamente en ese escenario, y por eso la productividad para el arte es evidente en diversos planos en este libro: «buscaba, especialmente, captar y capturar una estética generadora de significaciones culturales». Y en este sentido, la productividad emerge cuando, para Eltit, su «vagabundaje urbano (permite pensar) [...] órdenes críticos que transgredían pasivamente la vocación institucional por el refugio en el espacio privado» (1989: 11); cuando su cuerpo, signado por la miseria y a la vez por el exceso barroco de la acumulación de desechos que se cargan sobre el cuerpo y se llevan de un lado a otro, la asentada suciedad que desoye los mandatos de la higiene, le permite pensar la exterioridad violenta a la que han sido reducidos estos sujetos desclasados. Asimismo, en el habla delirante y hecha pedazos de Padre Mío Eltit ve a Chile, sus «fragmentos de exterminio» y sus «sílabas de muerte, pausas de mentira, frases comerciales, nombres de difuntos», pero en esa «honda crisis del lenguaje» (1989: 17) también ve a la literatura, o mejor dicho, ve algo que se parece mucho a ella. Esa ruptura del lenguaje que sucede en el loco, que es también la ruptura del lenguaje social compartido para hablar del horror de lo que está pasando, moviliza a la escritora a encontrar también otros lenguajes que lidien con lo real y lo urgente desde otras estrategias.

En la fragmentación del habla del loco, en todas las *faltas* que ésta deja expuestas —que como en el poema de *El infarto del alma*, no sólo aluden al estallido sintáctico en la pérdida de la comunicabilidad, sino también a la soledad, abandono y miseria a la que son lanzados estos sujetos–, Eltit cataliza una búsqueda estética y humana en la que convergen, como sugiere Julio Ramos, la experimentación extrema pero también la problemática de la responsabilidad del arte, su condición de afectar y ser afectado, dentro del horizonte de su «inserción en el circuito de las interpretaciones sociales» (2011: 66).

El desclasado, el marginal, constituían también el campo representacional de los códigos artísticos de la izquierda. Pero en ambos textos, tanto *El Padre Mío* como *El infarto del alma*, Eltit y Errázuriz van más allá de la retórica testimoniante porque ponen en un primer plano al cuerpo en crudo, en su materialidad muda y lacerada pero a la vez resistente en tanto rebosante de afectos no programados por los marcos normativos de inteligibilidad de la vida. Los locos sólo «poseen acaso el extravío de una sílaba terriblemente fracturada» (Eltit & Errázuriz 2010: 16), y, por otro lado, son cuerpos carentes de documentos oficiales (como las actas de nacimiento o actas de matrimonio) que registren su biografía, salvo la ficha médica; tampoco poseen cartas de amor, poemas que intercambiar, menos aún géneros literarios que los transformen en «leyenda» como en la novela romántica. ¿Cómo trabaja el arte frente a una situación tan extrema y urgente del otro? Parecería que la asimetría de posiciones entre el loco con su cuerpo falto de todo y el artista, poseedor de un lenguaje rico y derrochante, confinaría a los primeros a un lugar pasivo, el de «ser salvados socialmente» a través de la transfiguración artística.

Julio Ramos advierte que «tienta pensar que su voz desecha encuentra albergue, hospitalario y definitivo, en el lugar emancipatorio del arte y la literatura» (2011: 72). En otras palabras, tienta leer en la escritura extremadamente lírica de Eltit una compensación de esa falta: llenar de poemas, de cartas de amor aquel vínculo afectivo que no las tuvo, prestarle la palabra y la capacidad explicativa a aquellos enajenados de sí. Por el contrario, *El infarto del alma* hace posible comenzar a pensar *en* y *desde* la zona de contacto entre el *arte*, el *cuerpo* y *los afectos*, no sosteniendo un vínculo unidireccional donde el arte va a «rescatar» al cuerpo, sino observando que el «cuerpo del arte» también resulta fracturado, atravesado, autorizado y desautorizado por el otro con el cual entra en contacto.

Recuperando la metáfora del arte como enamoramiento, por la idea de gratuidad que carga, de encuentro intempestivo y salida irrefrenable hacia el otro, pensando asimismo en el marco de las estéticas de no pertenencia que propone Florencia Garramuño (2014), tal vez se pueda subrayar, no ya lo que el arte hace con el cuerpo y con las emociones que éste pone en marcha, sino aquello que emerge insospechadamente en la zona de trasvases y que implica un orden de la afectividad no siempre traducible a políticas de la representación y a las *reglas* del arte que rigen en un momento histórico. Así observamos que también Eltit se acerca íntimamente a ese relato de la loca de amor que escribe sus cartas al amante que la ha abandonado cuando hacia el final del prólogo de *El Padre Mío* dice: «El Padre Mío ya no habita más en ese sector. Retorné a esa zona en varias oportunidades. Pregunté por él en los alrededores: –Se fue, me contestaron. La publicación de este libro me permite compartir su peso, dejar abiertas otras identificaciones. Me permite, especialmente, diluir su ausencia» (1989: 18), y firma «Diamela Eltit, enero, 1989».

Tal vez esto permita pensar que al escribir las cartas de *El infarto del alma* desde dentro del relato quebrado y delirante de la loca Eltit no está reponiendo ninguna «falta» en la palabra del otro, sino reescribiendo su propia «historia de amor» como artista y su abandono, volviéndose ilegal para la institución literaria en pos de religarse desde un afuera de toda ley al acontecimiento del amor, a «la pasión *que me sigue* provocando la palabra […] que me sigue... a pesar de todo» (Eltit & Errázuriz, 2010:12). Es decir, a pesar del lenguaje hecho trizas de ese Chile posdictadura, como el amor de locos que justamente persiste, se obstina y se vuelve atávico como el hambre. Cuerpos rotos, lenguajes quebrados, y ambos, sin embargo y contra todas las leyes de la «normalidad», el «buen gusto» o la «belleza», intensamente y amorosamente deseados.

En su ensayo «El giro ético de la estética y la política», Jacques Rancière se pregunta por el estatuto del arte en estos tiempos de consenso e indistinción ética, observando que, peligrosamente, éste tiende a ceder ante una visión que lo «consagra al servicio del lazo social» (2011: 147). Ante la crisis y el trauma, este tipo de arte estaría allí para representar, compensar la fisura de lo real generando formas de pertenencia: «devolverle a un mundo común el sentido perdido y [para] reparar las fallas del lazo social» (2011: 148). Pero Rancière está pensando más bien en otro lugar para el arte: un lugar de disenso al que remitimos *El infarto del alma*, donde éste no tiene como función dar sentido a los hechos a la sociedad, conciliar el margen con el centro o el pasado con el presente, sino, por el contrario, generar nuevos cortes —«ambiguos, precarios, litigiosos» (Rancière 2011: 161)— que reconfiguren lo dado desde su continua puesta en discusión que convoca insistentemente a repensar el lugar de los cuerpos y la potencia deconstructiva que contra las anquilosadas normas se despliega en sus afectos «desviados».

Bibliografía

Badiou, Alain (2012): «Elogio del amor». En *Café Voltaire:* <https://profesorvargasguillen.files.wordpress.com/2014/01/badiou-elogio-del-amor.pdf>.

Butler, Judith (2010): *Marcos de guerra. Vidas lloradas.* México: Paidós.

Cragnolini Mónica (2009): «El sexto siempre vuelve. Sobre la problemática de la comunidad sin fundamento». En *Otra parte* 18: 20-24.

ELTIT, Diamela (1989): *El Padre Mío*. Santiago de Chile: Francisco Zegers.
ELTIT, Diamela & ERRAZÚRIZ, Paz (2010): *El Infarto del alma*. Santiago de Chile: Ocho libros.
GARRAMUÑO, Florencia (2014): *Mundos en común, ensayos sobre la inespecificidad en el arte*. Buenos Aires: Fondo de Cultura Económica.
GIORGI, Gabriel y RODRÍGUEZ Fermín (eds.) (2009): «Prólogo». En *Ensayos sobre biopolítica. Excesos de vida*. Buenos Aires: Paidós, 9-35.
FOUCAULT, Michel [1985] (2009): «La vida, la experiencia y la ciencia». En Giorgi, Gabriel & Rodríguez, Fermín (eds.) (2009): *Ensayos sobre biopolítica. Excesos de vida*. Buenos Aires: Paidós, 41-59.
MORALES, Leónidas (2004): *Novela chilena contemporánea. José Donoso y Diamela Eltit*. Santiago de Chile: Cuarto Propio.
MOULIAN, Tomás (2002): *Chile actual. Anatomía de un mito*. Santiago de Chile: LOM.
NANCY, Jean-Luc (2003): *Corpus*. Madrid: Arena libros.
RAMOS, Julio (1998): «Dispositivos del amor y la locura». En *CELARG* 6: 63-73.
RICHARD, Nelly (2001): *Residuos y metáforas (ensayos de crítica cultural sobre el Chile de la Transición)*. Santiago de Chile: Editorial Cuarto Propio.
— (2011): *Fracturas de la memoria. Arte y pensamiento crítico*. Buenos Aires: Siglo XXI.
RANCIÈRE, Jacques (2011): «El giro ético de la estética y de la política». En *El malestar en la estética*. Buenos Aires: Capital Intelectual, 133-161.

Cuerpo *soxial* en el teatro argentino
Los invertidos, de José González Castillo

Ángeles Mateo del Pino
Universidad de Las Palmas de Gran Canaria

Drama realista en tres actos

El escritor rosarino José González Castillo (1885-1937) era un referente conocido en el panorama teatral argentino de principios del siglo xx, por lo que el estreno de su obra *Los invertidos*, el doce de septiembre de 1914, en el Teatro Nacional de la avenida Corrientes, a cargo de la compañía de Teatro Libre Podestá-Ballerini[1], se esperaba con expectación.

Los invertidos[2], drama realista en tres actos, ponía en escena un tema tabú para la época: las sexualidades disidentes. Así se nos presenta el hogar de una familia burguesa compuesta por el Dr. Florez,

---

[1] El reparto del estreno era el siguiente: Clara = Blanca Podestá; Petrona = Aurelia Ferrer; Lola = Munter; Dr. Florez = Eliseo Cordido; Pérez = Elías Alippi; Fernández = Leopoldo Simari; La Juanita = Arturo Calderilla; La Princesa de Borbón = Bebé Sánchez; Emilio = Juan Pérez; Julián = Carlos Rodríguez y Benito = Alberto Ballerini.

[2] En este trabajo citaremos siempre por la edición de *Los invertidos* (1991), por lo que en adelante sólo consignaremos el número de página entre paréntesis. En esta edición no se establece ninguna distinción por escena, como tampoco lo hace la de 1957, al contrario de lo que ocurre en la de 2015 y la de 2011: el primer acto consta de doce escenas; el segundo de ocho, el tercero de nueve. Rosana López Rodríguez, a cargo de esta última, señala que se basa en la pieza *Los invertidos* publicada el ocho de febrero de 1919 en *Bambalinas. Revista de actualidades*

médico casado con Clara y con dos hijos en edades adolescentes: Julián, dieciséis años, y Lola, catorce. Petrona, la vieja criada de la familia, vive con ellos. Desde el inicio somos testigos de que el cabeza de familia trabaja en un informe pericial, que servirá de prueba judicial, sobre la responsabilidad criminal de un homicida –Calixto–, quien ha matado a su amigo al enterarse de que éste se iba a casar. A través de dicho documento se nos irá configurando un caso de «inversión sexual». Florez, por tanto, se hará eco de una ideología oficial de orden científico, que tanto se difundió a inicios del siglo XX: higienismo, criminología, medicina legal... En contraposición se sitúa el discurso peyorativo y sancionador de la esposa, Clara, quien parece asumir las ideas del jurista argentino Eusebio Gómez en *La mala vida de Buenos Aires* (1908). Este respetado templo familiar comenzará a tambalearse cuando entre en escena Pérez, amigo de la infancia de Florez. A medida que avanza el drama descubriremos que mantienen una relación amorosa y que ambos participan de los «saraos uranistas» o bailes entre invertidos (Gómez 1908: 192) que tienen lugar en el apartamento de soltero de Pérez, al que también se le denomina *garçonière*, club o bulín. En este espacio suelen coincidir con otros miembros de «la cofradía» (24), invertidos que se visten de mujer y adoptan nombres femeninos: la Princesa de Borbón, Juanita, además de Emilio, «el maridito» (32). Clara, seducida por Pérez, se halla en la vivienda de éste cuando a escondidas se percata de lo que allí ocurre. Una vez que se van conformando sus certezas, urde una trampa, haciendo que Pérez acuda a su casa para encontrarse con su marido. Cuando los amantes están a solas y a punto de besarse, la esposa hace acto de presencia, asesina a Pérez e incita a Florez a que se suicide, a fin de salvaguardar el honor familiar.

---

teatrales y artísticas II (44). Se aprecian, no obstante, algunas diferencias entre ambas, pues en la edición de 1919 el primer acto consta de diez escenas.

Crítica sexual. Crítica social

Curioso resulta que José González Castillo, de ideología anarquista y gran conocedor de peñas y cafés como el Biarritz, donde la intelectualidad argentina compartía espacio con el heterogéneo mundo del delito (Higa 2015: 200-201), que había combatido la pacata sociedad burguesa ofreciendo en sus sainetes y tangos una realidad social marginal y la cultura de lo popular, usara el tema de los invertidos para sancionar y reprobar moralmente la homosexualidad. Carlos Alberto Barzani se pregunta si el dramaturgo con este drama proyecta ciertas circunstancias que vivían los homosexuales de la época o si, por el contrario, construye y propone un modelo. Es decir, ¿muestra o crea un ambiente? Su respuesta incluye a ambas: «refleja una realidad que al mismo tiempo produce y que, además, por su repetición desde diferentes focos, se contribuye a mantener y re-producir» (Barzani 2000: en línea).

Sin duda, hubiera sido más transgresor que José González Castillo defendiera no sólo la libertad del arte, como hará en su escrito «Prohibición Municipal», dirigido al Concejo Deliberante (2011: 272); algo así como un anarquismo sexual que luchara por liberar la sexualidad de la represión burguesa, especialmente católica, en lugar de justificar su puesta en escena a través de un discurso que no es más que remedo del modelo oficial. Acaso se hubiera esperado esto, como consignan Aníbal Ford y Nora Mazziotti (1991: 79), de un defensor del divorcio, los derechos de la mujer, de la madre soltera, la protección de los hijos naturales y la legislación laboral, que además había atacado la estructura de las leyes, la administración de justicia y el sistema carcelario. De igual modo, cabría pensar que su rebeldía anárquica contra las injusticias sociales lo llevaría a posicionarse del lado del más débil –y en este sentido, uno de los agravios que la obra hace patente es la marginación a la que se somete a las sexualidades disidentes, desafiantes, identidades no normativas, como era entonces la homosexualidad. No sería tan descabellado suponer que si no alentaba estas prácticas al menos no las condenaría. Por otra parte, esta última es una actitud que hallamos en la época, como lo corrobora una reseña sin firmar sobre las ideas acerca de la homosexualidad del doctor Étienne Martin[3]. En ella se afirma –en contra de lo esbozado por el médico francés– que «Las amistades entre invertidos no tienen nada de antisocial, los homosexuales no son un peligro [...] Las cualidades intelectuales y afectivas de los homosexuales les crean derechos iguales a los de los heterosexuales y deberes sociales más difíciles de desempeñar» (Anónimo 1909: 126). Por tanto, no se trataba de «tener piedad» con estos «seres desgraciados», como se repite en el discurso científico y como apreciamos en *Los invertidos*, tanto en boca de Julián como en la de Clara (51-52), además de en las palabras con las que el dramaturgo excusa su drama la noche del estreno (2011: 267). Hipócritas sentimientos los de lástima, misericordia y conmiseración hacia alguien que se cree merece castigo, si bien, como es sabido, la homosexualidad a fines del siglo XIX y principios del XX no se consideraba una opción sexual lícita.

No obstante, y con todo, el haber subido al escenario una obra con una temática tan incómoda, tan políticamente incorrecta para la burguesía argentina de la época, logra desestabilizar el sistema de género binario tradicional al colocar al travesti en la escena, lo cual si no era habitual en el teatro desde luego lo era en la realidad. Con

---

[3] Dr. Étienne Martin fue médico y profesor de medicina legal en la Facultad de Lyon, colega de Alexander Lacassagne, fundador de la Escuela de Criminología y director de los Archivos de Antropología Criminal de Lyon. Juntos escribieron y firmaron algunos trabajos, como *Vacher l'éventreur et les crimes sadiques* (1899) –*Vacher el destripador y los crímenes sádicos*–, sobre Joseph Vacher (1869-1898), un asesino en serie francés. En 1901, Richard von Krafft-Ebing en *Psychopathia sexualis: Mit besonderer Berücksichtigung der konträren Sexualempfindung: Eine medicinisch-gerichtliche Studie für Ärzte und Juristen* –*Psicopatías Sexuales: con especial referencia al instinto sexual contrario: un estudio médico-legal para médicos y juristas*– incluye el caso de Vacher, en un capítulo dedicado al sadismo o asesinatos por lubricidad o lascivia.

ello se llama la atención sobre la falsedad del comportamiento social del ser humano y su necesidad de ocultar y enmascarar los comportamientos sexuales alternativos. En esta línea, Gustavo Geirola subraya que el dramaturgo enfocó directamente un asunto tabú: «la homosexualidad masculina de la clase dirigente en la Argentina del Centenario» (1995: 73). Acaso podríamos decir que, yendo más allá de la crítica social, la trama de la pieza estriba en el juego de enredos en el que se envuelve la pulsión erótica, al que no escapan ni homosexuales ni heterosexuales. Las muertes en la obra se justifican a partir del deseo *otro*: el amante de Calixto es asesinado por los celos que este último siente por la que será la esposa. Pérez muere porque Clara se venga a causa de *la otra* persona —en este caso su marido—. Florez se suicida —en verdad es presionado para que se mate— porque su deseo se materializó en Pérez. Si bien pudiera entenderse que con la desaparición del doctor se da por terminada la farsa de una vida familiar tan burguesa como heterosexual, esto no es así, porque Clara mantendrá su simulacro particular de mujer «virtuosa»[4], doblemente integrada en el orden social, por matrimonio y por maternidad, fiel defensora del honor de la progenie. Su adulterio no será conocido y nos atrevemos a aventurar que tampoco reconocido por ella misma, pues, según su criterio, ha salvaguardado el equilibrio familiar y, por ende, el de la Nación: el vínculo matrimonial funciona como mecanismo de control. Aunque esto no impedirá que sobre su linaje recaiga el deshonor al haberse cometido un asesinato pasional, un escenario muy similar del que fuimos conocedores al iniciar la obra: Calixto culpable de acabar con la vida de su amante. Rosana López Rodríguez afirma que Clara ha cometido un crimen perfecto, pues la moralidad de «una norma impuesta por el binarismo heterosexual»

---

[4] Alejandra Niedermaier (2012: 204) refiere que el periodista francés Jules Huret, quien estuvo de viaje por la Argentina, en 1910, afirmó en una revista parisina que «la mujer argentina, sea cual sea su medio social, es el tipo perfecto de la mujer virtuosa».

(2011a: 23) no la juzgará. Un doble delito, el homicidio de Pérez y la incitación al suicidio de Florez. El suyo ha sido también un arrebato pasional. A partir de un juego de roles, en el marco de un triángulo amoroso, podemos afirmar que Clara induce a morir a su marido y mata al amante de éste, Pérez, o bien dispara a su querido, Pérez, y empuja a la muerte al amante de éste, Florez. Es cierto que si continuamos la lógica del «relato» ante estos hechos no quedaba otra salida. El debate sobre la Ley de divorcio en Argentina es contemporáneo de esta pieza, aun cuando dicho proyecto no prosperará en la época, lo que sí ocurrió en el país vecino. En Uruguay desde 1907 se podía conceder el divorcio por adulterio del marido cuando éste se produjera en la casa conyugal o con escándalo público, y ambas circunstancias concurren en la pieza. En este entramado que ha dispuesto Clara, Florez y Pérez son vistos como homicidas o «suicidas románticos», tal y como el doctor calificó la muerte por asfixia de «La Robla» (17) y como la prensa tildó el suicidio en Mar del Plata de dos muchachas «unidas por indisolubles lazos de amistad» («Mar del Plata. Dos jóvenes suicidas», 1903). Así, pues, el caso de Calixto sirve de pretexto en un doble sentido, dirá Geirola, «el de la anécdota y el del contrato de la verosimilitud» (1995: 81). Aunque se resiste a la representación final, como veremos, «Clara termina en el lugar de Calixto». Si la «inversión» de Florez sale a la luz, éste devendrá Calixto, quien como aquel asesina a su amante. En cualquier caso, el verdadero escándalo está servido, al ejemplificar ante la sociedad los enredos sexuales de una familia burguesa que viola las reglas morales tradicionales.

Antes de que se desencadenen los hechos finales, Florez resulta ser un invertido discreto, con una buena posición social, lo que había llamado la atención de Francisco de Veyga, quien observó en ello una contradicción: un invertido casado con una mujer, que continúa haciendo vida marital y procreando (1903b: 340). Su transformación total no se produce porque su estado y los deberes para con su familia actúan de freno. Quizá, si se hubiera visto libre de ellos, le hubiera ocurrido como a Rosita de la Plata, invertido por sugestión, hombre desposado, con una conducta bastante ordenada en su profesión, que soltando ataduras familiares se dará a conocer en el teatro (1903a: 202-204). O bien como aquel «burgués tranquilo», igualmente *matrimoniado*, con una vida arreglada en todo sentido, heredero de una cuantiosa fortuna. Un día, sin embargo, lo abandona todo, sufre un cambio en sus hábitos y en su carácter, frecuenta «fiestas de *maricas*», donde experimenta una «simpatía afectiva» y de «compañerismo», para luego asumir el género femenino (Veyga 1903a: 204-208). Esta empatía nos hace evocar el sentimiento apasionado con el cual el Dr. Florez daba cuenta de lo acaecido a «La Robla» y a Calixto (17). Sin embargo, no ocurre lo mismo con Veyga, quien anota al final de su estudio: «Es mirado como uno de esos desgraciados que escapan, apenas con lo puesto, de un naufragio moral. Su situación es, pues, la de un inválido cerebral» (1903a: 206). En la pieza teatral la idea de naufragio es sostenida por Pérez, quien con esta imagen se refiere a su propia condición, «abandonado y solo» (26), y a la de Clara, considerada así por su pertenencia a la institución matrimonial, por lo que es instada a liberarse o a dejarse liberar por él.

Nos atrevemos a sostener que González Castillo, al incluir la infidelidad por parte de los dos miembros de la pareja –incluso de los tres, si contamos a Pérez como integrante del triángulo–, no hace más que denunciar la degradación de la familia burguesa y la hipocresía e inmoralidad social; para ello coloca en escena un modelo ideal de familia compuesta, además de los esposos, por la descendencia: un hijo mayor y una hija menor (Salessi 2000: 327), aunque no se tenga la misma consideración hacia ambos. Clara está preocupada por la sexualidad y masculinidad de su hijo Julián, pero nada parece importarle la de su hija Lola (Melo 2011: 98). Una sociedad patriarcal, burguesa y cristiana con una conciencia puritana, antisexual y con el consiguiente miedo al qué dirán, a los rumores y al escándalo. La noche, como símbolo de lo que no se debe ver, de lo que hay que ocultar y permanecer en lo invisible, será el momento elegido para que Eros despliegue sus tentaciones. En la oscuridad se hará patente la dominación que ejerce Pérez sobre Florez, quien además, en la última escena, besa en el cuello al segundo, lo que hace que David William Foster enuncie que en esta obra se da una versión de la homosexualidad como si se tratase de un vampirismo: «*Los invertidos* look towards the legitimate eradication of the vampires by the hand of the morally righteous like Clara» (1989: 28). Vampiros que mueren a manos de Clara, quien es presentada como heroína (Melo 2011: 103), aquella que Alberto Mira, mediante un juego lingüístico, define de la siguiente manera: «Clara Aclara trayendo Claridad, ¿queda Claro?» (2002: 416). Podríamos incluso verla como una falsa *Pietá*, que aparenta *sufrir* por la muerte del marido. Por otro lado, Mira menciona que los vampiros se han asociado a menudo con los homosexuales, siendo éstos presentados como individuos extraños, diferentes, fascinantes y perversos. El beso o mordedura en el cuello puede leerse entonces en términos sexuales, seres que habitan la noche, al margen de la sociedad, poseedores de un secreto, cuyo conocimiento resultaría letal (Mira 2002: 736-737).

También podemos apreciar cierta similitud en lo que concierne a este imaginario tenebroso entre la obra de González Castillo y la de Eugenio Cambaceres, *La sangre* (1887), donde más que al vampiro se aluda al murciélago, pero en ambos casos se trata de caracterizar a sujetos que viven ajenos a las normas. De esta forma, Cambaceres identifica, a través de los niños que pueblan los conventillos, a las clases humildes y a la «baja inmigración» europea con los murciélagos: «envueltos entre tinieblas, contagiados por el veneno del vicio hasta lo íntimo del alma». Seres pálidos, hijos de la inmigración italiana, que tenían sus guaridas «en las toscas del bajo, los bancos del Paseo de Julio [...], donde celebraban sus juntas misteriosas» (1887: en línea). Así, pues, homosexuales y niños no sólo comparten nocturnidad sino también territorio, lo cual nos conduce hasta Francisco de Veyga, quien al referirse al caso de Aurora, un invertido profesional, señala que vivía en un hotel que quedaba en el Paseo de Julio (Veyga 1903a: 197). Eusebio Gómez también menciona este espacio como lugar en donde se llevan a cabo los «saraos uranistas» o bailes entre invertidos (1908: 192).

Desde luego, hay en la obra una carga de crítica social que aúna corrupción, hipocresía, burguesía, poder... En este sentido, cabe citar que Eusebio Gómez, al final de su estudio sobre *La mala vida en Buenos Aires*, se justifica de haber sido en ocasiones demasiado crudo y para eludir la crítica parafrasea la definición que Stendhal daba de la novela:

> Un libro es como un espejo que llevan por la calle, que, si a veces refleja ante nuestros ojos el azul del cielo, también suele reflejar el fango del camino. No acuséis al espejo, pues, sino a la calle por la cual fue conducido. (Gómez 1908: 227)

La crítica que hace González Castillo parece estar dirigida a esa generación ochentista argentina que, queriendo construir la «Atenas del Plata, el París sudamericano» (Biagini 1995: 13), despreció a los inmigrantes, a los obreros, anarquistas, socialistas, utilizando la metáfora de la perversión sexual para demostrarlo, tal y como sugiere Adrián Melo (2005: 119). José Ingenieros en su afán de destacar la labor de vigilancia de la buena vida que lleva a cabo la burguesía contrapone a ella los malvivientes y las estrategias que tienen para delinquir: «éstos violentan como infantiles juguetes los obstáculos con que la prudencia del burgués custodia el tesoro acumulado en interminables etapas de ahorro y de sacrificio» (Gómez 1908: 6). Una burguesía que se erige, en términos simbólicos, en modelo de la «buena vida», ideal del trabajador limpio y decente, lo que contrasta con el «ejército de los proletarios» (Gómez 1908: 34). No olvidemos que el discurso positivista había «demonizado» a los obreros, mano de obra que había aumentado con la inmigración, de tal modo que el jurista anota: «la táctica obrera, saturada de odio y de afán de destruir, mal desenvuelta por los desvaríos propios del sectarismo anárquico o por la propaganda de un partido socialista que sólo lo es en el nombre, origina un descenso de la moralidad y es causa eficiente de un sinnúmero de vicios que coadyuvan eficazmente a la formación de la mala vida» (Gómez 1908: 35). En los primeros años del siglo XX se multiplicaron las protestas gremiales y sociales, y había surgido la Federación Obrera Regional Argentina [F.O.R.A.]. Recordemos que en 1907 José González Castillo había estrenado su pieza *Los rebeldes* y que por esta última, como consecuencia de apoyar una huelga ferroviaria y el escándalo desatado entre anarquistas y sindicalistas la noche del estreno, había ido preso junto con los actores y parte del público.

La construcción de una identidad nacional burguesa y viril la encontramos en esa declaración de principios que hace Carlos Antonio Bunge, al proclamar la necesidad de una «viricultura» que comprendiera ética, ciencia del bien, y arte (1927: 260). Lo que entronca con la misoginia de la época, ser «menos que una mujer», que dirá Florez (62), al reconocerse habitado por una segunda naturaleza, que nada tiene que ver con aquel *hermafroditismo intelectual* acuñado por Bunge para designar la psiquis de un genio, por el hecho de entrañar la mente de un hombre vigoroso, reforzada por la de una mujer (Bunge 1927: 249; énfasis del original). Un poco antes, Francisco de Veyga y F. C. Córdoba habían hablado de «degenerado intelectual» para referirse a aquellos sujetos dotados de aptitudes, pero en los que se aprecia ausencia de ciertos sentimientos, especialmente los morales, aberraciones sensitivas y motrices, concepciones extraviadas y otros fenómenos (1902: 500-501). Por los mismos años, Francisco A. Sicardi, médico que por su profesión conoció los suburbios de Buenos Aires, cuya experiencia volcó en *Hacia la justicia* (1902), obra comprendida en *Un libro extraño* (serie de cinco tomos publicada entre

1894 y 1902) –una de las primeras en la corriente del naturalismo argentino–, se lamentará de la condición femenina: «Y este es el siglo de la libertad y así Jesús perdió su tiempo, queriendo dar a la mujer persona, ¡sin darle al mismo tiempo la fuerza que es necesaria para imponer respeto!» (Sicardi 1902: 148).

La crítica de Sicardi alcanzará también a aquellos que ostentan el poder:

> ¡Oh! ¡Los hombres, hijo mío! Son capaces de las mayores descensos, para servir sus ambiciones. Se les ve en los comités políticos adular a los plebeyos, acariciar borrachos y mantener ladronzuelos. Son hermanos cuando los necesitan para llevarlos a los atrios, salen del brazo con ellos y los acompañan en sus libaciones. Para esto han llegado hasta allí, después de haber pasado a través de todos los partidos, medrando en cada uno, desleales siempre, reducidos, resbalando de peldaño en peldaño a la miseria moral y después que han perdido en la jornada los últimos mendrugos del pudor, juglares miserables de los poderosos. (1902: 126)

En este sentido, no parece descabellado entablar una relación entre el Dr. Florez y la figura de un personaje político argentino como lo fue el Juez Llavallol, quien como los travestis La Princesa de Borbón o La Bella Otero no necesita ser presentado porque resultaba suficientemente (re)conocido en la época. Por otro lado, igualmente podríamos conjeturar que el juez al que va dirigido el informe pericial que prepara Florez pudiera ser el mismo Jaime Felipe Llavallol de Elía (1871-¿?), quien fuera secretario del presidente Julio Argentino Roca –segunda presidencia 1898-1904– y, con posterioridad, nombrado Juez de Instrucción de la capital federal. Su hermana, María Esther Salomé de las Mercedes Llavallol de Elía (1877-1975), estuvo casada con Julio Pascual Roca, hijo del general y Vicepresidente de la Nación argentina entre 1932-1938. Alberto Ure hace mención a que el personaje de Florez está trazado a partir de la personalidad del juez «Ll» –no da su nombre–, quien, según le cuentan, «organizaba festicholas, se vestía de mujer y se hacía llamar la Reina Margot» (Ure 1991: 70-71). El periodista español Miguel Toledano de Escalante (1870-1937), cuyo pseudónimo creado a partir del anagrama de su nombre era Manuel Gil de Oto, dedica una sátira a este juez en su libro *La Argentina que yo he visto*, publicado originalmente en 1914:

> Mariquita, Marica,
> Dile a tu madre
> Que te meta en un cofre
> Te eche la llave
>
> Su fama no es de camama,
> como otras que lucen más;
> a éste le viene (la fama)
> muy de atrás.
> Aunque duro se le encuentra,
> yo sé que es benigno y flojo
> con cualquier, si le entra
> por el ojo. (Gil de Oto 2010: 236)[5]

---

[5] A pie de página, nota del editor, se añade la siguiente información: «Juez de instrucción en lo criminal. Más recordado por sus anécdotas –en relación a sus íntimas costumbres– que por su tarea profesional. De otro tipo es la que se refiere a la invitación que le hizo Anatole France para alojarse en su casa, en 1909. Resultado: France, la actriz que lo acompañaba y sus amigos le saquearon la bodega al magistrado, que se jubiló en 1935. Fu dueño del predio donde en 1928 se inauguró el edificio *Femenil*, en Rivadavia y Puan» (2010: 236). En una noticia aparecida en el semanario *PCR* (Partido Comunista Revolucionario), «Los intelectuales y la historia Argentina. El compañero Anatole France en el Buenos Aires del primer centenario», se agregan más datos a esta anécdota: «el famoso escritor y la actriz [se instalaron en] la residencia en Buenos Aires del juez Jaime Llavallol, un cholulo porteño que vivía solo con su madre en un palacio de la calle Uriburu 1222 [...] La casa todavía existe, y es la sede actual del Instituto Goethe» (2010). Aunque Sebreli (1997: 297-298) da cuenta de que el juez Jaime Llavallol y el juez (R.R.) que alojó al escritor francés son personas distintas, hemos comprobado que no es así. Véanse los datos que ofrece Félix Luna en *Soy Roca* (2011).

Más que curiosas resultan las palabras de Julio Argentino Roca que recrea el historiador Félix Luna en su obra *Soy Roca* (1989). En abril de 1904 tuvieron lugar las elecciones presidenciales, en las que triunfó el candidato oficial Manuel Quintana. Un mes antes, según una novedosa ley de circunscripciones, se eligieron legisladores, consagrándose Alfredo Palacios como el primer diputado socialista de América, proclamado por el electorado de la Boca. Ante esto dirá Roca:

> Lo que más me alegró de esta curiosa elección fue la derrota de mi secretario. Como ya le conté, Jaime Llavallol era cuñado de mi hijo Julio y tuve que nombrarlo a su pedido. Encontraba demasiado blanduchas sus maneras, pero como en ese tiempo el estilo de la «gente bien» era hablar con un dejo francés, hacer mohines por cualquier cosa y vestirse con perfecto atildamiento, no me extrañaron los modales de mi secretario. Resultó se un notorio manflorón.
>
> Unos días antes de expirar mi mandato, lo designé juez de instrucción en lo criminal, cargo que viene desempeñando desde entonces. Es un personaje realmente peculiar, y no estoy jugando con el vocablo [...]
>
> De todos modos, Jaime es un excelente juez, nadie se mete en su vida privada ni con las fiestas negras[6] que a veces celebra, sin que falte algún visitante poco avisado que sale corriendo cuando Usía lo invita coquetamente a bailar un vals... Tiene buen gusto y yo mismo le encargué en su momento parte de las refacciones de mi casa y la de mis chicas. Pero le confieso que especímenes como el hermano de mi nuera me repelen. Antes los únicos maricas eran los porteros de los quilombos. Ahora me cuentan de Fulano o Mengano, gente bastante conocida, como incluidos en la categoría de los invertidos. ¡Y no le cuento en Europa! Aparecen con toda desenvoltura en los ambientes más refinados [...]
>
> Jamás podré entender estas aberraciones. En este rubro suscribo lo que escribió un literato gallego que anduvo por Buenos Aires cuando el

---

[6] Andrés M. Carretero (1995: 89), al describir algunos tipos de prostitución en Buenos Aires, cita las «fiestas negras», donde además de alcohol se tomaban drogas y se hacían intercambios de parejas.

Centenario. Un amigo me prestó uno de sus libros, medio almibarado y demasiado chancho para mi gusto. En esas páginas decía que existen dos cosas en el mundo que nunca podrá comprender; la música de ese teutón llamado Wagner y el amor entre hombres...[7] A mí me pasa lo mismo: ese alemán pretensioso me resulta insoportable, y no puedo imaginar qué clase de placer pueden sentir dos machos entreteniéndose en la cama, siendo que las mujeres están hechas para ser montadas y disfrutadas. (Luna 2011: 401-402)

No obstante, sea o no sea el Juez Llavallol el que se esconde tras el Dr. Florez o tras la figura del juez, probablemente de instrucción de lo criminal, a quien va dirigido el informe pericial que elabora el médico, lo que sí es cierto es que Francisco de Veyga había hecho notar la existencia de invertidos de buena cuna y criados con holgura, con puestos en la casa Rosada, «en cuyo desempeño se distingue[n] siempre por su exactitud y compostura» (1902b: 370)[8].

Adrián Melo (2005: 136) recuerda el caso del juez Timarco, quien fue condenado por ocupar cargos públicos y haberse prostituido en el pasado, pues la ley consideraba que quien había vendido su cuerpo podría también vender los intereses de la ciudad. Acabó suicidándose. No obstante, no debemos olvidar que más cercano en el tiempo y en el espacio hallamos el incidente ocurrido en la Escuela Superior de Guerra argentina, en 1906. Una historia que, silenciada en la época, dio lugar a un informe publicado en los *Archivos de Psiquiatría, Criminología y Ciencias afines* (marzo-abril de

---

[7] Roca se refiere a la estancia en Buenos Aires, entre el 22 de abril y el 13 de julio de 1910, del escritor Ramón del Valle-Inclán junto a su esposa la actriz de teatro Josefina Blanco. La obra a la que hace alusión es la *Sonata de Estío* (1903), la cita textual es: «Sólo dos cosas han permanecido siempre arcanas para mí: el amor de los efebos y la música de ese teutón que llaman Wagner» (1979: 158).

[8] Aunque alejada en el tiempo, esta figura del juez transformista nos recuerda al personaje que encarnó Miguel Bosé, el juez Domínguez que se traviste de Femme Letal en la película de Pedro Almodóvar *Tacones lejanos* (1991).

1907), firmado por Ramón Jiménez, Ángel Godoy y Bernardo Pérez Avendaño: «Exaltación pasional y responsabilidad penal. Informe pericial presentado al consejo de Guerra permanente para jefes y oficiales del Ejército» (citado por Bazán 2004: 164-167). Se trata del caso del mayor Juan Comas, batallón de Infantería, casado y con hijos, quien es acusado, según documento refrendado por toda la oficialidad a instancia del capitán Arturo Masedo, de que tenía o había tenido relaciones sexuales con algunos soldados, lo que suponía su «muerte moral» y separación del cargo. Comas asesinó a Masedo, pero sin embargo será absuelto. Años más tarde, entre 1917-1921, llegará a ser gobernador de Formosa. Durante el proceso, tal y como advierte Salessi (2000: 364), se «borra» la imagen del «amigo particular»[9] que formaba parte de la vida afectiva y doméstica de Juan Comas, incluido, de este modo, en el seno del orden familiar heterosexual. Al hacer desaparecer esa figura se convierte en un «amigo predilecto», en el que no se detienen las crónicas de la época, menos el informe militar, para no provocar recelo: sospecha de homosexualidad. Tan sólo un poco antes, en 1905, otro hecho similar había acaecido en la misma institución, cuando se descubrió que existía más de un centenar de homosexuales pertenecientes al ejército y a la corte de Alemania, ya que los germanos eran asesores en la escuela Superior de Guerra de Argentina a la vez que los militares argentinos estudiaban en Alemania (Sebreli 1997: 287). Estos casos nos llevan a establecer ciertas analogías con lo que González Castillo nos ofrece como drama, la *amistad particular* que une a Florez y a

---

[9] Esta idea de amistades particulares, amigos del alma, procede de una expresión francesa, *Les amitiés particulières*, que se ha utilizado como sinónimo de homosexualidad en textos literarios y de teología moral (Mira 2002: 70). Se dice que la empleó en 1724 el jesuita Joseph-François Lafitau (1681-1746) en su obra *Mœurs des sauvages américains comparées aux mœurs des premiers temps –Costumbres de los salvajes comparadas con las de los tiempos primitivos–*. Más contemporánea es la novela de Roger Peyrefitte, *Les amitiés particulières* (1944).

Pérez, quienes, al decir de Petrona, no se separaban de pequeños y «muchas veces hasta dormían juntos» (47). Pérez, configurado como el sodomita, bisexual y seductor, personifica «el mal dentro del templo de la familia heterosexual» (Salessi 2000: 371) y parece responder a esa imagen que tanto asombrara a Francisco de Veyga: un *marica macho* (1903b: 340; énfasis del original). De este modo, el dramaturgo argentino se hace eco de la historia cotidiana a la par que del discurso (pseudo)científico que simboliza Veyga, quien afirmaba que en el delito pasional todo era dramático (1910: 14): «La acción prima por su vivacidad envolviendo dentro de ella á los protagonistas, que resultan así ser instrumentos más que factores de los sucesos que se han desarrollado» (1910: 8).

El Dr. Florez podría muy bien haber formado parte de esos *Archivos de Criminología, Medicina Legal y Psiquiatría* o de los *Archivos de Psiquiatría, Criminología y Ciencias afines*, editados en Buenos Aires entre 1902 y 1913, quizá al lado de ese padre de buena familia que un día lo deja todo para asistir a los saraos uranistas; un especimen de «invertido» de los que recogió Veyga (1903a: 204-208). Pero, como subrayamos con anterioridad, dicho personaje se configura más bien como una especie de *alter ego* de Francisco de Veyga (1866-1942), acaso del primer Veyga, aquel fascinado por la inversión, hasta tal punto que incluso manifestó en algún momento que estaba preparando un libro sobre dicha temática (1903c: 494) que, sin embargo, no llegó a materializarse, aun cuando a esta cuestión dedicó diversos ensayos, de los que hemos dado puntual cuenta y que recogemos en la bibliografía final. Por otro lado, desde la primera escena de *Los invertidos*, en la acotación referente al despacho del doctor, se hace mención a una «vitrina con utensilios de cirugía» (11), lo que coincide con Veyga, quien en 1908 será nombrado cirujano mayor del ejército[10]. Aun cuando no es menos cierto que la labor de Florez puede leerse como una metáfora

---

[10] Al respecto de Veyga, véase Weissmann 1999.

del Estado y sus poderes, policial, médico y judicial: el expediente que maneja procede de los registros policiales, a partir del cual elabora el informe *científico*, cuyo destinatario será el juez de lo criminal.

La realidad supera la ficción: los paratextos

Esto es lo que «escenifica» José González Castillo, aunque, como sosteníamos más arriba, no llega a ser un reto, porque al final de la obra y sobre todo con los paratextos, más que cuestionar el orden sexual establecido lo que hace es reconocerlo. Estos paratextos, recogidos en la edición de *Los invertidos* (2011), son tres: «Dos palabras», «Prohibición Municipal» y «La moral en el teatro».

Si bien es cierto que el primero responde al discurso que José González Castillo dirigió al público la noche del estreno, el 12 de septiembre de 1914, el segundo corresponde al escrito que el dramaturgo envió al Concejo Deliberante de la Ciudad de Buenos Aires, encargado de prohibir la representación cuando ésta llevaba ocho puestas, siendo intendente municipal Joaquín Samuel de Anchorena, con el consejo del secretario de Higiene, Agustín Ghigliani, y el inspector Blamen Lafont. No olvidemos algunos detalles. Antes de la primera representación ya se le había pedido a González Castillo el cambio de título y el mismo día del estreno asistieron los inspectores municipales –Pablo Lazcano, García Videla y Antonio Lamberti– que nada censurable dijeron de la obra, al revés; refiriéndose al primero el dramaturgo señala que éste había comentado que después de asistir a la representación «difícilmente se encontraría un solo espectador que deseara, en su fuero interno, asemejarse a ninguno de sus protagonistas» (2011d: 277). El tercer texto, publicado en *Bambalinas. Revista de actualidades teatrales y artísticas*, el ocho de febrero de 1919, corresponde al alegato que pronunció González Castillo la noche de reposición de la obra. En los tres casos queda claro una cuestión: el autor, en aras de la moralidad vigente, condena la inversión sexual de manera virulenta. Veamos estos discursos.

En el primero de ellos, para *evitar* una posible condena posterior –recordemos que el estreno de la obra gozaba del beneplácito de los inspectores–, ofrece un recuento demográfico, para lo que trae a colación al doctor Francisco Latzina, jefe de la Dirección General de Estadística de la Nación, quien también asesoraba sobre Higiene al Círculo Médico Argentino. De este modo, cede la palabra a la voz autorizada para que ofrezca los datos incuestionables a partir del censo del Buenos Aires de 1905. Latzina había contabilizado en la capital un total de diez mil invertidos, sin distingo de clases sociales. Dada la *escandalosa* cantidad, sólo queda justificar el porqué de la obra:

> [...] esa cifra extraña una amenaza gravísima y un peligro constante para la salud moral y física de nuestra sociedad.
> Evitar ese peligro, combatiendo el nefasto y repugnante vicio por todos los medios posibles es hacer obra buena y moralizadora, y ninguno mejor que aquel que sea capaz de inspirar asco y odio por una aberración, que hasta ahora, sólo nos inspiraba desprecio o lástima...
> Eso es lo que se ha pretendido hacer, modestamente, en los límites reducidos de la obra que acaba de representarse. (2011b: 267)

A pesar del primer informe favorable elaborado por el intendente de Buenos Aires entre 1910 y 1914, Joaquín Samuel de Anchorena, con el consejo del secretario de Higiene y de un inspector –de nuevo aliados los tres poderes, el judicial, el médico, el policial–, el diecinueve de septiembre resuelven prohibir la representación. Los censores vieron en este drama una forma de socavar el orden social establecido y los fundamentos de la moral, ante lo cual se defiende el autor en escrito dirigido al Concejo Deliberante, pues le ha sido negado el recurso de apelación. Junto con señalar que su obra es moralizadora, por su fondo de pedagogía que pretende la mejora social, «ataca» al intendente, ya que le recuerda que como tal no está facultado para censurar una obra, ni autorizado para «erigirse en juez y árbitro de las cuestiones artísticas» (2011c: 270). Dicho esto, afirma que la Intendencia tiene «escaso sentido crítico» (2011c: 271) y ejemplifica con el papel dramático de Clara, a la que define de la siguiente manera: «tipo idealista [...] como contraste a los otros sujetos del drama y a fin de que el dolor trágico que sobre ella se cierne provoque reacciones saludables sobre la masa total de los espectadores» (2011c: 271). De esta forma inscribe su obra bajo el rubro de teatro realista, por lo que, al *compararse* con Balzac, epítome del realismo, manifiesta que «[es] un honor ser rechazado precisamente por realista y por un abogado que adolece el defecto de ignorar lo que es el realismo» (2011c: 272). Así, con las premisas anteriores, insiste en enmarcar los límites entre la moral pública y la belleza artística, con el fin de defender la libertad del arte: «derecho de la especie a vivir y a evolucionar hacia ideales determinados por tendencias a veces divergentes y hasta antagónicas» (2011c: 272). La autoridad política, dirá, es incompetente en materia de estética, no podrá juzgar entonces la moralidad o inmoralidad de una obra, ni sentar «cátedra de pedagogía artística» (2011c: 273).

El tercer texto, «La moral en el teatro», le da pie para explicar su concepto de la moral. Pero antes critica una serie de revistas y al género chico. Se refiere a obras que han sido representadas (2011d: 276), tales como *Salomé* de Oscar Wilde («canto a la lujuria enfermiza y sangrienta»), *La corte de Faraón* de Vicente Lleó («pura pornografía»), *La cena de las burlas* de Sam Benelli («pochades francesas o italianas»). Al comentar cómo su drama combate las inmoralidades y, desde luego, apuntando a la homosexualidad dirá: «vicio nefasto, desgraciadamente difundido en la sociedad bonarense»; del mismo modo alude al hecho de que su pieza «inspira repugnancia por esos tristes individuos que la crápula ha rebajado del plano común de los hombres» (2011d: 277). Con esto quiere reforzar la conciencia de que todo el mundo es conocedor de esta realidad sexual y que la obra no hace más que mostrar esa «verdad», enfatizando en «su aspecto más pernicioso, cual es el de la situación del pederasta en la familia, en el hogar» (2011d: 278). Su drama, asevera, «hace triunfar la virtud» (2011d: 278). Para terminar con esta perorata advierte de que la censura de su pieza obedece a cuestiones personales de quienes se sienten afectados por la temática, a la vez que lanza una diatriba contra la clase pudiente: «ese vicio está radicado más en las altas esferas sociales, que en las clases populares y se trata de combatir seriamente en la obra, de ahí la mojigatería que les obliga, en nombre de una moral mal entendida a ocultar una infamia que consideran sin remedio y sin redención» (2011d: 281). Concluirá confiando en que este debate servirá para crear un teatro más fuerte y sano «de Verdad y enseñanza, que abra nuevos rumbos a la lucha de la inteligencia y el valor contra la mesnada de los hipócritas, de los fanáticos y de los viciosos» (2011d: 281). En este punto González Castillo coincide con el pensamiento de mejora por la educación, entendida como reforma moral o «regeneración», que tanto defendió el positivismo empirista.

Con todo, *Los invertidos* no ha dejado de generar controversias, más allá de las que tuvieron lugar en su época. Con posterioridad algunos autores coinciden en considerarla una pieza homofóbica (Salessi 2000: 388; Bazán 2004). Diego Trerotola, por su parte, subraya que debe entenderse como prueba de «una gran valentía del autor [...] un soterrado gesto de vanguardia, una apología de la diversidad sexual y vanguardia de la estética *queer*» (2011: en línea). Para Rosana López Rodríguez lo que la obra cuestiona y critica verdaderamente no es la homosexualidad sino la hipocresía social, lo que responde al hecho de que Florez haya sido víctima de los prejuicios sociales y profesionales que lo reprimieron toda su vida. La temática sexual pasa a convertirse entonces en pre-texto: «La homosexualidad es la excusa para encuadrar el problema» (2011a: 21). Salessi, haciendo hincapié en la censura, conecta el discurso teatral con el que difundían los *científicos* de la época; entre ellos cabe citar de nuevo a Francisco de Veyga, quien había subrayado las íntimas relaciones que se entablan entre aquellos invertidos que se revisten del aparato exterior de la mujer, es decir, los travestis, y el mundo lunfardo (1903a: 199). De este modo se aunaba disidencia social y disidencia sexual (*soxial*):

> El melodrama de González Castillo fue prohibido una semana después de su estreno porque [...] la obra no obstante su homofobia perniciosa seguía haciendo lo que ya había hecho Veyga a principios de la primera década del siglo: reinscribía una cultura homosexual, la documentaba, la rescataba, aunque deformada la hacía «real», posible. Implantaba un pánico homosexual pero al hacerlo se veía obligado a representar la homosexualidad. Una segunda estrategia [...] fue en cambio hacer desaparecer la figura del homosexual, hacerla irrepresentable, taparla. Y para eso [...] se ocultó la figura del invertido bajo la máscara del lunfardo. (Salessi 2000: 388)

Sea como fuere, lo que no podemos negar a José González Castillo es que hiciera visible la disidencia sexual, desoyendo así a Wittgenstein en su *Tractatus logico-philosophico* (1922): «Wovon man nicht sprechen kann, darüber muss man schweigen». –«De lo que no se puede hablar, mucho mejor es callarse»–. Y aun cuando no rompiera una lanza en defensa de estos marginados, proyecta la discriminación que padecían –y la disección a la que eran sometidos– aquellos individuos que se identificaban con el rol del sexo contrario, reafirmando así, como lo denominaba Angelita Miranda –presentado como «un mozo de 20 años»–, un «planeta y signo de mujer» (citado por Olano 1902: 306), cabe decir el género de destino.

Bibliografía

Anónimo (1903): «Mar del Plata. Dos jóvenes suicidas» En *Caras y caretas* 230.

Anónimo (1909) «La homosexualidad. Et. Martin. (Lyon Medical)». En *Archivos de Psiquiatría, Criminología y Ciencias afines* (VIII): 125-126.

Anónimo (2010): «Los intelectuales y la historia Argentina. El compañero Anatole France en el Buenos Aires del primer centenario». En *PCR* (Partido Comunista Revolucionario) 1300: <http://www.pcr.org.ar/nota/cultura-y-debates/el-compa%C3%B1ero-anatole-france-en-el-buenos-aires-del-primer-centenario>.

Barzani, Carlos Alberto (2000): «Uranianos, invertidos y amorales. Homosexualidad e imaginarios sociales en Buenos Aires (1902-1954)». En *Topía*. X (28): <http://www.topia.com.ar/articulos/uranianos-invertidos-y-amorales>.

Bazán, Osvaldo (2004): *Historia de la homosexualidad en la Argentina. De la conquista de América al siglo XXI*. Buenos Aires: Marea Editorial.

Biagini, Hugo Edgardo (1995): *La generación del ochenta. Cultura y política*. Buenos Aires: Losada.

Bunge, Carlos Antonio (1927): «Notas sobre el problema de la degeneración». En *Estudios Filosóficos*. Madrid: Espasa-Calpe, 243-271.

Cambaceres, Eugenio (1887): *En la sangre*. Buenos Aires: Imprenta Sud América: <http://www.biblioteca.clarin.com/pbda/novela/cambaceres/novela.htm>.

Carretero, Andrés M. (1995): *Prostitución en Buenos Aires*. Buenos Aires: Corregidor.

Ford, Aníbal y Mazziotti, Nora (1991): «José González Castillo: Cine mudo, fábricas y garçonieres». En González Castillo, José: *Los invertidos*. Buenos Aires: Puntosur, 77-96.

Foster, David William (1989): «José González Castillo's *Los invertidos* and the Vampire Theory of Homosexuality». En *Latin American Theatre Review* 22 (2): 19-29.

Geirola, Gustavo (1995): «Sexualidad, anarquía y teatralidad en *Los invertidos* de González Castillo». En *Latin American Theatre Review* 28 (2): 73-84.

GIL DE OTO, Manuel (2010): *La Argentina que yo he visto*. Buenos Aires: Biblioteca Nacional.
GÓMEZ, Eusebio (1908): *La mala vida en Buenos Aires*. Buenos Aires: Editor Juan Roldán.
GONZÁLEZ CASTILLO, José (1919): *Los invertidos. Bambalinas. Revista de actualidades teatrales y artísticas* II (44).
— (1957): *Los invertidos*. Buenos Aires: Argentores / Ediciones del Carro de Tespis.
— (1991): *Los invertidos*. Buenos Aires: Puntosur.
— (2011): *Los invertidos y otras obras*. Buenos Aires: Ediciones RyR.
— (2011a): «*Los invertidos*». En *Los invertidos y otras obras*. Buenos Aires: Ediciones RyR, 35-91.
— (2011b): «Dos palabras». En *Los invertidos y otras obras*. Buenos Aires: Ediciones RyR, 267.
— (2011c): «Prohibición municipal». En *Los invertidos y otras obras*. Buenos Aires: Ediciones RyR, 269-273.
— (2011d): «La moral en el teatro». En *Los invertidos y otras obras*. Buenos Aires: Ediciones RyR, 275-281.
— (2015): *Los invertidos*. Buenos Aires: Ediciones Corregidor.
HIGA, Jorge (2015): *Poetas, malandras, percantas y otras yerbas. Notas para una ecología de la mala vida. Marginalidad y delito en la literatura y el tango*. Buenos Aires: Corregidor.
LÓPEZ RODRÍGUEZ, Rosana (2011a): «Prólogo». En González Castillo, José: *Los invertidos y otras obras*. Buenos Aires: Ediciones RyR, 7-33.
LUNA, Félix (2011): *Soy Roca*. Buenos Aires: Sudamericana.
MELO, Adrián (2005): *El amor de los muchachos. Homosexualidad & Literatura*. Buenos Aires: LEA.
— (2011): *Historia de la literatura gay en Argentina. Representaciones sociales de la homosexualidad masculina en la ficción literaria*. Buenos Aires: LEA.
MIRA, Alberto (2002): *Para entendernos. Diccionario de Cultura homosexual, gay y lésbica*. Barcelona: Ediciones de la Tempestad.
NIEDERMAIER, Alejandra (2012): «El privilegio de la fotografía». En Fernández, Josefina & Niedermaier, Alejandra & Sznaider, Beatriz E.:

Imágenes de la nación. Límites morales, fotografía y celebración. Buenos Aires: Teseo, 165-241.

SALESSI, Jorge (2000): *Médicos, maleantes y maricas*. Buenos Aires: Beatriz Viterbo.

SEBRELI, Juan José (1997): «Historia secreta de los homosexuales en Buenos Aires». En *Escritos sobre escritos, ciudades bajo ciudades*. Buenos Aires: Sudamericana, 275-370.

SICARDI, Francisco A. (1902): «Hacia la justicia». En *Libro extraño*. Tomo V. Buenos Aires: Imprenta de M. Biedma: <http://www.cervantesvirtual.com/obra-visor-din/libro-extrano-tomo-v-hacia-la-justicia--0/html/>.

TREROTOLA, Diego (2011): «Transgénero criollo». En *Página12*: <http://www.pagina12.com.ar/diario/suplementos/soy/1-1896-2011-03-18.html>.

URE, Alberto (1991): «La realidad del escenario. Notas sobre la puesta en escena de *Los invertidos*». En González Castillo, José: *Los invertidos*. Buenos Aires: Puntosur, 65-75.

VALLE-INCLÁN, Ramón del (1979): «*Sonata de Estío*». En *Sonatas. Primavera. Estío. Otoño. Invierno*. Madrid: Espasa Calpe, 141-280.

VEYGA, Francisco de (1902a): «Inversión sexual congénita». En *Archivos de Criminología, Medicina Legal y Psiquiatría* (I): 44-48.

— (1902b): «Invertido sexual imitando la mujer honesta (Nupcias, fidelidad conyugal, divorcio, castidad en la viudez, segundas nupcias, muerte por tuberculosis». En *Archivos de Criminología, Medicina Legal y Psiquiatría* I: 368-374.

— (1903a): «La inversión sexual adquirida. Tipo de invertido profesional. Tipo de invertido por sugestión. Tipo de invertido por causa de decaimiento mental». En *Archivos de Psiquiatría, Criminología y Ciencias afines* II: 193-208.

— (1903b): «El amor en los invertidos sexuales». En *Archivos de Psiquiatría, Criminología y Ciencias afines* II: 333-341.

— (1903c): «La inversión sexual adquirida. Tipo profesional: un invertido comerciante». En *Archivos de Psiquiatría, Criminología y Ciencias afines* II: 492-496.

— (1903d): «Los lunfardos. Estudios clínicos sobre esta clase de ladrones profesionales». En *Archivos de Psiquiatría, Criminología y Ciencias afines* II: 654-661.

— (1904): «El sentido moral y la conducta en los invertidos sexuales». En *Archivos de Psiquiatría, Criminología y Ciencias afines* III: 22-29.
— (1905): «De la regeneración como ley opuesta a la degeneración mórbida». En *Archivos de Psiquiatría, Criminología y Ciencias afines* IV: 31-44.
— (1910): *Los «lunfardos». Psicología de los delincuentes profesionales*. Buenos Aires: Talleres Gráficos de la Penitenciería Nacional.
— VEYGA, Francisco de & CÓRDOBA, F. C. (1902): «Degeneración psíquica en los delincuentes profesionales». En *Archivos de Criminología, Medicina Legal y Psiquiatría* I: 500-502.

VILLA, Mónica (2015): *José González Castillo militante de lo popular*. Buenos Aires: Ediciones Corregidor.

WEISSMANN, Patricia (1999): «Francisco de Veyga. Prolegómenos de la clínica criminológica en la Argentina». En *Temas de historia de la Psiquiatría Argentina* (7): <http://www.polemos.com.ar/docs/temas/Temas7/1a.%20%20parte%20Francisco%20de%20Veyga.htm>.

Escrituras performáticas
Diario del ser por hacer(se) con instrucciones para tocar

Luciana Irene Sastre
Universidad Nacional de Córdoba

La utopía de la subjetivación

Tratándose de procesos de subjetivación, suelen pasar menos advertidos aquellos mediante los que el recorrido hacia la conquista del *sí mismo* se quiebra, es decir, aquello que libera el ser para uno, en su doble sentido –tener que saber quién soy y tener que ser quien soy–, y nos libera de toda intención de conquista. Al menos, era esta la tradición de las escrituras en torno a la novela, como dispositivo del ser y del hacer(se) en esta perspectiva de análisis, dedicada a la educación o formación, tal como se tradujo el término *Bildungsroman*, difundido por el filólogo Johann Karl Simon Morgenstern, primero en sus cursos y luego en sus escritos a comienzos del siglo XIX.

Morgenstern estudió en la Universidad de Halle, Alemania. En 1802 se trasladó a Tartu, Estonia, en cuya universidad estudió retórica, filología clásica, estética e historia del arte y la literatura, y fue el primer director de la biblioteca. El carácter de su trabajo cambió en Tartu. Interrumpió sus estudios de Platón para escribir acerca de la literatura de su tiempo, no sólo del fundamental Goethe sino también acerca de la obra de su amigo Fredrich Maximiliam Klinger. Su antiguo profesor de filología Friedrich August Wolf ya estaba decepcionado en 1808 por el viraje que estaban tomando los intereses y escritos de su discípulo, pues hay noticia –pero no fuente veraz acerca de esta anécdota– de que expresó al respecto que su alumno estaba creciendo pero volviéndose cada vez más elegante, vanidoso y aburrido. Fue quizás debido a su creciente vanidad y aburrimiento, o quizás por elegancia, que Morgenstern articuló el término *Bildungsroman* –aunque las fuentes también son erráticas al respecto.

Aquí mismo creo encontrar el núcleo de las lecturas actuales en torno a la noción de sujeto y subjetivación, y quizá, en torno a la novela de formación. Me refiero puntualmente al sujeto que se desvía del plan. En el relato anterior, el que concierne a la «propia» vida del autor –al menos ha sido esta postura la dominante– del término *Bildungsroman*, el maestro se lamentó cuando el alumno abandonó el estudio de Platón para dedicarse al estudio de un género que devela su mecanismo de poder y la lógica didáctica que le es contemporánea. Sin embargo, aprender a lidiar con el abismo de la apariencia constituye el método platónico. La promesa es que algo está en otro lado, que en cruce con la ley del género en cuestión, es inseparable del paso de la juventud a la adultez. De hecho, ciertos clásicos del estudio del *Bildungsroman*, que empiezan por cuestionar si se trata de un género, coinciden en que se erige sobre un proceso de transformación. Ahora bien, en su contexto de aparición, una tendencia entre las obras así catalogadas exalta el orden frente a la avanzada de la Modernidad mientras otra exacerba la libertad del caos de la modernización. De allí que la primera señale el camino hacia la madurez mientras la segunda celebre la juvenilización. Claramente, de un modo u otro, siempre se trata de un *ir hacia*. El corpus de novelas estudiadas, y por ende, constituidas en objeto de estudio entre Alemania, Inglaterra y Francia a principios del siglo XIX, señala, en fin y otra vez, la conflictividad del tiempo y su sujeto. Ya sea por el anclaje del género en sus condiciones de emergencia o de la ficción en la construcción del cambio, del pasaje, la vida en su devenir es la clave del ser que va hacia la definición de sí.

Ahora bien, si pensamos en la conspiración del arte contra su tiempo, si admitimos que tanto la pedagogía modernizadora como la emancipación capitalista son experiencias hechas conscientes una y otra vez en el pensamiento de esa misma época, y desde entonces en adelante, podemos deshacernos de la lectura pedagógica. El despliegue que aquí se produce visibiliza un nuevo orden pues se escucha lo que no debía ser audible, se desvía la dirección de la realización del sujeto en su mundo y la literatura se vuelve contra sí misma exhibiendo la ficción de la teleología crítica. Precisamente, encarnan esa disputa Morgenstern y su maestro.

Todo esto tan abstracto, tan metódico, tramposamente apalabrado, comienza, en síntesis, con un desvío en la vida. Si la vida es literaria, todo puede ser perturbado por lo discontinuo, por lo inespecífico (Garramuño 2013), por lo impertinente que se materializa en libro, pero él, el libro, es la excusa de su dimensión inmaterial. Mi objetivo, en lo que sigue, es inventar un tacto entre ambas dimensiones, es decir, escribir el cuerpo.

A continuación me dedico al análisis de *Kiki 2*, obra de la artista cordobesa Cuqui. A grandes rasgos, es también la historia de una falla en las expectativas, sólo que aquí se instala la instrucción por propia voluntad como acto psicomágico de sanación.

Cuerpo 1. El nombre

La exploración del poder constitutivo de la palabra sobre uno mismo, del hacer-se, comienza, efectivamente, por el nombre. Nadie sabe el verdadero nombre de Cuqui. Ella *se dio* a conocer con este nombre artístico, estético podríamos decir, y luego elaboró los heterónimos de ese sujeto performático. El diálogo con la literatura es muy importante para comprender esta «heteronimia» (Lardone 2014): Cuqui es también Natsuki Miyoshi, Karen Smith, Alma Concepción y Charlotte von Mess. Podría decirse que Cuqui es la performance madre de poetas como Natsuki Miyoshi, Karen Smith y Alma Concepción, de Kiki y también de Charlotte, la crítica literaria cuyo texto distribuyó Cuqui en la presentación de su libro, diciendo que no estaba de acuerdo con lo que decía. Es esta una gran escena del nombre impropio pero también una delicada parodia del joven escritor que rechaza lo que la crítica dice de su obra. Por supuesto, hay aquí más material que el que se refiere a las posiciones en el circuito literario.

Este juego con los heterónimos, que requiere de la iteración del acto performativo de nombrarse pero para darse diferentes nombres, es paralelo, en los objetivos de mi análisis, a decir «esto es una performance» sin forzar lo escrito porque Cuqui se dice performer.

La instrucción

Cuqui, en este caso, pero también Natsuki Miyoshi, Karen Smith, Alma Concepción y Charlotte von Mess, es la tarotista, performer, poeta, narradora, crítica, videasta, etcétera, y autora de *Kiki 2* (2012). La proliferación de nombres y labores desestima los centros y las periferias, da vida y muerte a voluntad, pero no sabemos nada del origen voluntarioso. La única coincidencia es la de un cuerpo que se presta a vivir algunos nombres, a dar voz a una noticia y a la experiencia. A la particular mediación estética que conduce a la acción de escribir la llamo *escritura performática*.

Kiki 2 es la dimensión textual de la experiencia pscicomágica de curación. El punto de partida es una instrucción que en el libro de Alejandro Jodorowsky titulado *Cabaret místico* Gurdjieff le da al poeta Luc Dietrich: hacer el amor con una mujer distinta cada día durante un año. Kiki decidió encontrar a sus amantes. Para ello, en dos oportunidades distribuyó cartelitos en la Ciudad Universitaria de Córdoba, con un nombre y un número de teléfono que llevarían hasta ella a los curiosos jóvenes, posiblemente estudiantes. Lo explica así:

> En dos oportunidades tiré 300 y 600 papelitos respectivamente en la Ciudad Universitaria con distintas descripciones, en síntesis, que buscaba chicos de 18 a 23 años. La segunda vez tenían forma de corazón y flores además del tradicional rectángulo. (2012: 32)

Lo que leemos es una *inespecie* de archivo virtual, de diario personal, de cuadernito como los que Cuqui saca a cada rato de su bolso, todo junto convertido en libro. Tiene de libro su forma, su moda, su modo de circulación y recepción, es decir, su materia, pero la lectura nos lleva permanentemente hacia fuera. Nos dice una y otra vez que algo pasó, que sucedió de cierto modo y que movilizó algunas reflexiones. De esta manera, las palabras se pegan a los acontecimientos, las citas llegan al texto como copias del chat y el relato es el proceso de curación o bien la escritura del método sanador. Ahora bien, en los pliegues del texto hay más, en primer lugar porque los amantes, que pagan o no, están involucrados en la realización del tratamiento sin saberlo. En este sentido, aun cuando sólo *ella* conoce la secreta falla estratégica en el sistema de la experiencia, se le revela que la pauta en juego debe ser explicitada. Como en un juego de cajas chinas, esta es la segunda instrucción: «hoy caí en que mi cliente porteño me trató como a una puta porque le dije que era eso. […] Les tengo que decir a los hombres qué soy y así me van a tratar» (2012: 28). Kiki se dice puta, como si la palabra fuera máscara, pero esa máscara constituye la subjetividad que el cuerpo, con esa ajenidad encima, actúa. Como dice Foucault:

> La máscara, el signo tatuado, el afeite depositan sobre el cuerpo todo un lenguaje: todo un lenguaje enigmático, todo un lenguaje cifrado, secreto, sagrado, que llama sobre ese mismo cuerpo la violencia del dios, el poder sordo de lo sagrado o la vivacidad del deseo. La máscara, el tatuaje, el afeite colocan al cuerpo en otro espacio, lo hacen entrar en un lugar que no tiene lugar directamente en el mundo, hacen de ese cuerpo un fragmento de espacio imaginario que va a comunicar

con el universo de las divinidades o con el universo del otro. Uno será poseído por los dioses o por la persona que uno acaba de seducir. En todo caso la máscara, el tatuaje, el afeite son operaciones por las cuales el cuerpo es arrancado a su espacio propio y proyectado a otro espacio. (Foucault 2008: en línea)

La destrucción

Como ante toda instrucción que se intenta llevar a la repetición forzada, la voluntad decae, el maquillaje se corre, el tatuaje se decolora; así, el ajuste de los actos se distiende y lo instruido comienza a destruirse. En el caso particular de Kiki, el deterioro se acelera por la falla estructural de la relación entre lo dicho y su contexto porque ella no es prostituta. La máscara de palabras cae, la performance que involucra se transforma y es preferible no hablar para que entre en escena el mero cuerpo en su propio lugar. Kiki lo dice sencillamente, coloquial:

> Al principio me preguntaba si había estado bien, si me había gustado, le dije que no fuera tan inseguro. Además, me obligaría a darle detalles que no están buenos. No tiene sentido ir con verdades en ese momento, es mejor tocar, moverse, ver, no analizar.
> Indicaciones sí, está bien, pequeñas correcciones también (de ambas partes). ¡Y listo! Yo no pregunto porque no quiero saber, mejor no saber. Mejor disfrutar lo que hay. (2012: 95)

En esta heteronimia que encarna Cuqui entre el decir(se) y lo dicho, en términos de performatividad, suponiendo algo así como que uno tiene derecho a definirse, a nombrarse, con mayor o menor facilidad dependiendo de qué se declara ser. Claro que, en el contexto de la prostitución, si una mujer dice que es prostituta, es, en principio, válido.

Sin embargo, el secreto de Kiki es que se trata de una performance en la que se crea un sujeto performático, se desarrolla una noción de espectador mediante los avisos y, mediante la distribución de estos, se da inicio a la acción. Se advierte rápidamente que, a diferencia de lo habitual en el arte del performance, hay en este caso un contrato omitido, un lance de la performatividad que el espectador desconoce. Kiki es, en consecuencia, su propia espectadora en lo que concierne a la performance. En este sentido, hay fallas y hay reparaciones en torno al acto performativo de construcción de sí:

> Cuando me veía en el espejo, gorda y fofa, casi con un cuerpo de vieja, le di la razón al cuarentón ese que se me cagó de risa por hacer lo que hago. Pero bueno, ¡lo estaba haciendo igual, a pesar de su opinión y de la mía! Yo también puedo tener un cliente. (2012: 14)

Desde cierta perspectiva, una mujer cuya contextura física no responde a los ideales de belleza que son parte de la tecnología de la prostitución puede decirse prostituta y tener clientes, pero no sabemos si esto basta para ser lo que se dice, de hecho, hay alguien para quien no lo es. Con esto quiero decir que la performance, tal como la he presentado hasta aquí, construye el contexto de la acción pero no hay allí un camino que alcance una definición del ser. Por cierto, la performance evidencia la impropiedad del nombre como imagen primera de ese corte entre la palabra y su objeto, porque el primer nombre es dado por otro, luego porque hay una falla contextual pues el cuerpo no es válido para realizar el acto que dice realizar y además porque los clientes no saben que «esto es una performance».

La acción

El núcleo de la acción que propone la performance es el encuentro sexual. Comenzando por el intercambio virtual, emerge una subjetividad cuyas reglas constitutivas se conocen cuando aparecen los hombres que asumen que ella es lo que declara ser, cuando se da un nombre que proviene del hacer. Luego, para que esa subjetividad sea posible, ella y él necesitan conocerse y elaborar los acuerdos válidos para ese encuentro. De este modo, puede hipotetizarse que, como consecuencia de que Cuqui encarna una subjetividad que desconoce, necesita de los clientes. Este podría ser un claro ejemplo de lo que Rancière llama «subjetivación», entendiendo por ello el proceso relacional del sí mismo con el otro. En términos de Rancière, «es la formación de un uno que no es un yo o uno mismo sino que es la relación de un yo o de uno mismo con un otro» (en Rancière ***: 148).

Cierto es también que ante la falla del ser en su pretensión de hacerse, con la narración que le pertenece a esa «novela de formación», procuramos restablecer sentidos, suturar aquello que inquieta. En cuanto a mi propio texto, está claro que hay escrituras que me someten a un *impasse* crítico en tanto que interpelan los pilares conceptuales que conozco. De hecho, me he visto sometida por la escritura de Cuqui a apelar a categorías conocidas para explicar que las expectativas son sistemáticamente incumplidas.

De este modo, la materia del libro enfrenta su antimateria y se produce el encuentro: el contacto. Todo es otra cosa. El autor no es su nombre real, el personaje no es lo que dice ser, las indicaciones implican su contravención, la performance se hace escritura y la curación hace lugar a otra cosa de lo instruido. Entre el nombre y el sexo, quiero decir, entre la invención de nombres y la relación sexual se manifiesta, primero, esa ajenidad irreductible del cuerpo que, luego, se envuelve en señales para que el otro sepa algo del decir y del hacer afortunados. En el contacto encarna el nombre performático que lleva inscripto un hacer que se acuerda de a dos, porque el nombre es para ser llamado, para que una voz lejana se acerque al que si no es siempre un yo. En consecuencia, si la indicación del maestro establece un amante cada día, el afecto de este movimiento aparece «para referir una fuerza o intensidad que puede desmentir el movimiento del sujeto que está siempre en un proceso de devenir» (Blackman & Cromby 2007: 6). La performance de la puta migra por efecto de la detención del devenir. El relato emite su fórmula, como conjurando lo que vendrá: «Quiero tener siete clientes de sexo en total y luego buscar un novio. Un chico bonito y simpático, que se quiera a sí mismo, se haga autocrítica y me quiera» (Cuqui 2012: 138). De la experimentación en la multiplicidad, Kiki espera el momento en que la quietud haga lugar a otra búsqueda.

El cuerpo 2. El tocar

Lo cierto hasta aquí es que el no-lugar del yo, aumentado por la invención del nombre, se radica en la palabra y que por ello sabe que su cuerpo no está allí, y sólo parece aliviarse de todo abismo en el amor. Dice Foucault:

> Tal vez habría que decir también que hacer el amor es sentir su cuerpo que se cierra sobre sí, es finalmente existir fuera de toda utopía, con toda su densidad, entre las manos del otro. Bajo los dedos del otro que te recorren, todas las partes invisibles de tu cuerpo se ponen a existir, contra los labios del otro los tuyos se vuelven sensibles, delante de sus ojos semicerrados tu cara adquiere una certidumbre, hay una mirada finalmente para ver tus párpados cerrados. También el amor, como el espejo y como la muerte, apacigua la utopía de tu cuerpo, la hace callar, la calma, y la encierra como en una caja, la clausura y la sella. Por eso es un pariente tan próximo de la ilusión del espejo y de la amenaza de la muerte; y si a pesar de esas dos figuras peligrosas que lo rodean a uno le gusta tanto hacer el amor es porque, en el amor, el cuerpo está aquí. (2008: en línea)

Entonces, el cuerpo adquiere lugar, la corporeidad se corporiza por el tacto. De la máscara performática que conlleva un ser y un hacer, con su inherente envío al otro, la caricia hace existir. Como dice Jean-Luc Nancy, «el cuerpo da lugar a la existencia» (2010: 16). De este modo, la utopía foucaultiana toca el cuerpo ontológico cuyo espacio es, dice Nancy también, «hacer acontecimiento (gozar, sufrir, pensar, nacer, morir, hacer sexo, reír, estornudar, temblar, llorar, olvidar…)» (2010: 18).

Escribir no se diferencia de este tacto. Así como el nombre inventado para sí mediante el cual se actúa, escribir es el resultado de otro acontecimiento del pensar para crear sentido, que atraviesa el cuerpo, hasta la mano. Dicho de tal modo, la acción es poner en dirección, *en sentido* y para ser sentido, el envío del yo al tú como exploración de la distancia y del encuentro. Si reconstruimos lo dicho al principio de este trabajo, el maestro se lamenta por las elecciones del alumno, la indicación del psicomago se somete a la ley del aburrimiento ante tanta fuga y cuando del cuerpo se trata, la verdad no existe, dice Kiki. Definitivamente, todos escriben de lo que ha quedado fuera. Sin embargo todos escriben también como un lance de existencia. La palabra escrita toca ese *ir hacia* un objeto perdido que experimenta el yo y la falta de algo es el motivo para el contacto. De esta manera, la «novela de formación» colocada ante nuestros ojos como lente para leer nos muestra que no hay una forma final, el deterioro de la acción instruida exhibe que la repetición de lo mismo es imposible pero Kiki procura hacer de la falla su cura, su emancipación, su novela de-formación. El recurso es ocupar la fisura, habitar la tensión del yo-tú, degenerar el texto, impugnar la verdad de lo dicho, copiar los diálogos en los que se acuerda la cita y escribir desde el cuerpo, como si el texto fuera un gesto. *Kiki 2* vacía los procesos de conocimiento, despoja a la prostituta de las proyecciones que la definen como sujeto social, y prefiere los detalles del cuidado del otro. Claro que hay algo que decir pero no respecto del ser sino del hacer.

La escritura sin género que performa Kiki se libera del destino de un ser que se realiza en determinadas condiciones para detenerse en un momento del hacer de sí en virtud de otro. Su condición performática es el constante efecto de sentido, es decir, el irresoluble *ir hacia*, y sólo por eso tiene sentido, y lugar en un espacio extenso, abierto, impropio. El encuentro puede ser el tiempo en que esa efimeridad provoque una experiencia del instante presente encarnado, un *ser-en-común*, según la fórmula de Nancy (2001), es decir, estar juntos donde no hay ni un sujeto colectivo que anule las singularidades ni un sujeto atado a su irreductible soledad, sino un ser relacional expuesto a la exterioridad, a la alteridad. Retomando lo dicho antes, en torno a Kiki no hay autor y no hay nombre, sino performances heteronímicas.

Kiki 2 comienza a ser libro en cualquier momento del performance y de igual modo se terminan sus páginas, después de un set de fotografías que tienen mucha información pero ningún relato. Sin embargo, algo va variando, algo va sensibilizando el performance respecto de lo que no acontece, y fundamentalmente sucede que Kiki se quiere enamorar, excediendo la instrucción singularizante por la exposición, no al otro, sino al hacer con otros. De tal modo, la curación psicomágica ha logrado señalar el dato ausente. Y es esta, precisamente, una afirmación del lugar del yo como el espacio abierto, transitorio, un yo del discurso en disputa por su emancipación en un registro escrito del cuerpo.

Conclusiones

La lógica de la subjetivación consiste siempre en una identificación imposible, se trata de una falla constitutiva que el arte del performance indaga constantemente mediante el tratamiento díscolo –siempre se dice dislocado pero díscolo es más indicial porque lo fuera de lugar es importante pero lo que no se deja gobernar es más significativo aquí, y eso está en la raíz etimológica de la palabra díscolo–. El sujeto de la performance es un sujeto en un entrelugar; como dije al principio, Cuqui es ya un heterónimo que dispone el cuerpo a la experimentación de un ser efímero, utópico, elaborado en torno a una acción artística que ocupa la vida, que la marca, le deja huellas en la memoria, que ya tenía ciertas cicatrices de lo vivido.

Kiki es una performance, un aquí y ahora del yo que se inventa un nombre en revés del nombrar familiar, firma como quiere, deforma la formación y hace de lo inmaterial la materia de su libro en el que expone las fallas de lo escrito sobre el cuerpo al escribir el cuerpo. De este modo constata lo que no está pero que la escritura toca, y por su medio, existe. En esta regresión del nombrar, progresa una subjetividad encarnada en cuya materia hay memoria de otras vidas pero que en su carne es cambiante, modificable, como las palabras, los nombres, la máscara o el maquillaje, o los amantes. *Kiki 2* es, entonces, la escritura performática del cuerpo.

Mi objetivo ha sido ensayar una lectura posible del momento de desubjetivación respecto del yo performático que se elabora en torno a la acción indicada, manifiesta en la dimensión sexual, en la medida que el cuerpo tensiona la subjetivación, y en la exploración textual, mediante la técnica que narra la realización de la instrucción para un heterónimo. La escritura es su doble: la mano toca una superficie, experimenta su límite y le da sentido cuando ensaya la creación de un objeto. Más allá de esos bordes existe *lo otro*, por eso Kiki escribe el cuerpo como si simplemente copiara palabras, pero al imprimirlas realiza una transformación matérica por efecto de un modo del tocar, es decir, ese papel ya nunca será el mismo. El contacto que da existencia es amoroso: colmado de muerte, de ausencia, de pérdida, presentificación de una irresoluble distancia entre dos pero sólo existente en virtud del encuentro.

BIBLIOGRAFÍA

BLACKMAN, Lisa & CROMBY, John (2007): «Affect and Feeling». *En International Journal of Critical Psychology* 21: 5-22.
CUQUI (2012): *Kiki 2.* Cosquín: Nudista.
FOUCAULT, Michel (2008): «Topologías». En *Fractal* XII (48): <http://www.mxfractal.org /RevistaFractal48MichelFoucault. html>.
GARRAMUÑO, Florencia (2013): «Especie, especificidad, pertenencia». En *E-misférica 10.1 BIO/ZOO* 1 (10): <http://hemisphericinstitute.org/hemi/es/e101-ramos-multimedio-ensayo>.
LARDONE, Mariana (2012): *Cuqui. Heterónimos y performance en las transformaciones entre Arte/Vida en la Nueva Literatura Argentina.* Trabajo Final de Licenciatura en Letras Modernas, Universidad Nacional de Córdoba. Fecha de defensa: 24 de junio de 2014.
NANCY, Jean-Luc (2001): *La comunidad desobrada.* Madrid: Arena Libros.
— (2010): *Corpus.* Madrid: Arena Libros.
RANCIÈRE, Jacques (2000): «Política, identificación y subjetivación». En Arditi, Benjamin (ed.): *El reverso de la diferencia. Identidad y política.* Venezuela: Nueva Sociedad, 145-152.
— (2011): *El destino de las imágenes.* Buenos Aires: Prometeo.
SASTRE, Luciana Irene (2014): «Escrituras performáticas: instrucciones para tocar». En *Cuerpo del drama. Estudios del cuerpo escénico* 3: <http://www.ojs.arte. unicen.edu.ar /index.php/cuerpodeldrama/article/view/144>.

Encuentros con la (a)normalidad
Los cuerpos (in)tocables de Pablo Palacio

Piet Devos
Concordia University Montreal

La obra del ecuatoriano Pablo Palacio (1906-1947) fue relativamente ignorada por sus coetáneos en Ecuador y completamente desconocida fuera de su país natal. La falta de reconocimiento para su narrativa vanguardista se debió parcialmente al hecho de que el breve periodo productivo de Palacio, hacia 1930, coincidiera con el predominio del realismo social en las letras ecuatorianas, un movimiento cuyos principios estéticos Palacio no compartía en absoluto. Por consiguiente, fue a los representantes renombrados de esta tendencia realista, entre otros Joaquín Gallegos Lara y Enrique Gil Gilbert, a los que hasta fecha reciente los historiadores de la literatura solían prestar mayor atención. Ahora bien, más allá de la discrepante poética palaciana, hubo otra razón que dificultaba la recepción inicial de sus textos, y es que abundan en personajes cuyos cuerpos, sentimientos y deseos exceden flagrantemente la supuesta normalidad, al abordar los conflictos de gays, discapacitados, enfermos, criminales, etcétera. Los primeros críticos escandilizados intentaron neutralizar esta inclinación por lo «anormal» al relacionarla con ciertos aspectos trágicos de la biografía del autor, ya fuese la muy temprana pérdida de su madre, el contagio de sífilis o la definitiva decadencia mental (Ortega 2010: 133-134). En las últimas décadas se ha descartado, por suerte, esta limitada lectura biografista de Palacio en favor de una apreciación más adecuada de su ambiciosa contribución a la renovación formal y temática de la prosa. Esa reevaluación fue instigada sobre todo por la siguiente generación de vanguardistas ecuatorianos, como Raúl Pérez Torres, quienes en los años sesenta se apropiaron de Palacio como uno de los «padres que más amamos y que más influyeron en nuestra búsqueda desesperada de una tradición narrativa» (citado en Palacio 2006: 13). Entre tanto, ha surgido además un marcado interés internacional por la figura de Palacio, que ha resultado en la publicación de varias nuevas ediciones y traducciones de sus obras –tanto en Europa como en América Latina– con ocasión de su centenario en 2006. Espero demostrar en este artículo que la rehabilitación actual de Palacio está bien justificada, porque pocos escritores lograron escrutar con tanta perspicacia como él los procesos (normalizadores) constitutivos de la subjetividad moderna.

Más concretamente, quisiera argumentar que los cuentos y novelas cortas de Palacio están marcados por una insistente y desenfrenada exploración de la zona perceptiva del tacto. Para captar el vínculo estrecho entre este sentido y la constitución del sujeto hay que tener en cuenta la índole ontológica que distingue el tacto de las demás facultades perceptivas menos primordiales. El tacto es nuestro sentido más fundamental, el que, tal como ya observó Aristóteles, compartimos con todos los animales, y sin el cual es casi imposible sobrevivir (Paterson 2007: 16-18). El tacto, o más bien el sistema «háptico», engloba todo un conjunto de modalidades, empezando por aquellas que componen la superficie táctil: la piel[1].

---

[1] Introduzco la «háptica» aquí como traducción del término inglés «haptics» (derivado del verbo griego que significa tocar, agarrar, coger), acuñado por el psicólogo James J. Gibson (1968: 94), y que ya se usa frecuentemente en las ciencias sociales y humanidades anglosajonas. De acuerdo con Paul Rodaway (1994: 41), recurro a este término para especificar la vaga noción común del tacto. Por eso, si en lo sucesivo empleo a veces la palabra «tacto», hay que leerla como sinónimo del complejo sistema háptico.

Registrando sensaciones tan diversas como presión, temperatura, vibración y dolor, la piel permite al observador entrar en contacto directo con los cuerpos y cosas tangibles. Estas sensaciones cutáneas estimulan al observador a abrirse al entorno, o bien le advierten de peligros inminentes o, tal como el mismo Palacio las evocó en una serie de imágenes poéticas: «El tacto, fino como la ruta del vuelo, doloroso como puntas de fuego, hormigueo del miedo» (2006: 110). La piel (ayudada por los otros sentidos y las señales afectivas) va demarcando así una línea borrosa entre el «propio» cuerpo y «lo ajeno», entre «adentro» y «afuera». Dicho de otra forma, la piel constituye tanto la apertura hacia como la barrera contra el mundo exterior. Al analizar el cuento de Palacio «Un hombre muerto a puntapiés», en el primer apartado de este artículo, veremos que esa última función autoprotectora del tacto desempeña un rol esencial en la normalización social y cultural del cuerpo. Si cierto cuerpo no cumple con estas normas y parece amenazar el orden establecido de identidades fijas, éste no sólo es excluido del trato íntimo o erótico, sino que además su supuesta transgresión puede transformarlo en el objeto de los castigos y las correcciones más violentos.

Pero ¿cómo se siente el sujeto a quien pertenece ese rechazado cuerpo «anormal»? Esta pregunta nos preocupará en el segundo apartado del artículo, llevándonos a otra dimensión más interior del sistema háptico: la «propiocepción». Por medio de receptores dentro de la piel, las articulaciones y los músculos, esta facultad le comunica al observador su posición y movimiento con respecto al espacio que lo rodea (Montero 2006: 231). La propiocepción, que permite así al observador familiarizarse con la delimitación y orientación espaciales de su propio cuerpo, es imprescindible para la formación de una identidad «encarnada», o sea, un cuerpo-sujeto. Sin embargo, en el caso extremo de las gemelas siamesas que protagonizan el cuento palaciano «La doble y única mujer», veremos cómo esta construcción identitaria basada en la experiencia propioceptiva entra en conflicto con todo tipo de normas sociales (hasta gramaticales). Mientras que a esta mujer le parece natural que su yo-primera y yo-segunda compartan el mismo cuerpo, éste significa una «monstruosidad» inaceptable según los criterios racionales de los médicos y otras autoridades.

En el tercer apartado llegaremos a las colisiones más abiertamente políticas entre cuerpo y Estado, al estudiar la última novela de Palacio, *Vida del ahorcado* (1932). Centrándome en la «cinestesia», o sea, el movimiento muscular y las (inter)acciones que posibilita[2], plantearé la cuestión de hasta qué punto el cuerpo se deja (in)movilizar por el Estado. Hay teóricos que postulan que aunque el Estado categoriza, disciplina y activa a los cuerpos singulares para que formen el unido cuerpo político, no puede impedir que los cuerpos se muevan y se toquen entre sí, abriendo de tal modo nuevos espacios imprevisibles de violencia, resistencia y colectivismo. Y es verdad que, a pesar de ser encarcelado y condenado a la muerte, el narrador de *Vida del ahorcado* sigue escapando del control estatal. Pero urge entonces la pregunta de si tal escape no es nada más que aparente, imaginario y utópico, o si cualquier aparato normalizador estatal crea, efectivamente, sus propios huecos inclausurables.

Antes de dar comienzo al análisis propiamente dicho, es importante enfatizar que el enfoque sensorial aplicado a la literatura en el presente artículo no implica ninguna falsa promesa de extratextualidad, como si el texto literario se remontara a una materialidad corporal prediscursiva. A mi modo de ver, la experiencia sensorial nunca se puede entender fuera del contexto histórico-cultural donde se articula y se organiza a través de prácticas y discursos (inclusive

---

[2] Aunque las definiciones del sistema háptico puedan variar según la disciplina o el teórico, suelen concordar en cuanto a los tres componentes básicos: 1) la percepción táctil (la piel), 2) la propiocepción (el sentir de la posición del propio cuerpo y sus partes en el espacio), y 3) la percepción cinestésica (el movimiento y sentido muscular). Véase, entre otros, Classen 2005, Holler 2002, Paterson 2007 y Rodaway 1994.

nuestras metarreflexiones teóricas)[3]. Sólo hay que tener en cuenta que los Sensory Studies, el ámbito de investigación del que mi enfoque fue tomado, fueron introducidos en los años ochenta para contrarrestar las interpretaciones y modelos «textualistas» (hermenéuticos, semióticos, etcétera) de la cultura. En las palabras de un fundador de los Sensory Studies, el antropólogo canadiense David Howes: «It had to be acknowledged that we make sense of the world not just through language, not just by talking about it, but through all our senses, and their extensions in the form of diverse media» (2013: en línea). El cuerpo humano se define así en términos más performativos, como un participante activo en la significación que es, no tanto codificado por prácticas y discursos culturales, sino que los efectúa, los reitera, se los apropia y los (re)inventa. Esta definición performativa del cuerpo se vuelve aún más fructífera a la luz de la normalización, dado que nos explica cómo cada cuerpo-sujeto participa en este proceso social sin excluir la posibilidad de revisiones graduales. Para profundizar esta argumentación acerca de la normalización corporal aprovecharé sobre todo las críticas formuladas dentro de los Disability Studies, otro ámbito de estudio nacido a finales del siglo XX. En breve, serán sobre todo las herramientas teóricas relativamente recientes de los Sensory Studies y los Disability Studies las que nos ayudarán a esclarecer las tensiones continuas entre cuerpo y norma en la obra de Palacio, otra prueba, tal vez, del carácter precursor de su escritura.

El cuerpo-objeto: la agresión mortal de la norma

El cuento más conocido de Palacio es sin duda el que abre la colección homónima de 1925, «Un hombre muerto a puntapiés». El

---

[3] Véase Devos 2014 para una elaboración más detallada de mis principios metodológicos.

título proviene de una crónica roja reproducida en las primeras líneas del cuento, que relata un incidente ocurrido la noche anterior en los arrabales quiteños:

> Anoche, a las doce y media próximamente, el Celador de Policía Nº 451, que hacía el servicio de esa zona, encontró, entre las calles Escobedo y García, a un individuo de apellido Ramírez casi en completo estado de postración. El desgraciado sangraba abundantemente por la nariz, e interrogado que fue por el señor Celador dijo haber sido víctima de una agresión de parte de unos individuos a quienes no conocía, sólo por haberles pedido un cigarrillo. (Palacio 2006: 21)

Curiosamente, al leer esta crónica el narrador anónimo del cuento no siente ninguna compasión. Al contrario, le parece «lo más hilarante» (22) que se pueda matar a una persona de tal manera ridícula, a puntapiés. Quiere saber más del asunto, pero queda claro de la crónica que la policía no se ha esforzado mucho por su esclarecimiento: «[el señor comisario] no ha logrado descubrirse nada acerca de los asesinos ni de la procedencia de Ramírez. Lo único que pudo saberse, por un dato accidental, es que el difunto era vicioso» (21). En vez de cuestionar el desfavorable juicio no fundamentado que la crónica emite acerca del difunto, el narrador traduce el dicho «vicio» inmediatamente de manera sugestiva: «por una fuerza secreta de intuición que Ud. no puede comprender, leí así: ERA VICIOSO, con letras prodigiosamente grandes [...] Intuitivamente había descubierto que era... No, no lo digo para no enemistar su memoria con las señoras» (22-23). Lo considera además como el único indicio que pueda conducirle hacia la desagradable verdad. Creyéndose un gran detective, armado como sus ilustres antecesores con el método inductivo y la indispensable pipa, el narrador va revelando así la culpa que Ramírez indudablemente habría tenido de que lo agredieran. Desde la perspectiva supuestamente científica del narrador, las pruebas en favor de tal hipótesis no dejan de acumularse. Después de haber obtenido las dos fotos que la policía sacó del cadáver, hace «un estudio completo» de esos «preciosos documentos», llegando a «las siguientes lógicas conclusiones» con respecto a la identidad de Ramírez: «El difunto Ramírez se llamaba Octavio Ramírez (un individuo con la nariz del difunto no puede llamarse de otra manera); Octavio Ramírez tenía cuarenta y dos años; Octavio Ramírez andaba escaso de dinero; Octavio Ramírez iba mal vestido; y, por último, nuestro difunto era extranjero. [...] vicioso, lo fue; esto nadie podrá negármelo» (24). El único misterio que a este punto queda por explicarse es el motivo del ataque nocturno, pero el narrador ya no duda de que estuviera relacionado con las preferencias homosexuales de la víctima, que enseguida había intuido. En la reconstrucción imaginaria de los «hechos» con la que termina el cuento, el narrador ve a un solitario Ramírez desesperado, vagando por las calles quiteñas con «deseos de arrojarse sobre el primer hombre que pasara» (25), hasta que intenta besar a un adolescente cuyo padre lo sorprende *in fraganti* y lo derriba a puntapiés.

Es bien posible que, como observa José Miguel Oviedo (2007: 429-430), «Un hombre muerto a puntapiés» fuera el primer cuento latinoamericano en tratar con franqueza el tema de la homosexualidad. No obstante, yo querría matizar esta observación, añadiendo que este cuento muestra ante todo el enorme impacto de la normalización sistemática que por aquel entonces marginalizaba esta inclinación sexual. Un mero «dato accidental» no sólo es suficiente para que las autoridades y/o su portavoz periodístico estigmaticen a un ciudadano desconocido de inmoral, sino además para que otra persona totalmente ajena al asunto se convierta primero en un lúcido lector de esta inmoralidad innombrable y luego en un narrador omnisciente capaz de trazar el perfil psicológico y social asociado con ese «vicio». Así, el enigmático cadáver ensangrantentado de Ramírez se va cubriendo y sustituyendo por signos textuales y fotográficos perfectamente legibles, identificándolo como gay, pobre y forastero.

Independenientemente de la que fuera la verdadera causa del incidente violento, la metodología detectivesca y la mirada experta del narrador sirven para crear distancia entre sí mismo y ese cuerpo-objeto que el investigador cree «anormal», y por tanto intocable.

Tal lectura clasificadora y casi exclusivamente visual del cuerpo es el fruto directo de las esperanzas positivistas de estandarizar la diversidad humana, que a partir de 1830 había despertado la aparición de la estadística social en Europa y Estados Unidos. Los promotores de este método estaban convencidos de que era posible registrar todas las características humanas presentes en una población (altura, peso, inteligencia, etcétera) a fin de calcular el promedio. El resultante «homme moyen», noción concebida por el estadístico francés Adolphe Quetelet en 1835, había de servir como pauta tanto para determinar los rasgos físicos y mentales que los ciudadanos deberían tener, como para detectar las desviaciones negativas que pondrían la estabilidad social en peligro y que requerían, por tanto, ser corregidas (Davis 1995: 26). Apunta Lennard Davis, en cuyo perspicaz estudio *Enforcing normalcy* (1995) me baso aquí, que ese abstracto hombre medio se imponía cada vez más como una norma imperiosa, propagada por la ideología hegemónica de la clase media y su fe en el progreso colectivo dentro de los nacientes Estados-nación. En este contexto es muy significativo que palabras como «(a)normal» y «(a)normalidad», en su uso moderno y estadístico, no aparecieran en las lenguas occidentales hasta mediados del siglo xix (Davis 1995: 24-27). Asimismo, es crucial notar que ese proceso de normalización tuvo por consecuencia que características y conductas tan distintas como enfermedades, deficiencias corporales y mentales, la sexualidad no heterosexual, la delincuencia o el alcoholismo fueran agrupadas bajo la misma etiqueta de «(a)normalidad» indeseable. Lo evidencia por ejemplo la siguiente declaración del mismo Quetelet: «deviations more or less great from the mean have constituted ugliness in body as well as vice in morals and a state of sickness with regard to the constitution» (citado por Davis 1995: 28); el sistema de valores burgués se proyectaba sobre la materialidad corporal, cuyas diferencias singulares se esperaba regularizar. En última instancia, será la aplicación de herramientas biométricas y el lanzamiento de campañas de salud pública (para prevenir enfermedades venéreas por ejemplo) y de programas eugenésicos inspirados en el darwinismo social los que, en muchos países europeos y americanos, aseguraron que la normalización del cuerpo no quedara en letra muerta y se integrara firmemente en el funcionamiento de instituciones disciplinarias como la enseñanza, la medicina y la justicia. Respecto al contexto latinoamericano, cabe recordar aquí que fue durante las primeras décadas del siglo XX cuando las élites liberales, confrontadas con poblaciones de raza mixta y con una inmigración masiva de europeos empobrecidos, solían recurrir también a similares instrumentos disciplinarios para realizar sus sueños utópicos de naciones más homogéneas (Villela & Linares 2011).

La narrativa de Palacio no deja lugar a dudas sobre el conocimiento detallado del autor, estudiante de Derecho y futuro abogado, en cuanto a tales discursos y prácticas normalizadores. Lo constatamos muy concretamente en el segundo relato, casi burlesco, de la misma colección, que describe la exhibición pública, en una jaula, de un hombre acusado de antropofagia: «Las gentes caen allí como llovidas por ver al antropófago. [...] Van de tres en tres, por lo menos, armados de cuchillas, y cuando divisan su cabeza grande se quedan temblando, estremeciéndose al sentir el imaginario mordisco que les hace poner carne de gallina» (Palacio 2006: 29). Aludiendo a dichos «freak shows» ambulantes, que exponían a enanos, mujeres barbudas y otras «curiosidades», la jaula hace que el presunto antropófago se deshumanice como mero espectáculo. Ésta no sólo connota al encerrado como una fiera peligrosa, sino que funciona sobre todo como una piel de hierro que debe proteger a los espectadores contra el toque de aquel otro repugnante. Poco importa si algunos están convencidos de que se trata de «un perfecto idiota» (29); o si a los estudiantes de Criminología que lo visitan les parece un intrigante caso de estudio, ya que contradice sus expectativas biométricas: «¡Y qué cara de tipo! Bien me lo he dicho siempre: no hay como los pícaros para disfrazar lo que son. [...] Estábamos admirados, y ¡cómo gozábamos al mismo tiempo de su aspecto casi infantil y del fracaso completo de las doctrinas de nuestro profesor!» (Palacio 2006: 29). Todos, desde sus propias perspectivas, se creen bien separados y distinguidos de la anormalidad que ese cuerpo aislado representa.

Volviendo a «Un hombre muerto a puntapiés», notamos que el narrador también se basa exclusivamente en la fisionomía de Ramírez (particularmente su nariz y su pecho afeminado) para observar «una desviación de sus instintos, que lo depravaron en lo sucesivo, hasta que, por un impulso fatal, hubo de terminar con el trágico fin que lamentamos» (25). Ramírez, así identificado como gay y extranjero, está expulsado del colectivo normal y nacional. La jaula que se construye en torno de su cuerpo abyecto es más metafórica que literal, pero eso no significa que sea menos eficaz: en vez de ponerse en la piel de Ramírez e intentar sentir su dolor, el narrador degrada a esta víctima de violencia a ser el culpable de lo que el propio narrador considera una grave transgresión social. Es aun peor, porque al imaginarse «el trágico fin» de Ramírez, que dice lamentar, en realidad goza meramente de los efectos visuales y auditivos de la escena brutal:

> ¡Cómo debieron sonar esos maravillosos puntapiés!
> Como el aplastarse de una naranja, arrojada vigorosamente sobre un muro; como el caer de un paraguas cuyas varillas chocan estremeciéndose; como el romperse de una nuez entre los dedos; ¡o mejor como el encuentro de otra recia suela de zapato contra otra nariz!
> Así:
> ¡Chaj!
> con un gran espacio sabroso.
> ¡Chaj!

Y después: ¡cómo se encarnizaría Epaminondas [=el padre del adolescente acosado], agitado por el instinto de perversidad que hace que los asesinos acribillen sus víctimas a puñaladas! ¡Ese instinto que presiona algunos dedos inocentes cada vez más, por puro juego, sobre los cuellos de los amigos hasta que queden amoratados y con los ojos encendidos!

¡Cómo batiría la suela del zapato de Epaminondas sobre la nariz de Octavio Ramírez!

¡Chaj!
¡Chaj! vertiginosamente,
¡Chaj!
(Palacio 2006: 28)

Aquí Palacio se manifiesta como ingenioso maestro burlador: mediante la sucesión de imágenes y onomatopeyas repetidas, sugiere que el verdadero sádico no es el asesino de Ramírez (sobre quien sólo se puede especular), sino el mismo narrador-investigador que sacia sus apetitos perversos con una víctima ya silenciada. De ahí que resulte tan pertinente el comentario de Andréa Ostrov: «podríamos decir que el relato mismo del narrador puesto a detective constituye el principal acto de violencia, en tanto todos y cada uno de los puntapiés "maravillosos en su género" propinados a la víctima deberán ser cargados a su cuenta» (2008: 120). De acuerdo con la convincente deconstrucción de Ostrov, cabe concluir que este cuento descubre así la violencia y el ansia de poder escondidas en la mirada clasificadora de la normalización aparentemente racional. Tal como el público fascinado que viene a mirar al fenómeno del «antropófago» y en su fantasía reduce el posible intercambio con este «animal» a cuchilladas y mordiscos, el narrador comete la última agresión al negarle a Ramírez una subjetividad propia. De hecho, las conjeturas luminosas de la lógica detectivesca sustraen un deseo sádico a la vista, o para citar la última frase del cuento, emitida por una voz narrativa impersonal: «en tanto que mil lucecitas, como agujas, cosían las tinieblas» (Palacio 2006: 25). De repente, las categorías corporales y mentales tan cuidadosamente mantenidas a la luz racional resultan ser mucho más borrosas. «Eso de ser antropófago es como ser fumador, o pederasta, o sabio» (29), postula el narrador de «El antropófago» con humor malicioso.

Sin embargo, este análisis no habría de llevarnos a la conclusión precipitada de que la visualidad con su taxonomía distante es el principal instrumento sensorial de una normalización objetivizante, mientras que el tacto siempre facilitaría un respetuoso tráfico intersubjetivo: la narrativa palaciana muestra cómo los discursos y prácticas normativos también se imponen (a veces de una manera muy brutal, hasta mortífera) al nivel táctil y cinestésico de los cuerpos singulares, hasta que la gran mayoría los acepten como suyos y participen en su imposición colectiva. La mera sospecha de no cumplir con las normas puede ser suficiente para que un solo individuo –el narrador-investigador–, o las autoridades en el caso del «antropófago», tomen medidas crueles a fin de restringir los contactos y movimientos de esos cuerpos rebeldes. Dicho esto, es probablemente verdad que, tal como veremos en los siguientes apartados de este artículo, la índole íntima y recíproca del sistema háptico hacen que este sentido sea la zona más resistente a una normalización íntegra.

Pero antes de explorar la experiencia subjetiva del cuerpo «anormal» en otro cuento de Palacio, es menester resaltar la posición excepcional que el autor, tras la publicación de *Un hombre muerto a puntapiés*, ocupaba en el Ecuador de los años veinte y treinta. En un país dividido por conflictos internos, donde incontables gobiernos se sucedían –incluso una breve dictadura militar– y las fuerzas conservadoras no se arredraban por derramar mucha sangre al sofocar las protestas obreras que reivindicaban reformas socioeconómicas –con la masacre del 15 de noviembre de 1922 como triste colmo–, gran número de escritores optaron por una alianza abierta entre la literatura y el activismo político (Pérez Torres, en Palacio 2006: 10). En tales circunstancias agitadas, ya mencionadas en la introducción, no ha de asombrarnos que se desconfiara de los textos consternantes de Palacio. La enemistad se escucha claramente, por ejemplo, en un artículo de finales de 1932, en el que Joaquín Gallegos Lara, militante comunista y ferviente promotor del realismo social, denunció en las obras de Palacio la falta de «una cantidad indispensable de análisis económico de la vida» (citado en Palacio 2006: 351). Acerca de su novela *Vida del ahorcado*, entonces recién publicada, Gallegos Lara precisó: «Se admira en ella la inteligencia. Pero se la encuentra fría, egoísta, y se puede ver al fin que Pablo Palacio no ha podido olvidar su mentalidad de clase, que tiene un concepto mezquino, clownesco y desorientado de la vida, propia en general de las clases medias» (en Palacio 2006: 351). Por lo que se sabe, Palacio nunca replicó en público a estas calumnias, pero sí se defendió en una carta dirigida a un amigo que se ha vuelto famosa en tanto resulta un breve resumen de su poética:

> Dos actitudes, pues, existen para mí en el escritor: la del encauzador, la del conductor y reformador (no en el sentido acomodaticio y oportunista) y la del expositor simplemente, y este último punto de vista es el que me corresponde: el descrédito de las realidades presentes, descrédito que Gallegos mismo encuentra a medias admirativo a medias repelente, porque esto es justamente lo que quería: invitar al asco de nuestra verdad actual. (2006: 351)

O sea, él mismo no creía que su producción literaria estuviera ni despolitizada ni que fuera afirmativa de los valores burgueses. Al contrario, el papel de expositor que se atribuye aquí consistía, según él mismo, en debilitar las verdades vigentes. Es decir, para Palacio el escritor había de encargarse no sólo de desenmascarar la verdad como cómplice ideológico de la clase poseedora, sino en un sentido más transcendental debía confrontar al lector con la relatividad de los sistemas epistémicos humanos. Inspirado por Heráclito de Efeso (cuyos *Fragmentos* tradujo por primera vez al español) y sus posteriores seguidores materialistas, Palacio subrayaba sin cesar en sus tratados filosóficos la dialéctica de errores y nuevas tentativas inherente a nuestras concepciones del mundo, pero cuya naturaleza procesal se suele ignorar al tomarlas por inquebrantables. Conforme al ataque a la normalización constatado en sus cuentos, observa en uno de esos ensayos:

> Sólo cuando [nuestras] afirmaciones [de si algo es racional o irracional, bueno o malo] salen al exterior se realiza un control, de acuerdo con los conocimientos de la época, el ambiente social, etc. [...] Pero la creencia no puede tener comprobación. Por esto, afirmamos que [...] el único criterio de verdad de la creencia es la conformidad del pensamiento consigo mismo. (209)

La casi constante reiteración autoafirmativa del pensamiento tiene por consecuencia que los conceptos de los que tanto necesitamos para afrontar y entender «el atropellado curso de las individualidades» tienden a volverse rígidos, impidiendo una flexibilidad comprensiva frente a las realidades cambiantes y experiencias corporales que vivimos (Palacio 2006: 204). La tarea del escritor-expositor reclamada por Palacio era entonces la de romper con esa parálisis conceptual, la de minar su estatuto de verdades absolutas.

El cuerpo-sujeto: al interior de la (a)nomalidad

Es bien útil tener en cuenta la visión poética y filosófica de Palacio si queremos apreciar la crítica radical, adelantada a su tiempo, a la que su escritura sometió la dominante y normativa concepción burguesa del cuerpo. Esta concepción la definió adecuadamente Rosemarie Garland Thompson (1996: 12) como la del sujeto mediano, no marcado y funcional para el sistema político y económico. Ya hemos visto que en sus cuentos Palacio empleaba toda una serie de procedimientos autorreflexivos −como la narración no fidedigna, la mezcla de géneros textuales, el humor provocativo, metáforas rebuscadas, etc.− para descreditar los conceptos binarios que intentan negar las reales e intensas diferencias corporales. Cabe recordar aquí que Severo Sarduy notó un vínculo estrecho entre lo que llamaba «Las redes subyacentes de nuestro conocimiento […] destinadas a perpetuar ese olvido [del cuerpo]» y la tendencia en el arte occidental a obliterar el soporte material de la obra (1969: 97). Es justamente la articulación del recalcitrante cuerpo singular dentro de una textualidad autorreferencial la que propulsa el proyecto vanguardista de Palacio.

Si en los cuentos ya comentados esta articulación se realizaba *ex negativo*, exponiendo la crueldad implícita en la mirada normalizadora que objetiviza al Otro, ahora vamos a discutir un caso afirmativo en el que tales cuerpo-sujetos «discordantes» tratan de expresarse a pesar de su posición estigmatizada.

«La doble y única mujer», aparecido en la misma colección *Un hombre muerto a puntapiés*, introduce a gemelas siamesas de 21 años como protagonista y narradora homodiegética. Ella está constituida por yo-primera y yo-segunda, unidas a la altura de la espalda, así que tiene dos cabezas, cuatro brazos y cuatro piernas. Al contar su biografía, ella se muestra muy consciente de los códigos sociales que restringen la libertad de expresión y de conducta de las personas con discapacidad. Dentro del mismo paréntesis, pide con salero tanto a los gramáticos como a los moralistas que le perdonen todas las incorrecciones que cometerá contra sus reglas normativas (Palacio 2006: 46). No obstante, es imposible evitar tales infracciones a la hora de registrar lo que comunica la propiocepción de ese cuerpo excéntrico. He aquí cómo describe la formación de su propia identidad, basada en esta experiencia propioceptiva:

> Debo explicar el origen de esta dirección que me colocó en adelante a la cabeza de yo-ella: fue la única divergencia entre mis opiniones que

ahora, y sólo ahora, creo que me autoriza para hablar de mí como de nosotras, porque fue el momento aislado en que cada una, cuando estuvo apta para andar, quiso tomar por su lado. Ella –adviértase bien: la que hoy es yo-segunda– quería ir, por atavismo sin duda, como todos van, mirando hacia donde van; yo quería hacer lo mismo, ver a dónde iba, de lo que se suscitó un enérgico perneo, que tenía sólidas bases puesto que estábamos en la posición de los cuadrúpedos, y hasta nos ayudábamos con los brazos de manera que, casi sentadas como estábamos, con aquéllos al centro, ofrecimos un conjunto octópodo, con dos voluntades y en equilibrio unos instantes debido a la tensión de fuerzas contrarias. Acabé por vencerla, levantándome fuertemente y arrastrándola, produciéndose entre nosotras, desde mi triunfo, una superioridad inequívoca de mi parte primera sobre mi segunda y formándose la unidad de que he hablado. (Palacio 2006: 46-47)

Sus movimientos y sensaciones musculares resultaron ser determinantes en la constitución de una subjetividad estable e internamente jerarquizada. Nótese de paso que el multiperspectivismo de sus dos miradas estorbaría la proyección visual de una identidad unitaria, tal como propone el famoso estadio del espejo lacaniano. Fue en cambio la propiocepción de un nuevo equilibrio, que estriba en «una superioridad inequívoca de mi parte primera sobre mi segunda», la que no sólo estableció un orden corporal diferenciado entre «adelante» y «atrás», sino que además estructuró su lenguaje transgresivo al designar una yo-primera y una yo-segunda. Aunque veremos que este equilibrio físico y lingüístico nunca deja de ser precario, cabe decir que la narradora encuentra en la intensidad háptica de su propio cuerpo bases suficientemente sólidas como para oponerse al extremo rechazo social que ha debido soportar desde su niñez. Por consiguiente, se niega a aceptar la identidad normalizadora de «monstruo doble» con dos personalidades que le suelen atribuir los teratólogos, o sea, los expertos en deformaciones biológicas que estudiaron casos como el suyo: «Los teratólogos sólo han atendido a la parte visible que origina una separación orgánica, aunque en verdad los puntos de contacto son infinitos» (2006: 47).

Susan Antebi llama la atención sobre un paralelismo relevante entre la rebelión identitaria de la protagonista discapacitada de este cuento y la crítica cultural recién desarrollada dentro del ámbito de los Disability Studies: «The protagonist's words reveal disability to be a socially and linguistically constructed category rather than a fixed material condition. This approach to corporeal difference, while familiar in contemporary disability studies, is nonetheless radical in the context of 1920s Ecuador» (2009: 54). Elaboremos este paralelismo más en detalle. En primer lugar, es cierto que desde la Ilustración del siglo XVIII, con su confianza en la perfectibilidad humana, ha predominado el modelo médico que define la discapacidad física o mental como una deficiencia, un defecto que le toca al individuo y requiere ser remediado a fin de que la persona afectada disfrute de una existencia digna (Siebers 2008). Margrit Shildrick (2002: 58-63) afirma que este modelo se aplicaba en casi todos los casos históricamente documentados de hermanos siameses, de tal modo que se intentaba separar a los cuerpos unidos, a pesar de la pena y la muerte frecuente de uno o ambos gemelos que la intervención quirúrgica causaba. Incluso en el monólogo liberado de nuestra protagonista aún surgen de vez en cuando las huellas de las investigaciones anatómicas que debió sufrir: «me han dicho que mis columnas vertebrales, dos hasta la altura de los omóplatos, se unen allí para seguir –robustecida– hasta la región coxígea» (Palacio 2006: 46). Sin embargo, la ironía palaciana también socava este modelo, al situar la medicina más bien en el origen que como la solución final del problema: no sólo se supone que el padre biológico de la protagonista fue un médico que mantuvo «estrechas relaciones» (49) con la madre durante la ausencia de su marido, sino que además fue él mismo quien trajo a la madre ya encinta dibujos de mujeres marcadas por «un desequilibrio de músculos, estrabismo de ojos y más locuras» (49). Así que el nacimiento de la protagonista reactiva antiguas creencias populares, según las cuales impresiones profundas en la imaginación de la mujer embarazada pueden influir sobre la forma del feto; pero lo que me interesa subrayar es que este cuento demuestra ante todo el carácter performativo del discurso médico, que ayuda a generar «anomalías monstruosas».

En efecto, la medicina es uno de los actores que construyen la discapacidad como categoría social, lo cual nos lleva al segundo modelo. Este modelo social fue lanzado en los años setenta del siglo XX por grupos de presión de personas con discapacidad, para resistir las definiciones puramente biológicas de los médicos. Los que defienden dicho modelo social argumentan que las discapacidades no son rasgos materiales de individuos, sino los productos de un entorno no adaptado y discriminatorio (tanto al nivel institucional como imaginario) hacia minorías identitarias. De ahí que sus defensores apelen a la justicia social y al activismo colectivo para crear una comunidad más diversificada e integracionista (Siebers 2008). «La doble y única mujer» debe enfrentar una exclusión total, por iniciativa de las autoridades: tras haberla dado a luz, su madre fue pronto sometida a largos interrogatorios de un triunvirato representativo, formado por un médico, un comisario y un obispo, que querían conocer los antecedentes del suceso (Palacio 2006: 49). Los tres «magos» horrorizados se vieron apoyados por el padre oficial de la niña, que la maltrataba a escondidas y amenazaba mandarla a un manicomio (otro prejuicio típico éste de atribuir a una persona con cierta discapacidad A otra deficiencia B que en realidad no tiene). Sólo después de que su padre se ha suicidado, según él mismo a causa de ese «demonio» (50) que es su hija, ella obtiene la autonomía necesaria para construir su propio universo. Gracias a su herencia puede vencer otra barrera social que obstruye sus movimientos físicos, es decir, los muebles convencionales, haciendo fabricar mesas y sillas a su medida: «la condición esencial para que un mueble mío sea mueble en el cerebro de los demás, es que forme yo parte de ese objeto que me sirve y que no puede tener en ningún momento vida íntegra e independiente» (51). Con esta observación sutil la narradora hace vislumbrar al lector que la normalización opera (y por tanto se ha de resistir) en cada detalle del entorno, ya que está inscrita hasta en las superficies y los volúmenes aparentemente menos ideológicos del mobiliario. Las personas con discapacidades son sin duda uno de los grupos minoritarios que más han sufrido en carne propia las consecuencias médicas y sociales de la normalización moderna, al punto de perder el derecho de decidir sobre su propia vida o reproducción, y peor aún, ser víctimas de exterminio sistemático en los campos de concentración nazis. Por cierto, no quiero rebatir que hoy en día muchas iniciativas destinadas a personas con discapacidad se efectúan con gran respeto por la voluntad individual y tienen motivos éticos como aliviar el sufrimiento o mejorar, por ejemplo, la accesibilidad arquitectónica, pero cabe preguntarnos por qué a lo largo de los siglos pasados el ansia de acabar con estas «deficiencias» se ha manifestado con tanta tenacidad. Claro está que en muchos países las personas con discapacidad eran vistas como un peligro a la cohesión social de la nación (en este sentido, de manera comparable al gay discutido en el apartado anterior) y quizá menos como amenaza al orden político (véase el caso del criminal analizado más adelante), pero también hay probablemente una razón ontológica más profunda. El mayor problema que constituyen los cuerpos «deficientes» no es meramente que a los sanos les recuerden los fenómenos reprimidos de la muerte y la enfermedad, sino que les remitan a la fragilidad de la misma subjetividad, rompiendo con el mito ilustrado de lo que Shildrick resume como «an inviolable self/body that is secure, distinct, closed, and autonomous» (2002: 53). Explica Shildrick que para mantener este mito es preciso concebir y distinguirse imaginariamente de todas las «anomalías monstruosas» —tal como lo hacían el médico-padre de la protagonista en el presente cuento, o el narrador-detective en «Un hombre muerto a puntapiés»—, pero estos «monstruos» no pueden acercarse demasiado, volviéndose tangibles, estrechando su mano, mostrándole al sujeto «normal» por las deformaciones en la piel que cada ser «encarnado» es permeable, inestable, dependiente de su entorno.

Tocando al lector a la vez fascinado y atemorizado a través de su narrativa, «la doble y única mujer» descubre la complejidad de su identidad háptica, que nunca intenta exteriorizar en una imagen bien delimitada. Es verdad que esta identidad contiene cierta organización en yo-primera y yo-segunda, pero su centro sigue estando internamente dividido: «Hay *entre mí* –primera vez que se ha escrito bien entre mí– un centro a donde afluyen y de donde refluyen todo el cúmulo de fenómenos espirituales, o materiales desconocidos, o anímicos, o como se quiera» (Palacio 2006: 49; énfasis mío). La protagonista sabe, o mejor dicho, siente, día tras día que su cuerpo está fragmentado, que en el «entre mí» se abre la brecha de una incontrolable otredad que es una parte inalienable de su identidad. Por tanto, este «entre mí» ontológico también afecta a todas las demás facetas de su existencia. Por un lado, al nivel epistémico ella celebra su multiperspectivismo espacial y temporal: es capaz de contemplar cada paisaje desde varios ángulos, igual que de vivir presente y pasado simultáneamente en diferentes cabezas. Por otro lado, atraviesa una grave crisis emocional cuando ambas yos se enamoran del mismo caballero. En el supuesto de que este amor se consumara –de hecho teme ser rechazada a causa de su aspecto físico–, ya le atormenta la idea de que la satisfacción del deseo de la yo-primera dominante significará siempre la frustración de la segunda y al revés.

En suma, hallamos en este cuento un ejemplo muy temprano de un tercer modelo de la discapacidad como una compleja experiencia encarnada. Fue sólo hace veinte años que Tobin Siebers (2008) lo introdujo por primera vez en el debate teórico, como «new realism of the body», a fin de complementar el modelo médico y social con una comprensión más fenomenológica de la vida con discapacidad.

Palacio ya aspiró a tal comprensión prestando su pluma a unas hermanas siamesas cuya propiocepción no se calla jamás, descreditando «[las] verdad[es] actual[es]» de la normalización médica y el rechazo social. Mientras que su cuerpo le hace sufrir bastante debido a un hostil mundo exterior, también se despliega en un campo de insospechadas potencialidades perceptivas, éticas y estéticas. Si esta narrativa repelió a un lector como Gallegos Lara, que pertenecía a la misma signatura política que Palacio, esto ya nos indica que se trataba de una contestación de normas que subyacían a las tendencias ideológicas. Sus experimentos formales no producían ningún juego de lenguaje gratuito, sino que no cesaban de remitir a la confrontadora corporalidad desordenada del sujeto. Así, la lectura sensorial nos hace tomar consciencia del hecho de que resulta insuficiente interpretar a los personajes «anormales» de Palacio como exteriorizaciones emblemáticas de la desconcertante mirada vanguardista –en el caso presente, del multiperspectivismo cubista por ejemplo–, o como meras metáforas para la «monstruosidad» calibanesca en las construcciones de la identidad latinoamericana (véase Antebi 2009: 49-78), por muy fructíferas que tales interpretaciones pudieran ser. El cuento de «La doble y única mujer» termina con la aparición de «una insistente comezón en mis labios de ella», que sigue agrandándose pero que el médico intenta neutralizar al hablar de «proliferación de células, de neo-formaciones» (Palacio 2006: 53). Ignoramos si esta «llaga» (53) es o no síntoma de una enfermedad (¿cáncer o sífilis?), pero marca en cualquier caso la permanente transformación dolorosa del sujeto encarnado, la transición imparable del yo al otro.

Cuerpos en movimiento: normalización como ley y disciplina

Después de haber explorado varios efectos sociales de la normalización corporal en los apartados anteriores, cabe concentrarnos en su dimensión política y jurídica, tal como hizo el mismo Palacio en su última novela, *Vida del ahorcado* (1932). A pesar de su brevedad, con no más de unos treinta capítulos cortos, este denso texto «lleno de carcajadas, de gesticulaciones, de penetración aguda, de niebla» emprendió una profunda reflexión acerca del autoritarismo creciente tanto en su propio país natal como en otras partes de América Latina y Europa en los años treinta (Carrión citado en Palacio 2006: 273). Ante todo llama la atención sobre –en términos foucaultianos– los instrumentos disciplinarios que se utilizan para efectuar las estructuras objetivas del poder al nivel subjetivo, transformando los cuerpos singulares en sujetos dóciles del Estado. En primera instancia, tal disciplina no se impone por la fuerza o la ley, sino por la apropiación íntima de las prácticas e ideas más cotidianas que remodelan al cuerpo en una herramienta funcional y feliz del Sistema. En las primeras páginas de la novela se observa el resultante movimiento mecanizado del cuerpo colectivo al ejecutar sus rituales domésticos, una vez terminada la jornada laboral:

> Ocurre que [los hombres] [...] aislándose en grandes cubos ad-hoc, después de hacer las tinieblas se desnudan, se estiran sobre sus propias espaldas, se cubren con mantas de colores y se quedan ahí sin pensamiento, inmóviles, ciegos, sordos y mudos. Ocurre también generalmente que estos mismos hombres, transcurrido ya cierto tiempo, de improviso se sienten vueltos a la vida y comienzan a moverse y a ver y a oír como desde lejos. Ya cerca, un mínimo número de esos mismos hombres introducen sus pellejos en agua, bufan, tiritan y silban. Luego ocultan todo su cuerpo en telas especiales, dejando fuera sólo sus aparatos más indispensables para ponerse en relación con sus vecinos y abandonan esos grandes cubos. (Palacio 2006: 91)

El tono sarcástico y la distancia casi fílmica de la narración hacen que la movilización irreflexiva de estos hombres sea expuesta en toda su desnudez. Aquí es sobre todo la arquitectura urbana de los cubos uniformes la que asegura el aislamiento de los individuos y obstruye formas más inventivas de interacción. Al demarcar las posibilidades hápticas el entorno edificado sirve para inscribir la regularidad requirida desde la perspectiva estatal hasta en los más plásticos esquemas cinestésicos, de tal modo que Andrés, narrador de la novela y también habitante de tal cubo, invita a todos sus compatriotas «a admirar la capacidad de este cubo de grandes muros lisos y desnudos, en donde todo lo que entra se alarga o se achica, se hincha o se estrecha, para adaptarse y colocarse en su justo sitio como obra de goma» (91-92). Para constituir el cuerpo político unido de un Estado-nación, afirma Erin Manning, resulta necesario que cada «cuerpo sensible en movimiento» no sólo se defina nítidamente en categorías como hombre/mujer, homo/heterosexual, ciudadano/refugiado, sano/enfermo, etcétera, sino además que se establezca físicamente dentro de las fronteras espaciales y temporales ya trazadas, ajustando su potencialidad imprevisible al sentido común: «Within state discourse, common sense is at stake, not the senses» (2007: xv). En *Vida del ahorcado* aprendemos por ejemplo que este sentido común debería inspirar a cada padre orgulloso a predecirle el siguiente futuro a su niño en pañales: «Tú, cosilla mía, llegarás a ser un patriota heroico, o por lo menos ¡un patriota!» (Palacio 2006: 115).

La ironía persistente de Andrés es una clara prueba de sus sentimientos rebeldes dentro de ese Sistema sofocante, pero al principio no tienen ninguna consecuencia tangible. Es verdad que sueña con pronunciar discursos incendiarios en los que reprocharía a los demás ciudadanos su actitud resignada de animales encadenados – «Los unos tienen atado el hocico, los otros las garras, los otros la cola» (115)–, pero en realidad estas palabras sediciosas sólo retumban entre las cuatro paredes del cubo. Igual que sus compatriotas, él no es nada más que «un muerto mojigato» (113) a quien le asusta salir, actuar, moverse fuera de las fronteras normales: «Tengo miedo del campo; el límite, el límite es lo mío» (107). Sin embargo, se da cuenta de que el poder nunca se ejerce desde arriba o desde un centro abstracto, sino siempre a través de los individuos que son sus agentes y/o sus víctimas, en dependencia del papel que les toque desempeñar dentro de su compleja red relacional. Dirigiéndose a su «camarada burgués», Andrés pregunta con desdén: «estás delante del poderoso, ¿por qué tiemblas? Todo poder viene de ti» (93). Pero esta participación corporal en las estructuras del poder y su normalización colectiva también indica que se pueden crear relaciones y configuraciones alternativas, subversivas quizá, entre los cuerpos. En su novedoso libro, el ya citado *Politics of touch*, Erin Manning hace hincapié en que «el cuerpo en movimiento» nunca se deja controlar por completo, de tal modo que al alcanzar al otro en amistad, danza, lucha u otras interacciones, es capaz de arrancar un proceso de desconocidas trasformaciones mutuas:

> Such a reaching-toward can only be considered a politics (in the proper sense of politics, that is, politics as an encounter with the unknowable) when it is carried out in an indeterminacy that is inseparable from the bodies in motion. I can only touch you in friendship when I allow my body to create a space-time for that friendship by moving indeterminately toward you. In friendship, my body is in passage. (2007: 24)

La índole recíproca del tacto hace que, más que cualquier otro sentido, logre abrir esta zona intersubjetiva de indeterminación, lo cual sucede efectivamente cuando Andrés se enamora de una chica llamada Ana. A veces al protagonista le entra pánico, tan pronto como este amor resulta atentar contra su autonomía personal: «No me toques. ¿Qué derecho tienes para tocarme? Mi piel es mía. Somos extraños el uno al otro y de repente estás tú aquí, atisbándome, violando mi intimidad, turbándome» (Palacio 2006: 108). A través del tacto, en este caso las caricias de su amante, Andrés es gradualmente sacado del encarcelamiento en sí mismo, de su propio cubo, de tal manera que el mundo va perdiendo su aspecto familiar y ordenado.

Juntos exploran el inmenso campo, las montañas imponentes que estando solo él había temido tanto: «¿Recuerdas cómo era de noche esa cosa grande, callada, oscura e impenetrable? [...] Sólo aquí dentro de estas cuatro paredes, somos tú Ana y yo Andrés: allá éramos unos gusanillos» (107). Otro momento de transición decisivo ocurre cuando su vecino Bernardo, con quien ha entablado una amistad duradera, cae gravemente enfermo y pide a Andrés que le deje morir tranquilamente sin intervenir para salvarlo (112). En ambos casos se trata de una concepción inesperada de relaciones fundamentales: mientras el amor invita a emprender un viaje de desorientación compartida, la amistad puede incluir la aceptación de la muerte como liberación. Moviéndose con el otro el sujeto logra, en ocasiones imprevisibles, reinventarse y articular colectividades políticas aún inexistentes. Así, en un parque Andrés imagina escuchar una reunión de los árboles que están en plena preparación de una rebelión contra su parálisis arraigada. Dice uno de los conspiradores verdes: «¿No es verdad que estáis desvirtuando el verdadero sentido del movimiento? [...] ¿En dónde está la raíz del mal? ¿Por qué estamos aquí? Estamos aquí en calidad de árboles. Destruid esta calidad y habréis renovado vuestra condición de seres libres» (110).

Mientras tanto, a las autoridades siempre les parece muy sospechosa una movilidad tan «anormal» de sus ciudadanos. Entonces se recurre a los instrumentos disciplinarios más rigurosos del Estado, la violencia política y jurídica, para inmovilizar temporalmente o para siempre a los elementos supuestamente subversivos. Es inevitable que, una noche, «los señores agentes del orden público» (116) llamen a la puerta de Andrés para detenerlo y encerrarlo luego en un cubo semejante al suyo como dos gotas de agua: «La sociedad escandalizada, como un solo hombre ha venido a pedir castigo ejemplarizador contra el culpable» (118), declara el fiscal el día después. De hecho, durante la audiencia –según María del Carmen Fernández, inspirada en una farsa judicial real en la que Palacio como jurista había tenido que participar (citado en Palacio 2006: 346)– el tribunal le hace acusiones muy vagas sin sostenerlas con la menor prueba. Lo esencial es que las «entrañas» del cuerpo político nacional son purificadas de «parásitos venenosos que tienden a propagar su ponzoña, con perjuicio de la armónica estabilidad social» (121).

Finalmente, por una petición unánime del público, se decide ahorcar al acusado, una pena que ya no figura en el código penal, pero esto no tiene ninguna relevancia en un caso excepcional como éste. Ya que, tal como explica un experto presente en la sala, tan pronto como el ciudadano suprima «la prestación lógica de respeto y adhesión [...] al organismo [social], [...] este ciudadano habrá perdido todo derecho al reclamo de garantía [de protección], se habrá colocado fuera de la ley; sólo protege a los suyos» (122). He aquí la estructura paradójica del poder soberano que Giorgio Agamben analiza tan lúcidamente en *Homo sacer* (1998: 18): semejante a cualquier ley, la soberanía se establece y se mantiene al incluir lo que excluye –la excepción–, pero lo puede hacer por medio de la decisión extrema según la cual todo el sistema jurídico ya no se aplica a cierto caso excepcional. Si tal suspensión del sistema jurídico –el estado de excepción– adquiere el estatuto de regla, lo cual suele suceder en regímenes autoritarios como el descrito en *Vida del ahorcado*, es evidente que todo tipo de violencia contra «la nuda vida» (Agamben) o «el cuerpo sensible en movimiento» (Manning) puede ser políticamente justificado. Igual que cualquier disidente, Andrés ya está condenado de antemano. Y efectivamente, cuando esa misma tarde los hombres de Seguridad irrumpen en «el sitio de costumbre», o sea, el cubo, constatan con satisfacción que «ahí estaba el hombre ahorcado. Ahorcado con un alambre, en el centro de su viejo cubo, colgante como una lámpara» (Palacio 2006: 124).

Pero ¿es este hombre ahorcado el mismo Andrés? Sí y no, y de ahí el título casi oximorónico de la novela: al colocarlo fuera de la ley el discurso oficial ya lo identificó como un elemento eliminable, un significado muerto, pero incluso con la ejecución realizada se le seguirá escapando el flujo vital de significación que ese cuerpo ha puesto en marcha al tocar y moverse con otros. Andrés sigue circulando como imparable significante parásito dentro del rígido pensamiento lineal del Estado, renaciendo cada vez por el humor y la ironía recurrente, las abundantes imágenes de metamorfosis —como la rebelión de los árboles— y la forma circular de la novela. En este sentido, su estructura fragmentada, compuesta de capítulos que al parecer están ordenados arbitrariamente, sólo admite la clausura cíclica y regeneradora del deseo de tocar, ya reflejada en la circularidad del nombre Ana. Así rezan las últimas líneas del texto: «Esta historia pasa de aquí a su comienzo [...]; sigue a través de estas mismas páginas, y cuando llega de nuevo aquí, de nuevo empieza allá...» (125).

Como conclusión quisiera recordar que, en un precioso ensayo, la novelista argentina Luisa Valenzuela señala un vínculo íntimo entre los movimientos no disciplinados —los de los niños o los de activistas clandestinos bajo dictaduras— y el acto voluptuoso de escribir en que el cuerpo está enteramente involucrado, distiguiendo en ambos «un intento de desatar hasta el más imperceptible, el más diminuto de los nudos con los cuales se estaba tejiendo a nuestro alrededor una red de dominación». Este tipo de escritura que Valenzuela califica de «"política", en el sentido más profundo» (2003: 25), la hemos descubierto en toda la obra de Pablo Palacio. Su escritura se desarrolló no tanto en concordancia con un específico programa ideológico o estético, sino en contra de la (violenta) normalización sistemática del cuerpo humano y la concepción funcional y racionalizada de la subjetividad que esta normalización conlleva. Con distancia irónica y desde varios ángulos distintos, su obra nos muestra la gran variedad de instrumentos (arquitectónicos, médicos, jurídicos, etcétera) que empleamos para subjetivizarnos en concordancia con la imagen normativa. Sin pretender llegar a una utópica libertad corporal —¿cómo y dónde podría ésta existir?—, sus textos van subvirtiendo las normas que restringen la manera de cada uno/a de moverse, amar, sufrir, percibir o existir en el mundo. Así, paso a paso, como a tientas, su escritura autorreflexiva avanza hacia la articulación de una subjetividad alternativa intensamente sensual, en eterno tránsito receptivo ante la otredad dolorosa en sí mismo, ese «entre mí» que bien se abre como un abismo, bien se estrecha como un puente, para alcanzar a otro sujeto encarnado. Es cierto que, sobre este puente sin retorno, uno/a siempre podrá tratar a la persona desconocida con quien se encuentra a puntapiés o de «monstruo», pero sólo al ofrecerle la mano llegue tal vez al otro lado.

Bibliografía

Agamben, Giorgio (1998): *Homo sacer: sovereign power and bare life*. Stanford: Stanford University Press.
Antebi, Susan (2009): *Carnal inscriptions: Spanish American narratives of corporeal difference and disability*. New York: Palgrave / Macmillan.
Classen, Constance (ed.) (2005): *The book of touch*. Oxford: Berg.
Davis, Lennard J. (1995): *Enforcing normalcy: disability, deafness and the body*. London: Verso.
Devos, Piet (2014): «Touched by surrealism: reflections on a new sensory approach to literature». En *Relief* 8 (2): 62-77.
Gibson, James (1968): *The senses considered as perceptual systems*. London: George Allen & Unwin.
Holler, Linda (2002): *Erotic morality: the role of touch in moral agency*. New Brunswick: Rutgers University Press.
Howes, David (2013): «The expanding field of sensory studies». En Centre for sensory studies, Concordia University Montreal (August): <http://www.sensorystudies.org/sensorial-investigations/the-expanding-field-of-sensory-studies/>.
Manning, Erin (2007): *Politics of touch: sense, movement, sovereignty*. Minneapolis: University of Minnesota Press.

Montero, Barbara (2006): «Proprioception as an aesthetic sense». En *The journal of aesthetics and art criticism* 64 (2): 231-242.
Ortega Caicedo, Alicia (2010): «Pablo Palacio: descrédito de la realidad, bolo suburbano y escritura». En *Guaraguao* 14 (3): 133-154.
Ostrov, Andréa (2008): «El otro, el mismo. La construccion de la alteridad en los cuentos de Pablo Palacio». En *Hispamérica* 37 (111): 117-122.
Oviedo, José Miguel (2007): *La historia de la literatura hispanoamericana 3: postmodernismo, vanguardia, regionalismo.* Madrid: Alianza.
Palacio, Pablo (2006): *Obras completas.* Quito: Universidad Alfredo Pérez Guerrero.
Paterson, Mark (2007): *The senses of touch: haptics, affects, technologies.* Oxford: Berg.
Rodaway, Paul (1994): *Sensuous geographies: body, sense and place.* London: Routledge.
Sarduy, Severo (1969): *Escritos sobre un cuerpo: ensayos de crítica.* Buenos Aires: Sudamericana.
Shildrick, Margrit (2002): *Embodying the monster: encounters with the vulnerable self.* London: Sage Publications.
Siebers, Tobin (2008): *Disability theory.* Ann Arbor: The University of Michigan Press.
Thompson, Rosemarie Garland (ed.) (1996): *Freakery: Cultural spectacles of the extraordinary body.* New York: New York University Press.
Valenzuela, Luisa (2003): «Escribir con el cuerpo». En de Mora Valcárcel, Carmen & García Morales, Alfonso (eds.): *Escribir el cuerpo: 19 asedios desde la literatura hispanoamericana.* Sevilla: Universidad de Sevilla, 21-30.
Villela Cortes, Fabiola & Linares Salgado, Jorge E. (2011): «Eugenesia: Un análisis histórico y una posible propuesta». En *Acta bioeth.* 17 (2): 189-197.

iv. Entre lo propio y lo impropio

El cuerpo machacado
Una lectura actual de la novela *La carne de René*

Lizabel Mónica
Princeton University

La novela *La carne de René* cuenta la historia de un joven que al llegar a la edad adulta, y siguiendo una convención social, es obligado por su familia a enfrentar la «batalla de la carne». Esta batalla consiste en un ciclo practicado por dos grupos antagónicos que se alternan los roles de perseguidor y perseguido. La contienda obra trata principalmente sobre el cuerpo, y particularmente sobre la carne. Adversarios y amigos usan su carne como campo de batalla y territorio de obstinada negociación. A la manera que quisiera el Marqués de Sade, el instinto corporal prima en la vida de estos hombres. Un instinto guiado por impulsos sadomasoquistas y el imperio de la unión entre dolor y goce sacrificial.

En las líneas que siguen realizaré una lectura posthumanista de la novela de Virgilio Piñera, leyéndola en tanto relato que versa sobre la materialidad intrascendente del sujeto en la sociedad contemporánea. Con el objetivo de incorporar en el análisis algunas de las fases del proceso de producción literaria previas a la publicación del texto, en la elaboración de este ensayo he consultado, además de los escritos publicados de Piñera, borradores y documentos personales del autor.

Este estudio comprende tres secciones. La primera está dedicada a demostrar la pertinencia de una lectura biográfica de la obra de Piñera, y a proponer una metodología de lectura, sugerida por el propio autor en sus textos. En la segunda exploro el conflicto de René, el personaje protagónico de la novela, quien se debate entre el rechazo a la primacía de la carne y su deseo de trascendencia. Por último, en la tercera sección analizo brevemente la subjetividad normativa de quienes están al servicio de la carne, subjetividad a la que René termina por ceder.

Vestirse de Virgilio Piñera

Thomas F. Anderson (2006) ha desarrollado una tesis de lectura para *La carne de René* a partir de motivos extraídos de la vida de su autor. A pesar de no concordar con la lectura de Anderson, quien toma la novela como una crítica a la Iglesia Católica, considero que es un acierto la mirada biográfica. El análisis de otros textos de Piñera permite asegurar que el escritor cubano consideraba la mirada biográfica como un protocolo de lectura deseado. Como sugiere Piñera en otros escritos que analizaremos a continuación, a partir de este protocolo de lectura es posible articular una visión del texto que sirva a propósitos contemporáneos —lo que Piñera denomina una lectura *actual*—. Dicha lectura, según Piñera, depende de la fusión creativa entre lectura biográfica y texto literario.

En 1955, Virgilio Piñera escribe un homenaje a su recién fallecido amigo, el poeta Emilio Ballagas. El texto aparece en la revista *Ciclón* y resulta, a la vez que un homenaje, una respuesta a un escrito anterior de Cintio Vitier. En el texto de Vitier, escribe Piñera, no se hace sino enturbiar la experiencia vital del poeta en pos de una «envilecida mistificación» (Piñera 1955: 43). Para Piñera, ocultar datos biográficos de envergadura como la homosexualidad de Ballagas o las angustias familiares que inspiraron sus poemas no es la manera pertinente de acercarse a su obra:

> Rechazo esa pureza que mancha de blanco hasta dejar sin rostro alguno al poeta [...]. Sus amigos olvidan que la mitad de toda pureza

es impureza, lucha, espanto, tinieblas y horror. No veo en razón de qué sacrosantas leyes tengo yo que hablar páginas y páginas de un Ballagas que ya no sería Ballagas sino su envilecida mistificación. No veo por qué tenga yo que envilecerme y prostituir mi pluma ocultando más y más en sus trazos la verdadera personalidad de este poeta. (Piñera 1955: 43)

Piñera no sólo considera útil la lectura biográfica, sino que cree oportuno colocar un «rostro» y una «personalidad» a la obra del poeta. Estos atributos personales y biográficos ayudarían en la operación de separar al artefacto literario de su contexto inmediato. El valor de un obra reside precisamente en «ese imponderable que espera todo lector» y que Piñera denomina la *sorpresa literaria* (1955: 43). La supervivencia de un texto descansa para Piñera en su capacidad de sobrevivir un contexto específico, y en su destreza para articularse en nuevas circunstancias históricas. De ahí que una lectura que constriña la obra a la biografía del autor es una lectura que no hace justicia a lo que se empeña en ser, sobre todo, «razón literaria», «invención». El secreto de un autor como Kafka, escribe Piñera, radica en que al interior de su obra «ficción e invención adquieren proporciones infinitas, de modo tal que las cargas de actualidad se hacen también ficción e invención» (1955: 44).

En el texto «Terribilia Meditans», publicado en el primer número de su revista *Poeta*, en 1942, Piñera desarrolla este argumento con mayor claridad, y al ser un editorial con tono de manifiesto, lo hace de una manera programática. De dicho texto es posible extraer la síntesis: texto-literario-actual=biografía+invención+nueva-biografía (Piñera 1974). A diferencia de lo que pudiera pensarse, el factor temporal no es irrelevante en esta ecuación que incluye tanto consideraciones biográficas como ficcionales. El texto ha de ser capaz no sólo de trascenderse a sí mismo, sino de re-crear la biografía del autor. Así puede verse en el poema «Las siete en punto», de 1969. En este texto el poeta narra su pasado, presente y futuro mediante la confrontación con imágenes de sí mismo en el contexto del hogar, mientras se arregla para acudir a un encuentro que termina siendo, a un tiempo, el final del poema, la muerte del poeta y el enfrentamiento al público lector.

El público o los espectadores que aparecen al final del poema lo hacen desde la figura del fotógrafo. En el contexto del poema, este fotógrafo es casi un *paparazzi*. Piñera escribe: «Ahora ya me posé. Que entren los fotógrafos». Esta entrada al hogar, donde hasta el momento se había descrito la intimidad del poeta con sus objetos cotidianos y la contemplación de diferentes etapas de su vida, implica de alguna manera un acto de agresión. También, pudiera representar «el juicio» que Hannah Arendt (1958) considera tiene lugar tras la muerte de quien obra. La *acción* de una persona en la *polis*, según Arendt, no puede ser medida por sus contemporáneos, sino por generaciones posteriores, a través de figuras como la del historiador y el poeta. Si la acción repercute en su entorno (y es importante recalcar aquí que para Arendt la *praxis* o acción era indisoluble de la *lexis* o discurso), entonces la persona que dio lugar a la acción experimentará un «segundo nacimiento» (Arendt 1958: 176-177). Sabemos que Piñera (1945: 44) leyó a Arendt porque así lo atestigua su escrito sobre Franz Kafka, en donde menciona a la autora de origen alemán como fuente crítica principal para la lectura de la obra del autor nacido en Bohemia.

Pero sin dudas el texto más notable para el caso que nos ocupa es el manuscrito de las palabras de presentación a la novela *La carne de René*, palabras que nunca llegaron a ser pronunciadas en público. El comienzo del texto ya devela la imbricación entre biografía y ficción: «La carne de René ha tenido la terrible virtud de dejar maltrecha la carne de Virgilio Piñera: maltrecha, y, además, plena de sobresalto, angustia y melancolía» (Piñera 1952). Más adelante dice: «he escrito este libro con telas de mi propia carne», y alude al aislamiento en las que vivió los dos años que empleó en la escritura del libro. Durante este tiempo, ha estado «sumergido en la deletérea indiferencia de mis compatriotas», y luego, cuando «llevado por las aguas del destino» llegara «arrastrándome hasta Buenos Aires», nuevos compatriotas, «no menos odiosos que los dejados allá en Cuba», le hicieron sentirse igualmente miserable. En las páginas manuscritas Piñera se dirige a sus amigos, quienes han confiado en él y le han ayudado en la empresa de publicar la obra. En el escrito los insulta, pero también les agradece:

> Pero antes de entrar en [*ilegible*] tan calmante, voy, con los últimos chispazos del gran incendio a agradecer, testimoniar, ____ a los que, de un modo u otro, se vistieron de con el mismo ropaje de Virgilio Piñera y entonaron la lira de la Carne de René: [...] para tratar de publicar el libro, pues me veía tan abatido que hasta temía por mi propia existencia. (Piñera 1952)

La imagen de los amigos vistiéndose con los ropajes de Piñera y cantando, o sea, recreando o interpretando la novela, permite reflexionar acerca de las expectativas de Piñera para con su lector. El *lector implícito* de Piñera parece apuntar hacia una persona capaz de *ponerse en la piel* del autor, de *encarnarlo*, y de alguna manera, de representar nuevamente desde la apropiación la obra recibida. Este movimiento circular que subvierte los roles de autor y lector implica que la lectura de la obra es inseparable del «ropaje de Virgilio Piñera». No existe, por tanto, *La carne de René* sin que esta sea percibida desde la asunción de tal ropaje, o dicho en otras palabras, desde la *encarnación* de la figura de su autor.

El uso del término *encarne* para describir este gesto autoral no es arbitrario. En la obra de teatro «El encarne» (1969), Piñera (véase 2002: 561 y ss.) narra el acto de rebeldía de los personajes de una obra teatral hacia su director de escena. La consigna de los rebeldes es «encarna tu papel», y estos pretenden nada menos que apropiarse de por vida de roles específicos, negándose a representar una obra que consideran de escasa calidad estética. En el texto, la frase que es usada para explicar lo que significa *encarnar* es la de «ponerse el traje» de su rol de preferencia:

MEFISTÓFELES. (*Se sitúa entre el Director y los actores.*) ¿Quieres saber una...cosa?
DIRECTOR. ¿Qué cosa?
MEFISTÓFELES. Pues que nos hemos puesto estos trajes para toda la vida. (Piñera 2002: 558)

En el poema «Las siete en punto» (1969), el sujeto lírico narra en primera persona cómo se prepara para una cita. El texto revela que dicha cita es el encuentro con un público «fotógrafo» por un lado, y por otro, con el futuro del sujeto lírico. El poema viaja al pasado y al presente superponiendo diferentes periodos de tiempo mediante la presencia, en el espacio doméstico donde este hombre se prepara para salir, de numerosos dobles que representan alternativamente su juventud o su vejez. En el siguiente fragmento comparo una versión mecanuscrita e inédita con la versión final y publicada del poema (los tachados corresponden a frases eliminadas mientras que las negritas refieren adiciones posteriores). El fragmento permite comprobar como «el vestirse» equivale al *encarnar* una identidad:

Encima de la cómoda hay una foto:
soy yo en el ~~28~~ **veintiocho** en una playa.
¿Cómo estás tú? –le digo al personaje–
¿Fría el agua? Pero él no me responde,
~~estoy seguro que no me reconoce,~~
entre el cielo y el mar se tiene ausente;
le digo que se acerca el postrer viaje,
que se vaya vistiendo, que es inútil
seguir en esa playa imaginaria.
Pero él se queda en la fotografía.
Las cinco y veinte. Ahora la corbata.
~~Los dos iguales~~ **Ante el espejo los dos somos iguales**
mientras me hago el nudo (Mónica 2013)

No obstante, también vemos que la identidad *encarnada* mediante el vestirse sigue siendo *otra* para el autor, quien lo explicita así con la frase «Los dos iguales», para remarcar a un tiempo la semejanza y el conflicto subyacente en la visión especular[1]. Por otro lado, el verso eliminado en la versión final del poema «estoy seguro que no me reconoce» para referirse a su imagen de juventud en la fotografía, opera por contraste para establecer la diferencia entre *encarnar* una identidad («ser iguales» ante el espejo) y ser «un personaje», denomi-

---

[1] Anderson lee la descripción física de René como el cuadro de un afeminado, y por tanto, como una alusión explícita a la orientación homosexual del personaje (2006: 184). Aunque la lectura homosexual no debe ser descartada si leemos a Piñera según los códigos que él mismo utilizó para comentar la obra de Ballagas, la descripción escrita por Piñera puede ser atribuida a cualquiera de las figuras masculinas estereotípicas de la cultura popular de la época. Del mismo modo que Tom of Finland, cuyos dibujos son contemporáneos a *La carne de René*, Piñera parece cuestionar en su novela la identidad masculina dominante sin usar un negativo especular. La fisonomía del personaje de René en la novela de Virgilio Piñera no se aparta del patrón masculino, sino que lo recrea, mostrando atributos de belleza perfectamente reconocibles dentro del modelo de masculinidad por entonces vigente. Si los dibujos de Tom of Finland adoptaron como modelos a hombres de la clase media o alta, para luego mudar a representaciones de motociclistas, soldados y trabajadores de la construcción (Ramakers 2001), la fisonomía de René en la novela de Piñera coincide con aquella que puede ser hecha igualmente de Marlon Brando, Elvis Presley, y otras figuras de la cultura popular de entonces que formaban parte del imaginario colectivo como estereotipos de belleza masculina: «cuerpo cultivado, piel intacta, uñas pulidas, cabellera abundante y rizada» (67). Pero la industria de cine norteamericano de entonces, que comenzaba a ser omnipresente en las salas de proyección latinoamericanas, no era la única influencia presente en la época. Está también el caso del cine mexicano, cuya industria ganaba espacios a la par del norteamericano frente a otras industrias locales débiles o inexistentes. Actores mexicanos sumamente conocidos en Latinoamérica como Jorge Negrete, Pedro Infante y Tito Guízar concuerdan igualmente con la descripción de René. Estos eran, a la par de actores norteamericanos como Guy Madison, figuras de transición para imágenes como las de James Stewart, Cary Grant y Humphrey Bogart, quienes habían dominado las pantallas durante la década del cuarenta, en pos de nuevos modelos de conducta impulsados por actores como Paul Newman y Marlon Brando.

nación con la que bautiza a su imagen juvenil. Los versos «le digo que se acerca el postrer viaje / que se vaya vistiendo / que es inútil seguir en esa playa imaginaria» invitan a efectuar la *encarnación*, otra vez, mediante el vestirse, encarnación que llevaría al poeta a enfrentar a sus lectores- *paparazzi*, y trasladar el texto a su lectura *actual*.

Via crucis pro carne

> The destiny of the individual soul has lost much of its grandeur. In the past, the human being was not doomed to be merely what he is. God and Satan wrestled over him. In the past, we were important enough to have a battle fought over our souls. Today, our salvation is our own affair.
>
> Jean Baudrillard (1996: 47)

Parece haber un consenso entre los críticos acerca de la idea de que resistir es una de las claves para leer la obra del autor de *La carne de René* (Eichenbronner 2010: 4). Pero el conflicto del personaje no parece ser el de clamar por una orientación sexual que desafíe la norma. Por el contrario, es lugar común en la obra la pulsión homoerótica en situaciones y entornos que van desde la relación de visos incestuosos con el padre en el hogar, hasta la Escuela del Dolor. En el capítulo séptimo, que comparte el título con la novela, se lleva a la cúspide la expresión del deseo homosexual en la escena orgiástica donde alumnos, predicador y director se dan a la tarea de ablandar la carne del protagonista con sus lenguas[2]. Por

---

[2] En los años posteriores a la Segunda Guerra Mundial los patrones de masculinidad comenzaron a dar muestras de la necesidad de una identidad flexible, que aceptara alternativas ante un imposible regreso inmediato a las costumbres tradicionales. Mark Moss (2012) estudia la manera en que Jackson Pollock y

otro lado, la resistencia de René se manifiesta en estas escenas con similar intensidad a la que caracteriza los encuentros a solas con el personaje femenino de Dalia[3]. Podría decirse que el joven René, en

---

Ernest Hemingway fueron estereotipados según una nueva forma de masculinidad, impulsada en gran medida por los medios, y específicamente por la influyente revista *Life*. Pollock, el pintor, y Hemingway, el escritor, se representaban como hombres atractivos, fuertes, y con atributos semejantes a los de los soldados que recién regresaban de las trincheras: «[...] alternative male role models started to come into begin [...] from the innocuous father to the beatnik to the rebel [...] maleness and masculinity were defined by rejecting bourgeois values and embracing alternative lifestyle choices [...] as diverse as the motorcycle gang member, the hot-roader, or the man who rejects the city for the country» (Moss 2012: 87). La nueva figura, contando con la inconformidad de aquellos jóvenes que debían deponer las armas e integrarse nuevamente a la sociedad civil, adicionaba cierto carácter aventurero a la identidad consensuada. Dicha identidad había sido puesta en crisis desde el periodo anterior a la guerra, en los tiempos de la Gran Depresión, cuando los valores tradicionales necesitaron ser canjeados por valores menos arquetípicos. Al decir de Moss, la Gran Depresión «had pummeled male initiative, enterprise and ego» (2012: 88). Dos imágenes surgen después de la Segunda Guerra Mundial que se convierten en iconos masculinos de la década del cincuenta: el hombre solitario (detectives, cowboys, soldados o superhéroes se hicieron sumamente populares) y la figura del hombre familiar, con el hogar como centro, que es a un tiempo abnegado proveedor, esposo y padre (Moss 2012: 86-90). La última imagen recrea cierta economía propagandística de posguerra, ya en época de la Guerra Fría, y que Elaine Tyler May asocia con la necesidad de mantener una estructura doméstica combativa ante la posible «subversión interna». Pero esto, dice Moss, lejos de develar los sentimientos se sentía el hombre promedio norteamericano era más bien una proyección. Otra era la percepción popular acerca del lugar del ente masculino en la sociedad: «Men were often not too happy to be home [...] discontented and disgruntled and dreamed of getting out –both literally and figuratively». De ahí que apareciera en los años cincuenta una cultura «specifically oriented towards men, a form of nascent guy culture that was beginning to be enormously popular in the 1950s» (Moss 2012: 90).

[3] La visión de Anderson acerca de Dalia como quien ocupa un rol masculino dentro de la novela por subvertir «the stereotypical image of the submissive and vulnerable Latin American woman» (2006: 186) es igualmente distorsionada si prestamos atención al contexto latinoamericano de los años que gestaron y

una exploración que ocupa el periodo en que transcurre la novela, pasa por iniciaciones de diversa índole mientras le consume una preocupación de mayores proporciones. Dalia y la Escuela del dolor son para René dos caras de la misma moneda: «Ninguna diferencia había entre la horrible carne de Cochón, lamiendo la endurecida de René, y la perfumada de Dalia, en actitud de dulce gladiadora que estudia el golpe definitivo que dar a su adversario» (Piñera 2000: 99). El problema para René en lo que respecta a ambas instancias

---

vieron emerger la obra de Piñera. La mujer latinoamericana visible en la esfera pública de los años cuarenta y cincuenta en la parte sur del hemisferio no era ni tan «vulnerable» ni tan «sumisa». En el caso de Cuba, gestos como el de la actriz y vedette María de los Ángeles Santana, quien tuvo la osadía de montarse en una Harley Davidson y pasearse a toda velocidad por el malecón habanero en 1942 desmienten esta imagen. En el ámbito de las luchas por la igualdad de género en la primera mitad del siglo XX, Cuba había sido pionera en el hemisferio desde fechas tan tempranas como la primera década del siglo. En 1923, Cuba llevó a cabo el Primer Congreso Nacional de Mujeres latinoamericano, mientras que en en el campo jurídico pujaba por asegurar la independencia femenina para los efectos de la vida civil. Leyes como la de Patria Potestad (1917), la Ley del Divorcio (1918) y el Sufragio Femenino (1934) fueron establecidas antes de los años cuarenta. Entre 1936 y 1944, mujeres en edad adulta habían alcanzado los siguientes cargos: alcaldesas (3), representantes (15), concejales (2) y senadoras (2). Por otro lado, la existencia de varias organizaciones femeninas fundadas desde la primera década del siglo XX permitieron que, llegada la hora de redactar la célebre Constitución del 1940, las mujeres obtuvieran legalmente derechos fundamentales: el artículo cuarto de la Constitución estableció la igualdad independiente de la raza, clase o sexo; el artículo cuarenta y tres otorgó el derecho de la mujer casada a la vida civil sin que necesitase la licencia o autorización marital para regir sus bienes, ejercer libre el comercio, la industria, cualquier profesión o arte, así como de disponer del producto de su trabajo; en el artículo sexto se planteó que la ley regulaba la protección de la maternidad obrera. En el caso de Argentina, país donde Piñera residía mientras escribía *La carne de René*, la moción para el voto femenino había sido archivada y discutida durante varios periodos históricos desde que fuera propuesta al parlamento en 1911 por el diputado socialista Alfredo Palacios. A diferencia de Cuba, en Argentina la mujer obtuvo la igualdad legal en 1926 gracias a la Ley 11.357, pero esta no incluía la Patria potestad o el derecho al voto. A

es «el ultraje infligido». René es «alguien que no se compadecía de su carne como tal» (2000: 63). Lo que preocupa al protagonista es la ausencia de una idea asociada a la carne que la trascienda en su materialidad. Es la aceptación de esta mera materialidad a lo que René se resiste cuando asevera que a través de «dos vías antitéticas como dolor y placer» se llega «a una desoladora verdad única». La verdad de que la carne es el «motor de la vida»: «Sin la carne no había vida posible» (2000: 63). Es pues, la mortalidad, una de las razones que produce la angustia de René.

Volvamos a la obra de teatro «El encarne», de 1969. En ella, el director de escena dice a sus rebeldes personajes que «nadie puede vivir desencarnado»: «Te desencarnaste, te moriste» (Piñera 2002: 560). Es por esta razón que la carne de René, que se resiste a su mortalidad intrascendente, en la escena de la carnicería que

---

pesar de la pujanza durante la década del treinta a través del Partido Socialista, la Unión de Mujeres Argentinas y figuras como Susana Larguía y Victoria Ocampo, el sufragio femenino no tuvo lugar hasta la llegada de Eva Perón al poder. No obstante, es precisamente en 1947 cuando Eva Perón, en la cúspide de lo que los historiadores reconocen como el auge del peronismo (1943-1955), anuncia por los altavoces el voto femenino con una voz ya habitual y popular en la Argentina. Una figura como la de Eva Perón, sumamente visible, aunque problemática en sus declaraciones sobre género, no puede haber pasado desapercibida para Piñera en su estadio argentino de 1946 a 1958. La Dalia de *La carne de René*, pudiera decirse, tiene algo de las mujeres que aparecen en la escena latinoamericana de la época: tiene algo de la *vedette* cubana María de los Ángeles Santana; algo de la actriz Eva Duarte devenida personaje político de intenso rostro y discurso femeninos que fuera Eva Perón; y también algo de la imagen de «las rumberas» que los medios de difusión de la década del cuarenta difundieran ampliamente, a partir del éxito del inaugural largometraje *Siboney* (1938). *Siboney*, protagonizado por la cubana Maria Antonieta Pons -quien hiciera carrera como actriz en México durante el llamado Periodo de Oro del cine mexicano-, fue la primera de una serie de películas que hasta la década del cincuenta permitieron la visibilidad de un prototipo femenino que difería de aquel de la mujer hogareña subordinada a la cabeza de familia masculina.

abre el relato se muestra a los ojos de Dalia como carne de «víctima propiciatoria»:

> Cuando por vez primera sus ojos vieron la carne de René, experimentó la desagradable y angustiosa sensación de que esa carne estaba a dos dedos de ser atropellada por un camión, que se hallaba intacta de puro milagro, y tan sólo faltaban unos minutos para que algo demoledor se le echara encima aniquilándola. (Piñera 2000: 7)

El personaje de René no *encarna* hasta el final de la obra. Un signo de este tránsito es el diálogo que en las últimas páginas de la novela sostiene el protagonista con Dalia y Powlavski, en el cual este último le confiesa: «Al presente es usted de carne», para luego agregar: «Meses atrás estaba hecho de unas cuantas idioteces que no tengo por qué enumerar». En la misma escena, Powlavski explica a René cuáles son las opciones para con su carne: «Si usted habita un mundo carnal, sea carnal y se salvará. Pero si cree habitar un mundo poblado por hadas, entonces se condenará» (2000: 159).

El Evangelio de la carne, que Dalia cita en este diálogo final, implica que no existe otro propósito que satisfacer las demandas de la carne: «el llamado de la carne es impostergable» (159). Como han notado varios autores, entre ellos Anderson, la palabra carne se utiliza indistintamente para hacer referencia al cuerpo humano o animal y para aludir a «la esencia del individuo» (2006: 181). Excepto que no parece haber tal «esencia» en la obra de Piñera. Como en Sade, el cuerpo es el que siente, resemblando las teorías de Jean-Luc Nancy que establece una unión entre lo que llamamos alma y la mera experiencia corporal. En Sade, Justine nos dice: «I am not aware of having a soul... it is the body which feels, which thinks, which judges, which suffers, which enjoys» (Anderson 2006: 163).

Las 120 jornadas de Sodoma, de Sade, son introducidas por Virgilio Piñera en el primer número de la revista *Ciclón*, en 1952. En el mismo número de la revista, aparece una reseña de José Rodríguez Feo a *La carne de René*. La convivencia de ambos textos no es casual. En *La carne de René* se insiste a lo largo del texto en que no hay otra realidad que la de la carne: «sólo hay el choque de una carne con otra carne» (2000: 148). Esto hace explícita la adhesión de la novela de Piñera a esa certeza, descrita por el personaje de Sade, de que es el cuerpo quien *siente*, juzga o sufre. Tal cual lo leemos en el intercambio final entre René, Dalia y Powlavsky en *La carne de René*:

> −No comprendo. ¿Acaso estoy en peligro?
> −Ya lo ve, Powlavski, se asustó. Tiene la carne muy sensible −lo estrechó contra su pecho−. No tema, no hay ningún peligro. (2000: 159)

En este pasaje la carne es la que se asusta y se sensibiliza. No hay espíritu, alma o vida sensible fuera del ámbito de la carne. La lectura de Anderson, sin embargo, ve en la imagen de René clamando a un cielo mudo la alusión a un derrotero espiritual que implica un paralelo entre las circunstancias de René y las de Cristo: «By accepting what he clearly envisions as a painful destiny René is implicitly compared to a sort of Christ figure going through the preordained stages of his passion» (Anderson 2006: 195).

Pero la escena puede leerse como el advenimiento de la certeza de que el destino no es otro que el de ser «carne de tortura», carne cuya naturaleza es la que su padre precisamente le anunciara al inicio de la obra: la de Sebastián, ansiedad de múltiples agresiones, carne para la cual no hay mejor destino posible que el de asumir su condición de carne acosada:

> Clamó al cielo por un socorro salvador, y el cielo permaneció destellante. Su comba no se abrió para dar paso al milagro. Entonces, recurrió a sí mismo. Contempló su cuerpo en el espejo de una tienda, en la vana esperanza de ofrecérselo a Dalia. Sólo carne de tortura halló su mirada implorante. (Piñera 2000: 160)

Este pasaje final no sólo sugiere que René ha llegado a la conclusión de que no existe nada que trascienda a la carne misma (no hay milagros que emerjan de ese cielo destellante), sino que permite pensar que René se ha reconciliado con aquello de lo que renegaba al inicio. Esta reconciliación, siguiendo la lógica de Sade, no puede ocurrir en otro sitio que en el cuerpo mismo.

Al llegar a la Sede de la Carne Acosada, René «no opuso resistencia» (Piñera 2000: 160). Se deja desnudar y pesar. Nada nos indica cuál es su estado de ánimo en ese momento. Sólo se nos dice, en lo que será la línea final de la novela, que la carne de René «marcha», que «ha aumentado dos libras y media» (Piñera 2000: 160). El gesto de ser pesado, en palabras de Jean-Luc Nancy, es una señal inaugural para otra forma de existencia:

> Weighing is done on a single support, and presupposes the construction of a universe; being weighed requires the assistance of another body and the extent of a world. It belongs to the order no longer of presupposition but of *coming*. (Nancy 2008: 95)

La novela termina en un punto en que René deja de articular sus pensamientos, medio por el cual ha ofrecido resistencia a la preponderancia de la carne, y es la carne misma la que gana espacio y comienza a expresarse. A partir de esa línea final, donde René ha dejado de *oponer resistencia*, lo único que podría continuar es la expresión de la carne en sus propios términos.

¿Pero cuál ha sido, si no es el alma, el motivo de la resistencia de René? ¿Cuál ha sido la idea de trascendencia que le impedía entregarse a la realidad de la carne como «motor de la vida» (Piñera 2000: 63)?

Profanaciones de la singularidad: la lectura posthumanista

> The contemporary individual is never without his clones –reincarnation of the old fatality of incest, of the infernal cycle of identity which, at least in the fable, still had an air of tragic destiny to it but which, for us, is now no longer anything but the code of the automatic disappearance of the individual.
>
> Baudrillard 1996: 125

El masoquismo es sin dudas la clave de la educación en la Escuela del Dolor, al sustituir la identidad por meros instintos corporales. Al decir de Roy Baumeister, «masochism replaces identity with body» (Anderson 2006: 170). Los tres niveles de la Escuela del Dolor subrayan igualmente esta disolución de la identidad personal, y su sustitución por un estándar que obedece a la demanda de una forma de identidad colectiva. Dicha identidad colectiva, semejante al conocido tríptico de Francis Bacon, reduce a los alumnos de cada nivel a una figura arquetípica, la cual pone de manifiesto determinadas funciones o respuestas fisiológicas.

Al igual que en el tríptico «Three Studies for Figures at the Base of a Crucifixion» de Francis Bacon, las figuras arquetípicas que encarnan los alumnos de cada nivel en la Escuela del Dolor, parecen representar a las tres Furias o Erinias (diosas que vengaban crímenes no satisfechos por la justicia humana). No obstante, si en la mitología griega las Furias eran tradicionalmente bestializadas –representadas con rasgos animales como alas de murciélago, cabello de serpiente y cuerpo de perro– para resaltar su crueldad, en la representación de Bacon de 1944 las figuras adquieren rasgos humanoides. Basado en el cuadro *The Bathers* (1937), del ya por entonces famoso Pablo Picasso, el tríptico de Bacon transforma los gestos satíricos en imágenes de canibalismo, desgarramiento y amenaza, cuya carnalidad sobresale y es acentuada con los colores rojo y naranja.

Las presencia de las Erinias puede encontrarse en otro texto de Virgilio Piñera anterior a *La carne de René*: *Electra Garrigó* (1941). En esta obra teatral, el personaje de Electra, al instigar el asesinato de Agamenón y Clitemnestra, dice que sólo hay «hechos, nada más que hechos, en el reino humano». De esta forma, Electra «renuncia a la moral en aras de la necesidad, ya sea en la forma de destino o de una cerrada causalidad biológica», y queda libre de la venganza de las Erinias, que no acuden a su llamado. Se descarta así la idea de justicia de la tragedia clásica que Piñera recrea: «¿Y esas Erinias? No las veo, no acuden... No, no hay Erinias, no hay remordimientos» (Piñera 2002: 38).

Cuando René habla con su doble, en *La carne de René*, le pregunta si la Causa de la Carne Acosada no toma en cuenta a la justicia. En sintonía con la reflexión de Electra, su doble le contesta: «No hay justicia, jefe, sólo hay carne» (Piñera 2000: 148). De igual modo, las Furias que representa Bacon, y que parecen ser recreadas en los tres niveles de la Escuela del Dolor, no trabajan en pos de la justicia, sino que siguen los designios de la carne.

La bestialización que aparece en las Furias de Bacon está presente en los tres niveles de la escuela, donde se deshumaniza al cuerpo por medio de un entrenamiento cuyo fin no es sólo la deformación de la actitud, sino también las funciones corporales. Vemos que, en un ambiente militarizado que da comienzo a la escena mediante el llamado a formar filas y el uso de un impersonal amplificador, la descripción de la entrada de los alumnos de segundo año pudiera dar vida a la imagen primera (la cual suele ubicarse a la izquierda) del tríptico de Bacon:

> Eran cincuenta muchachos, y como perros de cacería, se lanzaron sobre los neófitos y empezaron a olisquearlos afanosamente. Parecían dar un paso de baile. Llevando sus manos hacia atrás sólo tocaban con sus

narices el cuerpo de los neófitos. Se escuchaba el resoplido característico de los perros cuando recorren el campo en busca de la presa, la que una vez cobrada es olisqueada por todas partes. (Piñera 2000: 47)

Luego de esta aparición, toca el turno a los alumnos del tercer año, a quienes corresponde la función de «palpar» a los recién llegados. La descripción comprende igualmente una deformación del cuerpo en términos plásticos, y coincide con el segundo cuadro del tríptico, cuyo rasgo distintivo es el de «caras sonrientes» que se adelantan a sus cuerpos. Las sonrisas de estas caras, que en el contexto de la novela se nos antojan paradójicas, casi grotescas, establecen un paralelo con la sonrisa amenazadora, cuyos dientes grises tienen salpicaduras rojas, y que parecen anunciar su deseo de morder al espectador en el cuadro de Bacon. Sólo que en la descripción de Piñera la mordida es sustituida por «un tacto» que ejecutan las manos de los estudiantes del tercer curso. Estas manos, que no obtienen mucha visibilidad tras las caras sonrientes («René experimentó la sensación de que esas caras habían llegado al cuerpo de cada neófito, y desde allí esperaban el lento y fatigoso arribo de sus respectivos cuerpos»), contrastan con su anodina imagen, cuando «semejantes a tentáculos» llegan al cuerpo de los alumnos nuevos y «exploran sabiamente la carne» (2000: 47). En el cuadro de Bacon hay un trapo posado sobre los ojos de la figura que nos enseña su sonrisa dentada. Pudiera decirse que, ante la condición de la ceguera, nada más propicio que la maestría del «tacto» que ostentan los alumnos del tercer curso.

La tercera pintura del tríptico está reservada en nuestra analogía a los alumnos de primer nivel, categoría a la que pertenece René. Emblemático por la gran boca que abre la figura de este cuadro, ya sea para rugir o gritar, concuerda con el diálogo que sostiene René con otro de los neófitos, Juan. Juan confiesa a René que no da importancia al lema «sufrir en silencio», impuesto por el director de la escuela, Mármolo. «Para algo tenía una boca y podía abrirla y gritar», repitió Juan a René, y contó que Mármolo «se había reído de lo lindo» (2000:

47) ante aquella ocurrencia. Pronto veremos que uno de los objetivos fundamentales del primer curso será la domesticación de esa boca. Luego de la ceremonia de iniciación los neófitos recibirán, sobre sus propias bocas, bozales. El objetivo último: convertir esa boca que se abre para gritar, como expresara el neófito Juan, en la boca que, ya adiestrada, deja de rebelarse y sonríe, como la del alumno aventajado Roger −guardando sus dientes afilados y la diestra lengua lista para la carne−, o la del mismo Mármolo, el director de la escuela.

Los tres niveles de la escuela atentan contra la integridad del cuerpo al mismo tiempo que contra la idea de que a cada cuerpo corresponde un individuo. En conversación con el predicador Cochón, René protesta: «El cuerpo era su propiedad sagrada y nadie tenía derecho a profanarlo» (2000: 67). Pero todas las ideas detrás de esta aseveración son las que serán echadas por tierra en la novela. La concepción del cuerpo como propiedad privada, la idea de la vida como posesión sagrada, la voz del individuo que clama por su unidad corporal, única e irrepetible, valiosa en sí misma: *su* cuerpo.

En el capítulo «La carne perfumada», René contempla espantado como dos hijos matan a su padre para cobrar su herencia, a petición del mismo padre. Otros personajes populares intervienen en la escena y no dan importancia al hecho (2000: 92-93). Al desarticular los signos humanos del cuerpo, la vida pierde valor (Butler 2004: 146). Una lectura actual de la novela provee el marco para establecer un paralelo entre el entorno de René y la precariedad instrascendente de la vida en la sociedad del siglo xxi. En los medios contemporáneos, el rostro, que individualiza a la vez que humaniza, está siendo vaciado de sentido. Esto proporciona una nueva manera de enfrentar la violencia hacia el otro (Butler 2004: 29). Este desplazamiento ontológico puede rastrearse desde del siglo xx, y gracias a los efectos de los conflictos bélicos de inicios y mediados de siglo. Una de las innovaciones técnicas de una de las piezas cinematográficas icónicas de comienzos de siglo, *El acorazado Potemkin* (1925), fue la de mostrar al cuerpo como masa. En la obra de Eisenstein la masa se torna protagonista de la película, y las singularidades que aparecen representan siempre a un grupo social: la madre es a un tiempo todas las madres y el bebé que vemos caer escaleras abajo es una representación de todos los infantes susceptibles de morir en el evento que se narra.

En la novela de Piñera, la esperanza de René de conservar su cuerpo como propiedad sagrada, y de creer en la vida de cada ser humano como un bien cuasi espiritual que no debe ser violentado en forma alguna, es lo que hace que René resista el predicamento de la carne. René no es rebelde porque «no quiere creer», como insinúa Anderson (2006: 183) cuando cita a Søren Kierkegaard, sino, por el contrario, porque *cree*. Su creencia, sin embargo, no es religiosa: es la creencia de la Ilustración, la creencia que está siendo extinguida por la cultura de masas y el capitalismo tardío que sobrevino en el siglo XX, y que continúa hoy, en un nuevo estadio, en la llamada era de la información[4].

Almohadas de colchón mullido para un cuerpo machacado

En la sociedad contemporánea, escribe Baudrillard, para suplir la carencia de un orden trascendental que justifique y otorgue sentido a nuestras acciones, nos vemos obligados a «producir pruebas» de nuestra existencia, comportándonos «fatales» con nosotros mismos:

---

[4] Las implicaciones de un materialismo intrascendente en la época contemporánea alcanzan la esfera de la capacidad tecnológica de intervenir el cuerpo y re-crearlo. En su conferencia «Normas para el parque humano; una respuesta a la Carta sobre el Humanismo», Peter Sloterdijk habla de la muerte de la cultura humanista y su ansiedad de educar al individuo. Al hacer esto, Sloterdijk recuerda que es necesario prestar atención a la cultura emergente que se basa en la reproducción del hombre, no ya desde su Ser o entidad inmanente, sino desde la capacidad de creación tecnológica. Véase Sloterdijk 2000.

> Everywhere we find the same symbolic mortification. [...] The plastic surgery undergone by Orlan and so many others who experiment on and alter their bodies to the point of mutilation and torture. Handicaps, mutilations, prostheses, sexual fascination with accidents and lethal technologies. (Baudrillard 2001: 49)

Esta cultura morbosa, sin embargo, constrasta con el lujo y la extrema comodidad promovida por la cultura del consumo. En *La carne de René* el protagonista se asombra ante las comodidades de las instalaciones de la Escuela del Dolor. Ellas producen un contraste notable con la educación que obliga a los alumnos a «sufrir en silencio». René no entiende por qué crear las condiciones ideales de goce en un lugar donde el objetivo es sufrir.

En el capítulo «El servicio del dolor» leemos las siguientes líneas reflexivas, donde la voz del narrador y la de René se confunden:

> Pero entonces (y aquí una vez más puso de manifiesto su desconocimiento del alma humana), ¿en virtud de qué la dudosa mezcla de dolor con placer? Si el objetivo era el aniquilamiento del cuerpo, ¿de qué servía la almohada de plumas y el colchón mullido a un cuerpo machacado? ¿Y para qué pantuflas si los pies eran llagas vivientes? René se decía que sufrimiento total o placer total. (2000: 47)

El narrador, que sabe qué piensa René, comienza con una pregunta del personaje para luego continuar con una reflexión que excede la conciencia del protagonista, atreviéndose incluso a juzgar su actitud. En el paréntesis, el narrador declara que René «una vez más» expone «su desconocimiento del alma humana», ya que cuestiona «la dudosa mezcla de dolor con placer». Esta intervención posibilita la lectura de la novela como la travesía de René hacia la adquisición del «conocimiento del alma humana» —o a los efectos de la novela, el reconocimiento de la carne como materialidad intrascendente—, a través de las sucesivas peripecias de la obra. Si tal fuera el caso, los conflictos de René no serían sino luchas internas, en lugar de una oposición a los cultores de la carne.

El hecho de que Piñera leyera a Ballagas de manera semejante en el fragmento citado al inicio de este ensayo apoya esta tesis como plausible. En sus palabras sobre Ballagas, Piñera escribe del poeta amigo que en no es posible conservar su recuerdo si no se tienen en cuenta las luchas interiores que lo embargaron en vida; si no se entiende que «pureza es impureza, lucha, espanto, tinieblas, horror» (Piñera 1955: 43).

«No hay ni vencedores ni vencidos» en la batalla de la carne (Piñera 2000: 160). La batalla de la carne es un ciclo interminable de placer y dolor detrás de la lógica de perseguidores y perseguidos que se turnan el rol de violentador y violentado (Quiroga 1996). Esta cadena de fatalidades hace que el lector se vea envuelto en un «bamboleo ludo/agónico», cuya condición trágica convierte a la huida incesante del personaje en el «pataleo de un actor sacrificado en escena» (Marqués de Armas 2010: en línea). No hay aquí sino intentos de fugas, y una claudicación final que se torna por tanto deseo sacrificial. Este deseo dota de poder al sujeto piñeriano, ya que «se establece como estrategia encaminada a invertir cualquier lógica redentora» (Marqués de Armas 2010: en línea).

De ahí que cuando René cede al masoquismo, aceptando la materialidad de su carne (su mortalidad, su capacidad de corromperse, su estatus de entidad autocontenida), abandona a un tiempo toda expectativa de trascendencia. Una vez que René se reconoce como carne, nada más y nada menos, se convierte en un sujeto ajeno a los grandes relatos modernos. Desde esta materialidad intrascendente, únicamente el acomodamiento de la carne y su goce adquieren relevancia. El empoderamiento, y paradójicamente el vínculo social de René en tanto sujeto-carne, consiste en su recién adquirido goce masoquista, cuyo disfrute constituye la única razón moral.

Bibliografía

Anderson, Thomas F. (2006): *Everything in Its Place: The Life and Works of Virgilio Piñera*. Cranbury: Bucknell University Press.
Arendt, Hannah (1958): *The human condition*. Chicago: University of Chicago Press.
— (1993): *La condición humana*. Barcelona: Paidós
Baudrillard, Jean (1996): *The Perfect Crime*. London: Verso.
— (2001): *Impossible exchange*. London: Verso.
Butler, Judith (2004): *Precarious life: the powers of mourning and violence*. London / New York: Verso.
Eichenbronner, Ana (2010): «Cuerpo y escritura en *La carne de René* de Virgilio Piñera». Congreso «El Caribe en sus Literaturas y Culturas. En el centenario del nacimiento de José Lezama Lima». Facultad de Filosofía y Humanidades. Universidad Nacional de Córdoba: Argentina, 1 al 3 de septiembre de 2010.
Marqués de Armas, Pedro (2010): «*Entre lúdico y agónico (notas varias sobre Virgilio Piñera)*». En *La Habana Elegante* 47 (primavera-verano): <http://www.habanaelegante.com/Spring_Summer_2010/Pedro_Pinera_Marques.html>.
Mónica, Lizabel (2013): *Transcripción comparativa de Las siete en punto*. En Google Drive: <https://docs.google.com/file/d/0B6OCGbTy7tZCMW0zYTlVa2tRU0k/edit>.
Moss, Mark (2012): *The Media and the Models of Masculinity*. Plymouth: Lexington Books.
Nancy, Jean-Luc (2008): *Corpus*. New York: Fordham University Press.
Piñera, Virgilio (1945): «El secreto de Kafka». En *Orígenes* 8: 42-45.
— (1952): «La carne de René ha tenido la terrible…». En «Virgilio Piñera Collection», caja 1, carpeta 10, Manuscripts Division, Department of Rare Books and Special Collections, Princeton University Library.
— (1955): «Ballagas en persona». En *Ciclón* 1 (5): 41-50.
— (1974): «Terribilia Meditans». En *Poesía y crítica*. México: Consejo Nacional para la Cultura y las Artes, 170-174.
— (2002): *Teatro completo*. La Habana: Letras Cubanas.

QUIROGA, José (1996): «*Virgilio Piñera: el peso de la cultura insular*». Ponencia: Emory University Press.

RAMAKERS, Micha (2001): *Dirty Pictures: Tom of Finland, Masculinity, and Homosexuality*. New York: St. Martin's Press.

SLOTERDIJK, Peter (2000): *Normas para el parque humano*. Madrid: Siruela.

VÁSQUEZ ROCCA, Adolfo (2011): «Sloterdijk y Heidegger: Normas para el Parque Zoológico-Temático Humano, Culturas Post-Humanísticas y Capitalismo Cárnico Contemporáneo». En *Nómadas. Revista Crítica de Ciencias Sociales y Jurídicas* 32: 102-125

«Hembra inteligente / en la posición de parto»
Maternidad biopolítica y símbolo en *Cuerpo* de María Auxiliadora Álvarez

Daniela Martín Hidalgo
Universiteit Leiden

En *Lesiones incompatibles con la vida*[1], la dramaturga Angélica Liddell lleva a cabo un parlamento poético contra la reproducción. En él propone la esterilidad como interrupción —radical y desde el cuerpo— de un sistema que se perpetúa con cada nuevo individuo, pues necesita de nuevos hijos para seguir propagándose. Liddell convierte la esterilidad en afirmación contra cualquier esperanza en este mundo actual, modo de protesta frente a un sistema de hombres y funcionarios y carritos de la compra donde los hijos son enarbolados «como si la inteligencia hubiera triunfado por fin sobre el mundo, como si fueran insignias de un futuro mejor» (2004: 51). Liddell se señala como mujer rabiosa y mala, adolescente, abyecta y patética que quiere nombrar el fracaso de un mundo tarado:

> No quiero tener hijos.
> Es mi manera de protestar. Mi cuerpo es mi protesta.
> Mi cuerpo renuncia a la fertilidad.
> Mi cuerpo es mi protesta contra la sociedad, contra la injusticia, contra el linchamiento, contra la guerra.

---

[1] El texto de esta pieza teatral breve fue publicado en 2003 por la editorial Dúplex. Aquí se toma tal y como aparece en el número 12 de la revista *Acotaciones*.

Mi cuerpo es la crítica y el compromiso con el dolor humano.
Quiero que mi cuerpo sea estéril como mi sufrimiento.
Mi cuerpo es mi protesta.
Mi cuerpo es mi pesimismo. Gracias al pesimismo puedo hacerme preguntas. Alguien debe quedar en mitad de los hombres haciéndose preguntas. (2004: 51)

Es en el cuerpo, entonces, donde termina la tiranía de la sangre: porque familia y poder van juntos, y porque no existe amor filial sin contraprestaciones. Al mismo tiempo, una vez que el cuerpo es colocado fuera de lo reproductivo, puede empezar la *performance*, esto es, los poderes de la creación en la acción y no en la mera reproducción.

De modo similar, *Cuerpo*[2], primer poemario de la escritora venezolana María Auxiliadora Álvarez (Caracas, 1956), constituye un testimonio sobre la experiencia corporal de la maternidad a la vez que un experimento poético en el que la palabra se fuerza y retuerce para dar cabida a una experiencia física que desborda, hasta el punto de llegar a destruirla, la estructura misma del lenguaje que intenta dar cuenta de ella. En los treinta y un poemas que componen el poemario, un puñado de voces poéticas trasladan y describen las particularidades de un dolor —no sólo físico sino también simbólico— que arroja al sujeto poético más allá de un orden y un discurso, esto es, hacia la zona limítrofe donde se disuelven las divisiones entre cuerpo y palabra, discurso y materia.

Hasta hoy, *Cuerpo* ha sido analizado desde dos vertientes críticas. En la primera de ellas, más centrada en el aspecto testimonial

---

[2] La edición original de Fundarte resulta en la actualidad muy difícil de encontrar. Después de ella y hasta el momento, ha habido dos nuevas publicaciones del poemario: una en 1993 por la propia Fundarte junto con el segundo libro de la autora, *Ca(z)a*; la segunda, de 2011, publicada en México por la Universidad Autónoma de Nuevo León de México y Mantis Editores, incluye *Paréntesis del estupor* e ilustraciones de la autora, y es la que manejamos aquí.

del poemario, el abordaje ha sido el de considerar la experiencia de violencia corporal descrita como síntoma de una reacción a la posición tradicional de la mujer fuera pero también dentro del ámbito poético. Así, Elizabeth Gackstetter Nichols incluye el libro en un movimiento poético venezolano más amplio que, iniciado por escritoras como María Calcaño (1906-1956) y Miyó Vestrini (1938-1991), se ha dedicado a recuperar el cuerpo femenino, y desde el que Álvarez se dedica a subvertir las imágenes arquetípicas de madre y hogar (2003a, 2003b y 2006), además de a perturbar las formas poéticas tradicionales con un léxico y una retórica «bárbara» que confronta «una tradición social y poética que limita la voz de la mujer» (2003b: 100), negándole agencia y autoridad. Según la profesora norteamericana, *Cuerpo* ataca uno de los arquetipos femeninos, el de la Virgen María —«una mujer que combina un pudor y recato, bondad y cariño hacia todos, fragilidad del cuerpo y de la mente, y más que nada abnegación y sacrificio» (2003b: 102)–, al negarse a ser únicamente el individuo hogareño que engendra nueva vida. De igual modo, Alexandra Alba se ocupa de *Cuerpo* para comprender los cambios en las formas de enunciación de la poesía venezolana contemporánea y la incorporación a ella de las voces de sujetos-otros que «encarnan las contradicciones entre tradición y modernidad» (2009: 71). Según Alba, la resemantización y recontextualización de estos sujetos —en este caso mujeres— se produce en el poemario a partir del cuerpo y de una escritura femenina que propone la experiencia como lugar de conocimiento más allá de la razón, resultando en una lógica enunciativa descolonizada que deconstruye estandartes canónicos y transmuta lógicas fálicas totalizadoras (2009: 68-69). Para Alba, la propuesta anticanónica de Álvarez se relaciona además con el realismo grotesco bajtiniano y su desacralización de la condición humana (2009: 89) a través de un cuerpo que «se canta a sí mismo, no ya como objeto perfecto, objeto de deseo, sino como actuante y determinante de la experiencia femenina» (2009: 90).

La segunda vertiente de estas interpretaciones críticas, menos numerosa, se centra en la propuesta lingüística de *Cuerpo*. Así, Mario Rodríguez considera que se trata de una poesía descentrada, en expansión hacia los bordes, pues «[e]lla se aleja cada vez más del centro de la revolución, del centro de la lengua, de la ética, la erótica y la religión» (2002: 91). Esta poesía, de filiación vanguardista, se ve obligada a trabajar desde una lengua menor (en el sentido deleuziano) con los restos de la representación. En «El esqueleto desde afuera», Luis Alberto Crespo redunda en similares ideas, al proponer que se trata de una poesía que enjuicia sus propias raíces en una escritura relacionada con el grito y que se desarrolla en una especie de «quebradura semántica» donde palabras e imágenes están descoyuntadas. Crespo, además, califica el libro de agónico, insurgente y antipoético por su forma deliberadamente caótica, vinculándolo a la lectura de la nueva poesía brasileña de Álvarez, aunque sin apuntar ninguna referencia específica, lo cual hubiera resultado de interés.

Si bien estos últimos análisis toman una cierta distancia de la anécdota descrita en el texto para enfrentarse a él como armazón de lenguaje poético, creemos que no culminan el intento de aproximarse al poemario en una articulación lingüística que complete su articulación discursiva. Es por ello que, en las páginas que siguen, nuestro intento será el de aproximarnos al poemario desde lo textual, pero tomando al mismo tiempo como ámbito de referencia la biopolítica foucaultiana. Pese a que Foucault no incluye específicamente la maternidad en su análisis genealógico de prácticas institucionales y culturales articuladas como los sistemas de verificación —y por tanto dominación— que son la sexualidad, la locura, las instituciones penitenciarias y el mercado modernos (Foucault 2002 y 2007), aplicaremos su teoría al proceso de gestación y alumbramiento en tanto que institución o tecnología que *en* y *a través del* cuerpo es puesta al servicio de la dominación heterosocial capitalista. Como veremos, la maternidad como práctica social a la vez que construcción simbólica lleva a naturalizar de un modo determinado y actuar la reproducción y sus actividades asociadas, rediseñando transversalmente el cuerpo biológico del sistema para su optimización productiva. ¿Cómo contesta *Cuerpo* esta visión, tanto desde su articulación ideológica como verbal?

Desde la publicación de *Cuerpo* en 1985 por una pequeña editorial de Caracas, María Auxiliadora Álvarez fue señalada por la crítica como una voz renovadora de la poesía venezolana de los ochenta. Junto con la de las también venezolanas Yolanda Pantin y Hanni Ossott, la poesía de Álvarez fue caracterizada como centrada en «el esfuerzo de recuperar la imagen y voz femenina y su impulso revolucionario por atacar las instituciones sociales que la controlan» (Alba 2009: 63). *Cuerpo* es un poemario escrito, según la propia autora, tras la experiencia de parir en una maternidad pública venezolana donde eran «atendidas unas 1500 mujeres por mes venidas de todos los rincones del país, pobres y solas en su mayoría» (Menna 2008: en línea). Si bien el poemario, como dice Menna, es así un testimonio «casi periodístico» de denuncia, lo poco habitual de su tono excede la anécdota personal en la que está basado. El cuerpo al que hace referencia el título del libro no sería entonces un único cuerpo, real, sino el cuerpo político de cualquier mujer que pare en condiciones de pobreza material y simbólica, un cuerpo único formado por esos otros cuerpos mudos y abyectos que al parir reproducen el sistema que los funda.

En *Cuerpo*, los cuerpos femeninos se presentan abiertos para la contemplación de su naturaleza abyecta y brutal. Frente a una maternidad idílica considerada como «servicio» exclusivo de la mujer a la sociedad (Cantero Rosales 1997), su mejor realización como individuo al contribuir a la construcción y regeneración de ese otro cuerpo colectivo que es la nación y fundado en el matrimonio (Pina 2006: 297), en su poemario María Auxiliadora Álvarez expone, por el contrario, la imagen de una maternidad sucia, patologizada y atravesada por variadas formas de violencia. Los cuerpos son el lugar primero que las instituciones disciplinarias biopolíticas de la familia y el hospital (transfiguradas en el matadero o los «campos de concentración» de la cita de Artaud con que se abre el poemario) vigilan para ordenar, clasificar y, en caso necesario, sancionar. Pero además es en los cuerpos donde la miseria que resulta de esos órdenes anteriores, y de la que nuevamente se alimentan en un proceso continuo, inscribe sus marcas primordiales.

Desde los inicios de la modernidad (y más especialmente tras el *boom* industrial del siglo XIX), lo que era una necesidad del capital –el trabajo doméstico y la crianza de los hijos– fue progresivamente «naturalizado». Tal y como nota Cantero Rosales, con el progresivo desarrollo de los nuevos modos de producción capitalista se consolidan en Occidente dos nuevos espacios, el público y el privado. Al primero corresponden la producción, el trabajo remunerado y el Estado, que se definirán como ámbitos esencialmente masculinos; al segundo corresponden la familia y los sentimientos, ámbitos caracterizados como típicamente femeninos: «La familia era la clave para la organización social ya que a través de esta se garantizaba la propiedad privada y se defendía la ética burguesa de la acumulación» (Cantero Rosales 1997: en línea). Al mismo tiempo que se producía el desarrollo industrial, la maternidad fue transformada entonces en el rasgo más sobresaliente de la feminidad, el que llevaba a las mujeres a alcanzar su mejor y más deseado completamiento, además de a adquirir una posición reconocida socialmente. Así, el arquetipo femenino dominante de la burguesía, difundido a todas las clases sociales en Occidente a través de, por ejemplo, las nuevas revistas femeninas, las novelas románticas y lo que Pina llama «romance nacional» –género novelístico dominante en Latinoamérica hacia 1840-1850–, fue el de la madre, esposa fiel y ángel del hogar diligente, complemento ideal de un padre trabajador y por lo tanto ausente junto al que constituía la unión estable de la familia, por supuesto blanca, cristiana y heterosexual (Cantero Rosales 1997: en línea). Aunque con adaptaciones[3], este arquetipo perdura hasta llegar a la posmoderna *super-woman* de las revistas de moda y decoración, porque

> El trabajo doméstico es mucho más que la limpieza de la casa. Es servir a los que ganan el salario, física, emocional y sexualmente, tenerlos listos para el trabajo día tras día. Es la crianza y cuidado de nuestros hijos –los futuros trabajadores– cuidándoles desde el día de su nacimiento y durante sus años escolares, asegurándonos de que ellos también actúen de la manera que se espera bajo el capitalismo. (Federici 2013: 55)

En América Latina, este modelo familiar de mujer proporcionó además un orden «natural» en el siglo XIX al que anclar los discursos de consolidación de la unidad nacional tras las guerras de independencia, articulándose de este modo un modelo patriarcal de la nación heredado de la colonia que perduró hasta los momentos en que la globalización impondría otras normas trasnacionales, cuya máxima guía era y sigue siendo el mercado (Pina 2006).

En *Cuerpo*, por el contrario, es ese edificio simbólico el que salta por los aires, desgarrado en sus contradicciones y zonas oscuras. El libro se inicia con un puñado de poemas que describen los rituales médicos y los espacios cotidianos de convivencia femenina de una maternidad hospitalaria sin recursos. Sólo a partir del undécimo poema entramos progresivamente en la intimidad familiar del hogar pobre –la cocina

---

[3] Estas adaptaciones están ligadas a transformaciones sociales como, por ejemplo, el acceso a la tecnología doméstica o la supuesta conquista del mercado laboral, ambos fenómenos bien relacionados, como señala Silvia Federici, pues es sólo a costa de recortar las horas de empleo doméstico mediante el uso de aparatos adquiridos a crédito que la mujer queda parcialmente liberada y puede entonces seguir reproduciendo su papel de dócil empleada –secretaria, enfermera, cuidadora de otros que ya no son miembros familiares– hasta llegar a esa mujer posmoderna, ejecutiva agresiva de día e impecable madre de sus hijos de noche (Federici 2013).

familiar y el esposo– y en donde irrumpe un afuera de violencia, mutilación, muerte y guerra marcadamente masculinos. En esta segunda parte no hay marcas espaciales concretas y el paisaje, aunque rural, no es identificado más que por elementos –río, árbol, lagartos, la noche– que, más que esquemáticos, describen un paradigma.

Si ambos espacios –el hospital y la casa– se conectan como imágenes especulares uno del otro, ninguno de los dos es en cambio caracterizado como lugar de placidez o cuidado. En la maternidad, las mujeres no sólo reciben asistencia médica sino que también son sometidas y «normalizadas». Así, las mujeres son «cerdas tranquilas» (Álvarez 2011: 56), objetos de una crueldad ejercida sobre sus cuerpos por parte del «hijo carnicero» (50) y la hija antropófaga y matricida (61 y 64), así como por las figuras del doctor-cardenal-teniente coronel, la doctora-vaca castrada o la reina enfermera:

> hubiera podido reunirlo
> el dinero doctora
> vaca amarga castrada que me agrede (49)
>
> los dedos y los genitales del doctor
> cardenal
> teniente coronel (52)
>
> qué ordenada es
> la reina enfermera (57)

Doctores y enfermeras –esto es, los representantes de la religión, la milicia o la medicina, sistemas jerarquizados masculinos que controlan y deshumanizan los cuerpos a la vez que alienan a las mujeres– entran física y simbólicamente en los cuerpos: los tocan, los manipulan, los cuentan y los clasifican en mitad de una miseria material donde se reutilizan las instrumentos médicos y donde sólo algunas de las mujeres están alfabetizadas:

SIETE-DOCE-CINCO
  es su número   su náusea
  la nómina
  la ubicación de su abdomen

            ombligos colgantes
que pasan en fila
          moscas muertas
masas de carne
ojos ladeados de perro
la hora del control
doctor   cardenal   teniente coronel

las dos p.m.: alcohol
orina
calostro
hedor embarazado
cambian de turbo los cuchillos blancos
eviten la transpiración
                y las heces
SIETE-DOCE-CINCO   voltéese
una aguja por cada vaso sanguíneo
luego
usted deberá guardar las jeringas y las sondas de los
estudiantes entre sus conyunturas para la próxima
visita
agáchese
apriétese
córtense las uñas de los pies

las que sepan escribir
              no rayen las paredes
              ni las sábanas
ni rasguen los colchones con navajas
              para esconder comida

>   que se pudre
> que después se llenan de gusanos (50-52)

Miseria y control (y después guerra y violencia) son presentados como elementos correspondientes en un mismo modelo de sociedad. El médico es quien controla los cuerpos, pero también quien los educa y los corrige, el que dicta normas cívicas de comportamiento y vigila, y mediante esas tareas cosifica a estas mujeres que de por sí son los despojos sobrantes de un sistema desigual. No hay afecto ni amparo, ni siquiera ante la muerte, sólo asco; de modo que el hospital apuntala la circularidad sin salida de la miseria y la exclusión:

> él
> sentía asco
>
> razón de la muerte veintitrés b de la izquierda
> la piel erizada
> el pie quieto y gris
> las demás dejamos de rugir
> la boca
>   se nos fue poniendo plana
> éramos muchas […]
> la piel erizada pegada a la mía
> el Doctor inclinado con grima
> lo pateé
> se revolvió conmigo
>   en mucosas
>
> no debo volver
> a patear doctores y latas
> con mi pierna y mi hija ensangrentadas
>
> porque él sentía asco
> razón de la muerte

> veintitrés b
> veinticuatro b
> veinticinco (56-58)

Por otra parte, dada la injusticia primordial que radica en las diferencias entre los sexos, no sólo el acto de parir sino también la maternidad deshumaniza a la mujer hasta convertirla en un animal doméstico —ganado— propiedad del hombre y destinado al sacrificio de la procreación que conlleva su anulación individual:

> nos marcaba el lomo
>   con sus iniciales
> amarraba nuestros hijos
> le gustaba
> el olor de sangre en la cuerda
>   en la exactitud del ganado (79)

Ser mujer amada es ser poseída, ser abandonada, servir al hombre, alimentar a los hijos mientras el esposo duerme:

> es injusto
> que duermas
> mientras nosotras
> táctiles buscamos
>   la ropa
> el pezón oscuro mojado el hueco
> es injusto
> que en el cuerpo
>   no contengas alimentos
>   que no tengas
>   várices en las piernas
>   ramas negras (74-75)

El hospital –la maternidad– es entonces el matadero donde la mujer se convierte en res para finalmente devenir «animal negro / manso / extenso» (59), y las salas del paritorio los lugares de despiece o el local de ensayo donde la mujer se convierte o se prueba como vagina del sistema.

María Auxiliadora Álvarez coincide de este modo con la teoría biopolítica foucaultiana. Para el filósofo francés, las rutinas médicas de examen, clasificación y registro desarrolladas, formalizadas y ordenadas desde finales del siglo XVIII son «procedimientos de sometimiento» (Foucault 2002: 221) que forman parte de una nueva anatomía política en la que «[p]odrían encontrarse fácilmente signos de esta gran atención dedicada entonces al cuerpo, al cuerpo que se manipula, al que se da forma, que se educa, que obedece, que responde, que se vuelve hábil o cuyas fuerzas se multiplican» (Foucault 2002: 133). Del mismo modo, los procedimientos que rodean a la maternidad de *Cuerpo* podrían considerarse como mecanismos de control sobre una materia desgajada de su humanidad pero a la que hay que «socializar», de manera que las mujeres repitan el papel de animales reproductores que el sistema económico, político y social patriarcal les ha asignado, y para que a su vez lo transfieran a sus hijas:

> juego con la basura
> y los excrementos
>   de mi hija
> a ella le enseño
>   la propiedad afectiva
>   de los dementes
>   y los mamíferos diarios
> muertos en la cocina. (63)

Por otra parte, en *Cuerpo* dar a luz no es un proceso plácido e impoluto, sino que está lleno de padecimiento y fluidos corporales. Se trata de una vivencia que rompe los límites y quiebra el orden cultural del sujeto, la supuesta división estable entre lo que está fuera y dentro del cuerpo. La representación del parto y la maternidad en el poemario revela lo abyecto, la materialidad «inmunda» del cuerpo hecha de fragmentos acuosos (50), orina y calostro (51), defecaciones de membranas (53), sangre y aguas estancadas (59-69), conductos sanguíneos (67), etcétera. Parir se iguala a defecar. Los fluidos corporales, identificados como la naturaleza brutal del ser humano, su otredad deshonrosa y amenazante que hay que obliterar, brotan violentamente visibles hacia el exterior:

> convulsiona
> se contrae
> se desgarra
>   lo expulsa
>   azul
>   mucoso
> adherido se lleva el hígado de una
> el páncreas
>   la caja toráxica
>   el calcio
> el oxígeno (68)

Alimentar se vuelve nutrir con la casquería humana de membranas, encías, pezones oscuros y paladares. El hijo es sangre; el hogar es basura, lagartos, comida enmohecida, donde la mujer se baña con el agua surgida de un albañal:

> moscas tú sabes tumores esposos coágulos padres
> pelos membranas hermana analgésico tú sabes co-
> sas de enferma que se hurgan de noche pan fru-
> tas oscurecidas moscas tú sabes tumores esposos (78)

Tal y como señala Julia Kristeva (1988) y posteriormente elabora Judith Butler (1999), es el tabú y la clasificación de lo que es radicalmente asqueroso y excluido frente a lo que es limpio o puro lo que permite una proyección ficticia de límites corporales estables, luego trasladados como sinécdoque a la ordenación social. Lo abyecto es «aquello que yo descarto permanentemente para vivir. Esos humores, esta impureza, esta mierda, son aquello que la vida apenas soporta y con esfuerzo. [...] Es algo separado de lo que uno no se separa, del que uno no se protege de la misma manera que de un objeto» (Kristeva 2004: 10-11), si bien «no [es] la ausencia de limpieza o de salud lo que vuelve abyecto, sino aquello que perturba una identidad, un sistema, un orden» (Kristeva 2004: 11). A lo que Butler añade:

> What constitutes through division the «inner» and the «outer» worlds of the subject is a border tenuously maintained for the purposes of social regulation and control. The boundary between the inner and the outer is cofounded by those excremental passages in which the inner effectively becomes outer, and this excreting function becomes, as it were, the model by which other forms of identity-differentiation are accomplished. In effect, this is the mode by which Others become shit. For inner and outer worlds to remain utterly distinct, the entire surface of the body would have to achieve and impossible impermeability. (1999: 170)

Lo abyecto señala así la paradoja de que, para instaurar un sistema, se vuelve necesario separar y desechar, pues ese acto de separación es el que funda el sistema mismo. Del igual modo, la sanción por el no cumplimiento de una norma –la contaminación moral, cultural, higiénica...– constituye el mecanismo de perpetuación de la ficción de un orden normativo. Los fluidos abyectos son al cuerpo lo que el otro abyecto –el pobre, el indígena, la mujer, el homosexual, el musulmán...– al orden social. El otro que no posee siquiera una capacidad de enunciación porque está más allá del lenguaje, o porque su lenguaje es animal o difícilmente inteligible, «nuda vida».

Los poemas de Álvarez devuelven entonces los fluidos y la sangre que son inherentes al vivir; la narración de cariño que presenta se ofrece como experiencia desde lo físico y lo impuro desgarrado. Y más aún: Álvarez lleva el imaginario de lo asqueroso –la enfermedad, lo podrido, el cadáver descartado– junto a ese otro de la creación de vida, de la cotidianeidad de la casa y la comida de modo que la artificialidad de esa frontera se pone al descubierto. En la infancia del hijo o de la hija no hay ingenuidad sino juego con la basura o búsqueda de un cobijo ya imposible:

> ella me abre las piernas
>   desde el piso
> trata de ascender
> y no la dejo   que aquí no hay nada
>   se cerró la puerta
>   se acabó la casa
> ella quiere devolverse
>   por las tardes
>   se me para entre los pies
> calva y caliente   y no entiende
> que la aparto
> que esa puerta se acabó
> que no se puede
> entrar ya ni salir
> ni decidirla
> que ya basta de quirófano y cabeza (63-64)

Con todo lo descrito anteriormente, podemos señalar que *Cuerpo* expone la violencia que entraña convertir al cuerpo «natural» biológico en un cuerpo «civilizado» y racionalizado. Pero además queremos proponer que el poemario despliega un tono singular donde Álvarez experimenta con una lengua no cerrada con normas propias en la que conviven multitud de voces, referencias y estratos significativos, y donde la creación de símbolos comunica una experiencia pseudoextática de conocimiento –también un conocimiento experiencial pseudoextático– cuyo punto de partida es el cuerpo.

En *Cuerpo* se mezclan registros de lengua cultos y populares (desde la canción del poema 6 hasta el informe médico del poema 2) en una sintaxis desbaratada y discontinua en la que la estructura del lenguaje se fuerza para dar cabida a la experiencia inefable[4] del cuerpo en su contacto con el mundo, para también para transmitir una experiencia desgarradora que arroja al sujeto más allá de una estructura lingüística[5], hacia algo que sólo puede ser señalado referencialmente y a través de categorías alegóricas. En *Cuerpo* no hay signos de jerarquía gramatical; desaparecen los signos de puntuación, las mayúsculas de principio de frase y las cláusulas subordinadas, generando así un escritura que parece perseguir una dicción imposible de la experiencia múltiple y desordenada de lo material del cuerpo como lugar y momento de contacto con el mundo y su desgarro, la imposible iluminación de los sublimes «Cerdo» del poema 17 o «Luz» del poema 19[6], símbolos «místicos» colocados a medio camino entre lo natural y la sobrenatural, lo sensible y lo misterioso. Los sustantivos se acumulan «brutalizando» el poema (Nichols 2003a) toda vez que el lenguaje se fuerza sobre todo para que dé cabida a aquello que difícilmente permea su código, «aquella *materia* o *energía* que siempre excede a la palabra que nombra y rebasa el orden estrictamente conceptual

---

[4] El interés de Álvarez en un lenguaje que dé cuenta de «lo inefable», experiencias que penetran en el entendimiento de modo diferente a las otras experiencias comunes y que aportan a la vez una vía diferente de «conocimiento», es visible en su artículo sobre poesía mística «Experiencia y expresión de lo inefable en San Juan de la Cruz» (Álvarez 2008).

[5] Tal y como Elaine Scarry señala, el dolor físico «does not simply resist language but actively destroys it, bringing about an immediate reversion to a state anterior to language, to the sound and cries a human being makes before language is learned» (1985: 4).

[6] Es aquí donde lo sublime es lindante con lo abyecto, o lo abyecto se vuelve doblez de lo sublime, tal y como señala Kristeva (2006: 20-21).

de la razón lingüística con un excedente bruto» (Richard 1996: 736; énfasis del original).

Escritoras feministas como Julia Kristeva y Hélène Cixous habían propuesto en los sesenta y setenta subvertir la máquina de verdad falogocentrista[7] que ha construido la institución opresiva de lo «femenino» y «la maternidad» tomando como punto de partida el lenguaje y una escritura femenina[8]. A partir de la lengua y los discursos, los constructos culturales del cuerpo femenino y sus deseos son sancionados como naturales y fijos, ya que «[e]l modo en que cada sujeto se vive y se piensa está *mediado por* el sistema de representación del lenguaje que articula los procesos de subjetividad a través de formas culturales y de relaciones sociales» (Richard 1996: 734; énfasis del original). Para subvertir ese orden, proponían, habría que volver a un estadio libidinal anterior al lenguaje —un modo de lenguaje «maternal» de significados múltiples no cerrados, que se revela en las repeticiones, ritmos y entonaciones de lo poético (Kristeva)— o hablar desde el cuerpo —escribir el texto del cuerpo (Cixous)—. En el poemario de María Auxiliadora Álvarez, la estructura lineal ordenada y racional del lenguaje se rompe de manera que entra al discurso lo silenciado dentro de las normas de la ley y la civilización, lo abyecto invisibilizado del cuerpo y el sistema, lo experiencial y la enunciación femenina. Ahora bien: su poesía combina lo

---

[7] «Falogocentrismo» es el concepto acuñado por Jacques Derrida en *La farmacia de Platón* para referirse al privilegio histórico de estructuras masculinas y patriarcales a la hora de construir significados. El concepto reúne los términos logocentrismo (poder del conocimiento) y falocentrismo (poder del hombre) para explicar cómo la filosofía occidental se ha orientado desde sus orígenes a la búsqueda de una Verdad o Logos en un proceso de construcción binaria y jerárquica que ha marginalizado discursos o conceptos que podrían calificarse de «femeninos».

[8] «Nearly the entire history of writing is cofounded with the history of reason, of which it is at once the effect, the support, and one of the privileged alibis. It has been one with the phallogocentric tradition. It is indeed the same self-admiring, self-stimulating, self-congratulatory phallogocentrism» (Cixous 1976: 879).

conceptual con lo simbólico, colocando en primer término una experiencia corporal que se mueve «entre las fronteras de lo lógico-categorial y de lo concreto-material» (Richard 1996: 736), una materia «bruta» que excede al discurso conceptual aunque sin antecederlo. Mediante la creación de símbolos discontinuos de significado múltiple, el «habla» de Álvarez se convierte en una materia que comunica un conocimiento que va más allá de los dos extremos opuestos de los conceptos o las sensaciones. Así, cuando en el cuarto poema del libro Álvarez utiliza la imagen de los machetes –«usted nunca ha parido / no conoce / el filo de los machetes / [...] / Doctor / NO META LA MANO TAN ADENTRO / que ahí tengo los machetes» (53-54)–, éstos funcionan como un símbolo abierto que convoca al mismo tiempo las ideas de violencia y naturaleza autóctona, selva indígena, junto con impresiones sensitivas de espesura que se corta. «Los machetes» serían un símbolo no monológico, discontinuo, que, tal y como señala la propia Álvarez refiriéndose a la poesía de San Juan de la Cruz, estaría situado «en un punto invisible entre lo sensible y lo misterioso» (Álvarez 2008: 7), en un lugar donde lo que se expresa escapa a una articulación manifiesta. De este modo, la apacible separación entre lo que pertenece al ámbito lingüístico, por una lado, y al sensorial, por otro, se suprime, resultando en una indagación poética o un esbozo de habla donde cualquier material resulta válido.

Lo idea anterior se refuerza también al observar, en la edición de 2011 que hemos tomado como referencia, una serie de láminas pictóricas que acompañan la poesía de Álvarez. En estas láminas, creadas por la misma autora, parecen reconocerse fragmentos de huesos y costillas, garras, ojos, pelajes e incluso formas de transición entre lo vivo y la inerte, como la caracola de la lámina que sigue a la página 44. Si bien estas figuras y representaciones escriben acerca del cuerpo y lo corporal, lo hacen sobre todo desde la dificultad de la representación, ampliando el espacio de significación con formas inestables y sin centro que se ofrecen al mismo tiempo como alternativas al decir lineal del lenguaje.

Con todo lo señalado anteriormente, podemos concluir que *Cuerpo* ejemplifica «poéticamente» cómo cuestiones tales como la identidad, la subjetividad, el género, la violencia o la ideología están inextricablemente relacionadas a lo corporal. Tal y como señaló Foucault (2002), es *en* y *a través* del cuerpo que históricamente se han inscrito los diferentes significados culturales y se ha ejercido poder sobre los individuos. El libro visibiliza entonces la maternidad como tecnología biopolítica de control social y diseño del cuerpo colectivo de un sistema. Los poemas de *Cuerpo* trasladan, desde el interior de la experiencia, algunos de los modos en que se normalizan los cuerpos femeninos pobres, mediante mecanismos de control médico y social. Constituyen, además, un ejemplo que permite materializar el discurso acerca de la violencia obstétrica y la maternidad medicalizada. *Cuerpo* desarrolla al mismo tiempo un relato que subvierte el imaginario que ensalza la gestación y el alumbramiento como destino «natural» de la mujer, las instituciones de la maternidad y la familia forjadas por los sistemas patriarcales capitalistas y en los que la mujer, ángel del hogar, debe consumir y desempeñarse en el trabajo no remunerado propio del ámbito doméstico, en donde su cometido último es el de generar, *re-producir* igual que el resto de máquinas del sistema, individuos aptos socioeconómicamente, esto es, reproducción en micro de un sistema macro. Tal y como hemos propuesto, Álvarez logra forzar los límites de la palabra poética para perseguir la comunicación de una experiencia limítrofe entre lo corporal y lo simbólico que sacude a los sentidos, y que se enuncia mediante el uso de símbolos poéticos. Por último, la autora coloca en primer término el cuerpo de la mujer pobre, lo pone en primera persona a hablar, dando de esta manera voz a esos elementos abyectos colocados al margen de un sistema desde su definición injusto[9]. La articulación

---

[9] Esto último reforzaría la teoría, expuesta por Nichols (2006), de que las luchas por la transformación de las estructuras de poder y agencia en Venezuela rebasan divisiones de clase, al conseguir la lucha feminista unificarse más allá de categorías de jerarquía y diferencia social como etnia, religión, sexualidad, edad,

entrecortada y sustantiva del poemario parece trasladar así la violencia real y simbólica ejercida sobre esos cuerpos tarados, abyectos, colocados al margen de lo que puede y debe ser enunciado.

Sin embargo, llevar estas ideas biopolíticas hasta sus últimas consecuencias nos conduciría a, por una parte, negar la materialidad misma del cuerpo (que no podría ya ser aprehendida, por encontrarse desde siempre ya sometida a contenidos y elaboraciones culturales); y por la otra, a considerar a los individuos como máquinas pasivas, inscritas en procesos sociales y discursivos en los cuales no pueden intervenir. Pero ¿tienen los sujetos individuales capacidad para actuar sobre el mundo? ¿Podría este «agenciamiento» empezar en el cuerpo mismo, tal y como leíamos el texto inicial de Liddell? ¿Intervenir el poemario de María Auxiliadora Álvarez en alguna de estas cuestiones?

En las conclusiones de *Gender Trouble,* Judith Butler problematiza visiones feministas como las de Kristeva y Cixous. Si el cuerpo, señala Butler, es algo creado por la norma, la Ley paterna contra la que se pretende actuar, entonces sólo sería efectivo un enfrentamiento *dentro* de los parámetros de esa misma ley. Es decir: el retorno a un estadio natural pre-normativo simplemente desplazaría el punto de vista, sin alterar la raíz del problema. Pero *Cuerpo* no plantea la opción de escapar a un estadio «natural» previo a la cultura; tampoco deconstruye su par opuesto. El poemario más bien revela y experimenta con una zona gris en transformación situada entre cuerpo, lenguaje y cultura, desde la que precisamente creemos que podrían llegar a articularse verdaderas propuestas para una identidad no «resuelta, sino algo a modelar y producir: una elaboración múltiple y heterogénea que incluye el género en una combinación variable de significantes otros para entrelazar diferentes modos de subjetividad y diferentes

---

clase o raza. Según Nichols, esto se habría puesto de manifiesto en episodios de protesta pública contra la violencia sistémica hacia las mujeres, como en los conocidos como casos Marcano y Carrera Almoina.

contextos de actualización» (Richard 1996: 742). Es a partir de una ampliación de las posibilidades lingüísticas *dentro* de un código compartido que nuevas enunciaciones subjetivas de cualquier signo y nuevos discursos, más creativos y autónomos, acerca de la feminidad pueden tener cabida. Y *Cuerpo* amplia sin duda ese espacio.

Bibliografía

Alba, Alexandra (2009): «El cuerpo propio. Materialidad múltiple en tres poetas venezolanas». En *Voz y escritura. Revista de estudios literarios* 17: 63-91.
Álvarez, María Auxiliadora (2008): «Experiencia y expresión de lo inefable en San Juan de la Cruz». En *Hipertexto* 7: 1-17.
— (2009): *Las nadas y las noches*. Barcelona: Candaya.
— (2011): *Cuerpo y Paréntesis del estupor*. México: Mantis Editores / Universidad Autónoma de Nuevo León.
Butler, Judith (1999): *Gender Trouble. Feminism and the Subversion of Identity*. New York / London: Routledge.
Cantero Rosales, M. Ángeles (1997): «De "Perfecta casada" a "Ángel del hogar" o la construcción del arquetipo femenino en el xix». En *Tonos, Revista Electrónica de Estudios Filológicos* 14: <http://www.tonosdigital.com/ojs/index.php/tonos/article/view/142/116>.
Cixous, Hélène (1976): «The laugh of the Medusa». En *Signs: Journal of Women in Culture and Society* 4 (1): 875-890:
Crespo, Luis Alberto (1993): «El esqueleto de afuera». En *Panfleto negro* 28 (noviembre): <http://www.panfletonegro.com/melancopolis/maalvarez.shtml>.
Federici, Silvia (2013): *Revolución en punto cero. Trabajo doméstico, reproducción y luchas feministas*. Madrid: Traficantes de sueños.
Foucault, Michel (2002): *Vigilar y castigar. Nacimiento de la prisión*. Buenos Aires: Siglo xxi.
— (2007): *El nacimiento de la biopolítica*. México: Fondo de Cultura Económica.

KRISTEVA, Julia (2004): *Poderes de la perversión. Ensayo sobre Louis-Ferdinand Céline*. México: Siglo XXI.
LIDDELL, Angélica (2004): «Tríptico de la aflicción (*El matrimonio Palavrakis, Once Upon a Time in West Asphixia, Hysterica passio*) con introducción de Pedro Víllora». En *Acotaciones. Revista de investigación teatral* 12: 47-65.
MENNA, Juana (2008): «La experiencia insoportable». *Página 12* (8 de noviembre): <http://www.pagina12.com.ar/diario/suplementos/las12/13-4479-2008-11-08.html>.
NICHOLS, Elizabeth Gackstetter (2003a): «Verse/escribirse: El *Cuerpo* de María Auxiliadora Álvarez». Comunicación en el *XXIV International Congress of the Latin American Studies Association* (Dallas, Texas, 20 de marzo).
— (2003b): «La insurrección poética: una revolución contra el arquetipo materno en la poesía contemporánea». En *Argos* 38: 99-112.
— (2006): «The power of the pelvic bone: breaching the barriers of social class in Venezuela». En *Frontiers: a journal of women studies* 27 (3): 71-105.
PINA, G. Raquel (2006): «La literatura como espacio de resistencia. Mujer y maternidad: la falacia del espacio privado». En *Revista de Crítica Literaria Latinoamericana* 32 (63/64): 297-310.
RICHARD, Nelly (1996): «Feminismo, experiencia y representación». En *Revista Iberoamericana* LXII 176-177: 733-744.
RODRÍGUEZ F., Mario (2002): «La galaxia poética latinoamericana. 2ª mitad del siglo XX». En *Acta Literaria* 27: 91-108.
SCARRY, Elaine (1985): *The Body in Pain: the Making and Unmaking of the World*. New York-Oxford: Oxford University Press.

El cuerpo-plaga
Sujeto, animal y estado en *Discurso de la madre muerta* de Carlos A. Aguilera

Nanne Timmer
Universiteit Leiden

> La literatura tiene una virtud, y es que la literatura es una sociedad sin Estado.
>
> Ricardo Piglia

La literatura que piensa el cuerpo en su relación biopolítica suele formular una crítica cultural sagaz hacia su entorno social, y ése es doblemente el caso en la pieza de teatro *Discurso de la madre muerta* (2012) de Carlos A. Aguilera, que ofrece la posibilidad de pensar el cuerpo como algo en guerra por los límites entre territorios de lo propio y lo ajeno. En estas páginas argumentaré por qué leer el texto desde nociones de enfermedad y contagio resulta fructífero para entender reflexiones contemporáneas sobre el sujeto y el vivir en común. La obra discurre fundamentalmente acerca de cómo se crea, se moldea y se destruye la subjetividad en la relación entre el yo y su hábitat. Con la idea del contagio el texto desestabiliza categorías como yo/otro, individuo/estado, y los niveles textuales de trama/escritura, y así propone una parodia del delirio de los grandes relatos identitarios.

Discurso de la madre muerta es un monólogo del escritor cubano Carlos A. Aguilera, quien se dio a conocer en Cuba en los noventa con poesía, performances, narrativa y el proyecto cultural *Diáspora(s)*, y que en textos recientes como *El Imperio Oblomov* (2014) y *Matadero seis* (2016) explora además el género de la novela y la novela corta. Aun inscritos dentro de las características propias de cada género, los textos de Aguilera son al mismo tiempo un juego híbrido o, mejor dicho, «transficcional» (Aguilera 2015: 143)[1]. En todos –también en su poesía o performances– se establece una tensión entre la oralidad y la artificialidad del discurso que da lugar a una reflexión metaliteraria. Además de un texto dramático –puesto en escena en su versión al alemán en Düsseldorf, en 2009–, *Discurso de la madre muerta* es un texto autónomo, «un desprendimiento de la teatralidad de la poesía de Aguilera» (Boudet 2014: 342), y esa teatralización en la escritura del autor también articula una estética vanguardista[2].

La obra ha sido discutida por Gerardo Muñoz (2013), Rosa Ileana Boudet (2014) y Javier Mora (2016), y los tres señalan la importancia del tema del delirio, la función de la intertextualidad[3] y la crítica que

---

[1] Aguilera (2015: 143) propone el término «transficción» para referir a «un cambio de paradigma que comienza a darse en la escritura cubana a finales de los ochenta», que «se solidifica» en los noventa con *Diáspora(s)* y algo después, aunque de manera diferente, con la «Generación Cero». Entre las varias características de esa transficción, menciona las de 2) Un «tiempo indefinido o tiempo kitsch» [...]«donde lo cronológico no funciona», [...] y que no respeta «periodos, naciones, lenguas o lugares», y 3) «un texto que se lea a partir de su exterioridad [...], más que a partir de los "tatuajes" nacionales», y 4) «una apuesta performance entre la toma de posición de un estilo [...] y los delirios que su *self*, consciente o no, proyecta hacia ese espacio» (2015: 143).

[2] Gerardo Muñoz menciona en esa genealogía literaria vanguardista «los cuentos de Von Kleist, de la poesía concreta a cierta lectura deleuziana de Kafka, de los collages deconstruccionistas (si pensamos en *Glas*, uno de los libros sin dudas más experimentales de Derrida) a los experimentos neo-vanguardistas del cubano Lorenzo García Vega» (2013: en línea).

[3] La crítica observa el juego intertextual que establece el texto con otros a través de la «transfiguración mágica del gato» como en *El Maestro y Margarita*, de Bulgakov, con la figura de la madre y el Estado que se convierte en mono en *El apando* de José Revueltas (Muñoz 2013: en línea), el lenguaje de Bernhard

dispara el texto hacia las sociedades de control. El devenir animal, en juego con lo subjetivo y los mecanismos de poder, se ha venido elaborando en los textos de Aguilera desde los tiempos de *Diáspora(s)* hasta el presente, como apuntan tanto Muñoz[4] como Irina Garbatzky (2006a y b) con respecto a otros textos del autor. La obra reflexiona sobre la subjetividad creada desde la relación entre el yo y el Otro, las neurosis y los contagios que amargan, avivan e (im)posibilitan la convivencia, tanto de una familia nuclear como la representada como de toda una sociedad.

Un cuerpo de ultratumba con voz delirante se mueve sobre el escenario y habla sin cesar. Es la voz de una madre que reconstruye de modo catártico sus razones para haber matado al Estado (en forma de gato ruso). Los demás personajes –el padre, el hijo y el gato– son muñecos: no hablan, y muestran un carácter indiferente y pasivo ante el discurso de la madre y ante la máquina arrasadora del entorno social: «Y después dices que soy una mala madre. Mira todo lo que hago por ti. [...] He atrapado nuevamente a tu gato. Tu cochino gato. ¡Mira! [...] Hago por ustedes *(ahora señala también en la otra dirección, donde está sentado El Padre)* lo que ustedes nunca harían por mí» (Aguilera 2012: 11).

(Mora 2016: en línea), y con Tadeusz Kantor (Boudet 2014: 342, Mora 2016: en línea) en cuanto al juego con el título y los personajes representados por muñecos.

[4] Muñoz señala la intertextualidad con otros textos del mismo autor subrayando el tema del devenir animal. «Leída desde las obsesiones literarias de Carlos A. Aguilera, también pudiéramos enfatizar que la obsesión por los animales –obsesión que atraviesa el devenir-animal de Deleuze y Guattari a propósito de Kafka que tan bien leyeron los miembros de en los noventa– que en *Das Kapital* pueden ser las inscripciones de los movimientos de las ratas o en "Mao" la campaña del exterminio de los gorriones en el *Gran Salto Hacia Delante de la China maoísta*. Lo interesante es que la "animalización" de la "cosa" aparece aquí transformada: ya no es ni la línea de fuga matizada por la escritura como en *Das Kapital* ni la "víctima" del Estado en el caso del gorrión "chinoista"» (Muñoz 2013: en línea).

La indiscernibilidad del yo y del otro: el ojo de gato

Es la mirada de un gato la que dispara la paranoia de la madre, convencida de que los gatos controlan y observan todo y de que incluso descubren los sueños de la gente cuando está dormida; nada se les escapa. Es curioso que también Derrida haya dedicado todo un libro a los ojos de un gato preguntándose quién se es ante una mirada así: «quién soy en el momento en que, sorprendido desnudo, en silencio, por la mirada de un animal, por ejemplo, los ojos de un gato, tengo dificultad, sí, dificultad en superar una incomodidad» (Derrida 2008: 18). Tanto en estas reflexiones como en el texto de Aguilera el ojo del gato es el gran Otro —constitutivo del yo— ante quien el yo se muestra, o es por lo menos a través de esa figura que ambos textos se interrogan sobre los propios límites. Derrida continúa reflexionando sobre la vergüenza de ser visto por un animal-animal, algo que solemos asociar más bien a lo humano:

> Ante el gato que me mira desnudo, ¿tendría yo vergüenza como un animal que ya no tiene sentido de su desnudez? ¿O al contrario, tendría vergüenza como un hombre que conserva el sentido de la desnudez? ¿Quién soy yo entonces? ¿Quién soy? ¿A quién preguntarle sino al otro? ¿Quizás al propio gato? (2008: 18)

La incomodidad de esa mirada es punto de partida para la construcción de la subjetividad, además de plantear algunas cuestiones sobre la oposición humano-animal. La reacción animal de la protagonista de Aguilera, en cambio, es otra: menos reflexiva y menos dispuesta para reconocerse como animal ante tal mirada, reacciona defensivamente para trazar un límite inmediato entre su yo y el gato. De ese modo la mirada del gato se transforma en un Otro simbólico, en aquella vocecita que habita con uno, que le dice que es lo que uno no hace bien, que se ríe de uno, que le machaca vigilando, censurando y castigando. Ese Gran Otro que somete al Sujeto. No Dios, sino un simple gato. Y lo más peculiar de la obra es que se trata de un gato-Estado. El Estado como Gran Otro:

> ¿Te das cuenta cuántos gemelos rusos hay metidos en cada casa de esta provincia, todos con las orejitas paradas y escuchando? ¿Cuántos ojitos? ¡La plaga! Si yo te lo digo a ti y todavía tú no me crees. ¡La plaga! Por eso el Estado disimula regalando más gatos, haciéndonos creer que la plaga está en otro lugar, que los gatos lo tendrán todo bajo control, que en la provincia de al lado gracias a esta medida la plaga ha desaparecido. (Aguilera 2012: 16)

La indiscernibilidad del individuo y del Estado: delirio

El poder que somete a los cuerpos, esa exterioridad que suele manifestarse en forma de discurso o mirada, aquí aparenta situarse en una mirada panóptica en forma de ojo-Estado que se infiltra dentro del propio cuerpo: el ojo del control, de la vigilancia. Si siguiéramos el delirio de la protagonista, ese ojo que la persigue es el de un gato ruso infiltrado en su casa, a través del cual el Estado lo vigila todo. La madre lucha contra la supuesta invasión con un deseo frenético de autonomía e individualidad:

> El espía en mi propia casa, como me dijo una vez el verdadero señor maquinista. El espía en mi propio hogar. Usted ya estará vigilada toda la vida me dijo el verdadero señor maquinista. Ya no se sentirá libre nunca más en la vida, porque un gato no es un gato me dijo el verdadero señor maquinista. Es un ojo, y me lo dijo poniéndome una mano sobre el hombro, un ojo que todo lo ve y todo lo quiere ver. Un ojo, señora, un ojo, no lo olvide, me dijo el verdadero señor maquinista encajándose la gorra hasta las narices, un único ojo que ve hasta lo que no quiere ver. Un ojo controlado por los gemelos rusos, que todo lo ven y todo lo quieren saber. Que han convertido a los gatos rusos en el Estado total, la mano que todo lo regula. Y por eso regalan esa clase de

gatos, a veces con rayitas y a veces con manchitas, para que lo observen todo. ¿No ha sentido usted cuando duerme, me dijo el verdadero señor maquinista, que el gato viene y se coloca cerca de su cabeza para saber incluso lo que usted sueña? Un gato ruso es el Estado y es la oreja de los gemelos, detrás de él, escuchando. La oreja y los ojos del Estado en forma de gato. (Aguilera 2012: 14-15)

El espacio privado se vuelve tan poroso que hasta el propio cuerpo es acechado por el Estado. A la madre le «serruchan» la pierna, al padre se le pudre el hígado, y así hay para ella mil ejemplos que se convierten en la prueba de que «algo» está devorando su hábitat. Y todo esto sólo por la mirada del gato. Es a través de ese ojo de gato y del delirio del monólogo que Aguilera muestra el habla de un cuerpo en guerra con respecto al territorio de lo propio y lo impropio. Y es precisamente eso lo que fracasa: para la madre es imposible trazar una frontera. Desaparecieron todas las posibilidades de separación entre una interioridad y un exterior.

El cuerpo de la madre y el del Estado son uno solo, fusionado. Un cuerpo-plaga que está en guerra y donde la disputa es el territorio de lo autónomo y lo colectivo. En cierto sentido, recuerda lo que señala Gabriel Giorgi acerca de determinadas expresiones culturales latinoamericanas a partir de los sesenta, en las que nace «una contigüidad y una proximidad nueva con la vida animal» (2014: 17), lo que explicaría que la vida animal empiece a irrumpir cada vez más insistentemente en el interior de las casas: «los espacios de lo político verán emerger en su interior una vida animal para la cual no tienen nombre, sobre todo allí donde se interrogue el cuerpo, sus deseos, sus enfermedades, sus pasiones y sus afectos»; con el cuerpo, «lo animal empieza a funcionar de modos cada vez más explícitos como un signo político» (Giorgi 2014: 17). Ratas, monos, gorriones y seres que lindan con lo no humano pueblan los textos de los escritores de *Diáspora(s)* y en particular los de Aguilera, que a través de ellos revisa la categoría misma de lo humano. En *Discurso de la madre muerta* esa irrupción es además la del Estado: la del Estado como vida animal en el espacio propio. Hay una implosión de toda exterioridad y no se puede separar al yo del otro, lo humano de lo animal, al individuo del Estado. Todo es uno. No existe el cuerpo no-contaminado:

> ¿No es acaso el polvillo de la caca de cuervo una de las grandes transmisoras de la hepatitis, como después nos corroboró el verdadero señor dentista? Y la caca de gato ruso, ¿no es también una de las grandes transmisoras de la plaga? ¿No va entrando lentamente por la respiración hasta que llega al hígado y lo muerde? ¿No es la hepatitis el fruto de correr años y años por toda la provincia detrás de esos cuervos tan grandes que más que cuervos parecen gatos? (Aguilera 2012: 25)

Ese discurso delirante muestra un yo en guerra consigo mismo y que angustiosamente busca un afuera. La madre busca el nombre del causante de las desgracias personales y familiares. Y ya que el Estado creó el nombre del enemigo ajeno –la plaga–, en su delirio y paranoia ella busca localizarla: «Los gemelos rusos son la plaga. El estado es la plaga. Los gatos rusos representan la plaga. Por eso están dondequiera» (Aguilera 2012: 17). El Estado, para la madre, es generador de una subjetividad del terror. Según esta lógica, hay un poder real que va delimitando el espacio en el que opera la subjetividad. Para hacerse inmunes ante la agresión, Padre e Hijo se convierten en muertos vivientes como estrategia de supervivencia, en un sentido similar al que subraya Esposito cuando habla sobre «la inmunización» que «en dosis elevadas es el sacrificio de lo viviente [...] por razón de la simple supervivencia» (2012: 105). Pero ella se rebela. La madre sacrifica lo viviente de otro modo, buscando matar aquello que para ella está en el origen de todo, hasta que termina con un gran ritual donde mata a los gatos y al Estado y todo esto con voz de ultratumba.

El monólogo busca compulsivamente «sustraerse de una condición común» (Esposito 2012: 105, en relación con la idea de lo inmune) para reconstruir la identidad individual al protegerse de la invasión del Estado, de la comunidad que se establece a partir de (y a favor de) la vigilancia. Una tarea vana, porque al deconstruirse la oposición sujeto-Estado no existe una delimitación de un territorio subjetivo autónomo no infiltrado por el poder:

> Pero hoy es el gran día. (*Voz de júbilo*.) Anota para siempre la fecha de hoy. Hoy ha muerto el Estado. ¿Sabes quién lo finiquitó? Tu noble y nunca quejosa madre. Yo misma. (*Se golpea en el pecho*.) Muerto el gato ruso, muerto el Estado. (Aguilera (2012: 27)

La autosatisfacción eufórica de la Madre al matar al Estado dice mucho sobre lo grotesco de la trama. La intensidad del texto está en la discrepancia entre el tamaño del miedo que produce una instancia que es más bien un trasto inútil. La madre desenmascara al Estado delante de los demás, muestra que es algo desechable, un objeto inservible —algo de cartón en una obra que no deja de subrayar la artificialidad de todo, desde personajes muñecos a un muñeco en forma de gato—: el Estado como trasto inútil al que es ridículo temer. ¿Y qué implica el hecho de que la voz de esa madre sea voz de ultratumba, como sugiere el título de la obra? ¿Que con la muerte del Estado también murió ella misma? ¿Que nunca estuvo viva? ¿O acaso que no hay un afuera del Estado, o que no hay que buscar al Estado afuera de uno?

Si bien la crítica hacia el Estado se podría asociar fácilmente con Cuba, ello no le haría justicia al texto. A varios niveles el texto juega con ambigüedades. La crítica hacia el Estado es mucho más global y transnacional. Coincido con Boudet cuando señala que hay una «deliberada des-territorialización» en el texto y que «Aguilera rechaza el color y la identificación para habitar el escenario desde la no pertenencia y el ajuste de cuentas» (2014: 345). La obra tiene lugar en un espacio flotante que sólo remite a una «provincia», a una «provincia contigua», con bosques y trenes, y con unos gemelos rusos al mando del Estado[5]. En *Discurso* se anula todo tipo de referencialidad. Es un espacio y tiempo *kitsch*, para hablar en términos del propio Aguilera, «donde lo cronológico no funciona», […] y el cual no respeta «periodos, naciones, lenguas o lugares» (2015: 143). En ese cuerpo-plaga se lee el cuerpo enfermo de las sociedades de control y vigilancia, al igual que cualquier forma de paranoia de Estado.

La indiscernibilidad de la trama y de la escritura: contagio

El Estado aquí no parece estar en ningún lugar fijo: todo empieza y todo termina con el sujeto. Si hay algo que el texto deja claro de forma grotesca, dramática y cómica a la vez, es que el poder y el Estado toman cuerpo sólo a través de la ficción y sólo funcionan en cadena. El Estado es un relato y la subjetividad es también un actor en (de) él. De ahí una de las ambigüedades no resueltas que señala Muñoz: «¿es el gato síntoma del odio de La Madre por el Estado o es el gato presencia singularizada y múltiple de toda presencia estatal concreta?» (2013: en línea). Y es a partir de esa ambigüedad que se visibilizan dos tendencias en la recepción de la obra que implícitamente están asociando el texto con el contexto cubano. Están aquellos que leen el texto como síntoma de que «el control del Estado no es total» (Muñoz), o aquellos que lo leen como síntoma del control de Estado (Mora, que como argumentaré reflexiona de modo similar a Coetzee).

Gerardo Muñoz[6] percibe la obra «como la contra-narrativa que da cuenta de la imposibilidad de cierto relato estatal» en la que «se

---

[5] Lo cual, como bien sugiere Boudet (2014: 343), hace pensar en los hermanos Kaczynski, que detentaron el poder en Polonia entre 2005 y 2010.

[6] Quedaría por elaborar la relación con la subjetivación post-estatal de la que habla Hannah Arendt, «una forma más amplia y ambigua de la desobediencia civil, aquella que se define como la convicción ciudadana de que el estado y los gobiernos no responden a las necesidades del pueblo» (Arendt 1999: 80).

traza un puente de los viejos totalitarismos del Este, regidos por el unipartidismo y la exterioridad de la vida ciudadana, a los consensos de la vida democrática contemporánea, impotente de un pensamiento de política común» (2013: en línea). La crítica, por lo tanto, atina en las observaciones con respecto a la relación entre sujeto y Estado, independientemente de qué tipo de Estado se hable. Es interesante, sin embargo, analizar el efecto del texto en la crítica: el monólogo mismo a veces parece ser la plaga y contagiar el pensar de sus lectores. El virus se extiende cuando el lector empieza a estar bajo el efecto del discurso de la madre. Hasta en las excelentes reseñas de *Discurso* pueden llegar a identificarse esos momentos de contagio de las palabras de la madre. Por ejemplo, cuando en un instante se accede a la confusión entre la voz de la madre y la voz del autor, o cuando por pura identificación con la trama se entra en el discurso de la Madre como si fuera el discurso propio. La Madre se convierte así para el lector en la mirada del gato ruso, y la paranoia se multiplica en todos aquellos que accedan al «discurso». El texto como cuerpo-enfermo busca precisamente ese efecto (y afecto) de contagio e identificación, ya que se envuelve en una voz delirante. No obstante, conviene recordar que, aun tratándose de un texto teatral, hay dos niveles: el nivel de la trama y el de la escritura. No tomarlo en cuenta puede acarrear cambios en el efecto y en la interpretación de la obra. Muñoz destaca que la enunciación crítica del «complot» de la Madre es una evidencia de que el «absolutismo del Estado […] es otra ficción de una ficción», y añade «que el "complot" del Estado no es total», puesto que «la voz de La Madre […] enuncia la artificialidad de la forma-Estado». A pesar de las agudas observaciones de Muñoz acerca de que «la animalización de los de abajo da cuenta de una zona infra-política que siempre escapa a la extensión del cuerpo del Estado», al mismo tiempo su lectura se ve contagiada por la voz de la madre. Porque dicho complot de la Madre se puede leer no sólo como una evidencia del fracaso del absolutismo, sino también como un síntoma del Estado total, en una acepción similar a la de Coetzee cuando trata el síntoma de la paranoia con respecto a la censura estatal. La madre, en su «enfermedad», repite la misma dinámica que ella sitúa y encuentra en el Estado y que éste parece focalizar en el enemigo exterior: la plaga. El funcionamiento en cadena deja ver perfectamente lo que Coetzee explica en términos de «infección» de la lógica de la paranoia, que a través del deseo mimético se desplaza infinitamente.

Cuando Muñoz habla de «una zona infra-política [...] que marca el devenir de una especie-otra en las sombras plenas de los aparatos ideológicos y simbólicos del Estado» (2013: en línea), ¿no está viendo los brotes de una redención subversiva en la figura de la madre? ¿Y no estamos ya siendo afectados por el delirio de la madre al buscar la exterioridad del Estado a nivel de la trama? Al leer esta pieza como subversión redentora quizás se pase por alto su carácter ambiguo y se reduzca la escritura a mera pataleta contra el Estado. O mejor dicho, a una compulsión, tal como propone Javier Mora cuando observa que es «como si no hubiera escritura sin Estado, que no existe la escritura sin la presencia omnímoda del Estado. El Estado como una condición *sine qua non*, como lo compulsivo hacia lo que se mueve el buen texto, aun sin proponérselo» (Mora 2016: en línea). Apoyándose en Claudio Magris, Mora argumenta que «con frecuencia, políticamente comprometida, la literatura es también sabotaje de todo proyecto político [...] porque tiene que ser el pulso de ese programa, el fiscal que señala, todo el tiempo, su verdadero intríngulis» (2016: en línea). Las observaciones de Mora implícitamente enfatizan la posibilidad de contagio de los síntomas paranoicos del propio Estado en la escritura tanto de autores afines a la política de Estado como de aquellos que se oponen a ella al estar hablando de la literatura. ¿No será éste el momento en que Mora se contagia por la voz paranoica de la madre y, más que el texto, busca ahora al autor de ese texto delirante para así escapar del contagio textual y cerrar un significado?

El argumento de Mora recuerda lo que Coetzee explica con respecto al conflicto entre los intelectuales y el Estado, quienes buscan llegar a un mismo destinatario «instruido, integrado (como un cuerpo), receptivo a la dirección» (2007: 52), lo cual activa la rivalidad entre ambos. Para Coetzee «el objeto de la envidia del Estado no es tanto el contenido rival de la palabra del escritor» (2007: 52), sino el hecho de que la literatura posee «un poder de diseminación que va más allá de los medios de difusión puramente mecánicos» (2007: 55), y por eso define esa relación como un espacio de rivalidad e intimidad que, en situaciones de censura, busca limitar el poder diseminador de la escritura. En esa medida, «trabajar bajo censura es como vivir en intimidad con alguien que no te quiere, con quien no quieres ninguna intimidad pero que insiste en imponerte su presencia» (2007: 49); una figura bien parecida a la del gato ruso. Todos los escritores que han vivido bajo estas circunstancias, subraya Coetzee, están potencialmente tocados por la paranoia, no sólo los que fueron censurados «de hecho». «La prueba definitiva de que, por así decirlo, algo les ha ocurrido a escritores como Arenas, Mangakis o Kiš es lo excesivo del lenguaje con que expresan su experiencia» (2007: 47-48). A modo de ilustración, describe cómo funciona la paranoia con respecto a la literatura y añade que

> Hablar de paranoia no es sólo un modo figurado de referirse a lo que los ha afectado. La paranoia está ahí, dentro, en su lenguaje, en su pensamiento; la rabia que resuena en las palabras de Mangakis y el desconcierto de las invasiones, una invasión del propio estilo del yo por una patología que tal vez no tenga curación. (Coetzee 2007: 47-48)

Concuerdo con Mora sobre la estrecha relación que existe entre la literatura y lo político en general, y en que esos conflictos pueden insertarse en el estilo de la escritura. No obstante, creo que hay que distinguir entre lo compulsivo del habla de la protagonista y el estilo del autor, ya que es la escritura la que muestra esa voz de la madre a segundo nivel. De lo contrario sería muy fácil reducir la voz poética a una contextualización única, que es precisamente algo que la obra evita al construir un espacio flotante sin tiempo ni cronología, con artificialidades y desdoblamientos.

El texto como cuerpo-enfermo y la escritura como *phármakon*

Mi insistencia en distinguir entre voz de la protagonista y voz literaria viene dada porque lo peculiar de la obra de Aguilera es el performance del mal de la paranoia: su escenificación es lo que está en juego. Siempre hay una distancia irónica metaficcional que subraya la artificialidad de la paranoia que tiene lugar a través de un personaje que habla en (desde) un fluir envolvente. Una estrategia que el autor usa a menudo: es el caso de *Matadero seis*, un relato largo que, como *Discurso de la madre muerta*, se sirve de una oralidad circular, delirante y hasta violenta. En *El Imperio Oblómov* la estrategia a primera vista es otra: hay un narrador omnisciente que delega la voz a diferentes personajes. Pero en esos momentos aflora esa oralidad teatral que es tan propia del estilo de Aguilera. En esta novela aparece en un momento una madre que comparte muchas similitudes con la Madre de *Discurso*. La voz delirante se asocia allí con lo mesiánico y teleológico: *Mamushka* Oblómov tronitrona y anuncia. Este personaje no ve un gato ruso sino un zorro negro, que se lo va comiendo todo y se instala en el interior de cada casa. También su discurso se construye en oposición a un mal ajeno, el cual se presenta como «la mordida de lo enfermo» (Aguilera 2014: 26): «El zorro negro es enfermedad, empezó a enumerar. El zorro negro es enfermedad, lepra, forúnculos, cáncer, demonio» (2014: 84). El discurso de *Mamushka* Oblómov está lleno de redención, de artificialidad *kitsch* y elementos mitológicos, y desde esta reflexión es que juega irónicamente con los relatos identitarios. Incluso con la figura de un mesías en forma de zorro blanco (quizá el límite identitario de Occidente por muchos años), que vendrá, según ella, a salvarnos y a construir un territorio de pertenencia:

> Vendrá un zorro..., comenzó a vociferar *mamushka* Oblómov encima de una caja de madera delante de la puerta con pajarracos mitológicos, gárgolas de dientes venenosos y una enredadera tallada en piedra que entraba y salía por los ojos de los animales representados y hacía aún más incomprensible la mezcla entre barroco italo-católico y barroco ruso-ortodoxo que traspasaba a la iglesia de las dos cebollonas.
> Vendrá un zorro blanco y nos lamerá la cara, continuó.
> ¡Un zorro de tres patas!
> [...]
> ¿Quieren de verdad saber por qué?, tronó *mamushka*...
> Porque nosotros mismos somos el zorro negro, y se golpeaba el pecho con fuerza, hincándose con los golpes la cruz que le colgaba de una cadena sobre el pezón izquierdo.
> ¡El zorro-demonio!, continuó...
> Por eso ahora necesitamos que venga el zorro blanco y construya una torre para nosotros, dijo. Una torre donde todos podamos volver a encontrarnos con nosotros mismos, donde todos podamos sentir de nuevo nuestra pertenencia a algo. (Aguilera 2014: 82-83)

Ahora bien, en la novela la artificialidad se subraya con la voz del narrador primero, mientras que en *Discurso* se trata de todo un monólogo. Pero también en la pieza de teatro hay una distancia entre la voz de la madre y la instancia narradora, una presencia mínima y sólo visible en las acotaciones dramáticas que subrayan la artificialidad de lo representado[7]. Además, la escenificación de las bocas pintadas

---

[7] Algunos ejemplos de las acotaciones: *(Hace un gesto de explosión con las manos y se queda mirando hacia arriba...)* (24), *(Se golpea en el pecho.)* (27), *(Se para de un salto y comienza a moverse por todo el escenario hablando en dirección al público.)* (27), *(Alargando las palabras y achicando los ojos...)* (27), *(Se golpea con la mano encima de las medallas.)* (35), *(Sale por el lado izquierdo de la escena dando grandes pasos, alistándose el uniforme y riendo a carcajadas.)* (43).

y los otros elementos grotescos subrayan el guiño metaficcional que hace que se piense la representación en sí. Propongo leer este nivel de la escritura no sólo como exhibición del cuerpo enfermo sino también como *phármakon*, el veneno y el remedio que nos hace reflexionar sobre los lugares del poder, el sujeto, el Estado y la paranoia.

Un discurso hablado, el de la Madre, no habría tenido el mismo efecto. En *Discurso de la madre muerta* la escritura aparece como un complemento, un *phármakon* de la memoria transmitida oralmente[8], y funciona a un tiempo como remedio y veneno al introducirse en el cuerpo del discurso con toda su ambivalencia. El poder de la fascinación puede ser benigno o maligno y es como un antídoto en sí, algo que excede sus límites como no-identidad, no-esencia, no-sustancia; como cuerpo-plaga, podría decirse. La escritura como *phármakon* expulsa o atrapa, si seguimos a Derrida (1998: 435-445). También Deleuze aborda la escritura como problema: la lengua literaria, las visiones y audiciones que se presentan al escritor a través del delirio. Según él, se trata de un delirio creativo que estaría en los márgenes entre el estado clínico y la salud; por eso sitúa a la escritura en un límite, tan cerca del sentido como del sinsentido (Deleuze 1996: 16), de la salud como de la enfermedad, pero proponiéndola como cura: «el escritor como tal no está enfermo, sino que más bien es médico, médico de sí mismo y del mundo» (Deleuze 1996: 14). Esta actividad del escritor como médico de sí y del mundo se puede asociar a la actividad del filósofo antiguo, mediante la palabra y el diálogo: «la *épiméleia* como *therapeuein*», en palabras de Beraldi (2013: 12), quien además se pregunta «¿a qué está llamada a curar la literatura? ¿Cuál es la enfermedad? [...] la de la lógica binaria, la estructura arborescente o estructuras jerárquicas, [...]. Es decir, los teoremas de la dictadura y la estructura de Poder» (2013: 14).

---

[8] Tal como explica Derrida, volviendo a los griegos, en «La farmacia de Platón» (1998: 435-445).

La escenificación grotesca de la paranoia de la madre es por lo tanto exposición y escritura, el *phármakon* que procura que el organismo del cuerpo lector sea capaz de resistir a una infección procedente de un virus externo, que se haga inmune. Una infección, no hay que olvidarlo, que sólo contagia en su justa medida: por eso el texto, devenido paranoico por el discurso delirante de la madre, se convierte en *phármakon*. Tomando en cuenta el nivel de la representación, la infección de la plaga se detiene, y el efecto del texto como cuerpo-enfermo llega en forma de cura. Lo que implica, siguiendo las ideas de Esposito, que el texto se mueva ambiguamente entre la apertura a una comunidad y la defensa de lo particular (2012: 105)[9]. No se trata de fundirse con un colectivo y anular la individualidad y lo particular, ni tampoco de creer que uno pueda refugiarse en una identidad singular y estar a salvo de influencias del colectivo. Más bien implica que tanto el yo como el Estado no son entes autónomos, sino que sólo existen en relación. Esto podría proponer posibilidades para repensar al sujeto, su singularidad y los lazos propios de estar en sociedad o de «ser en común». Dicho de otra manera: para generar anticuerpos contra los discursos paranoicos hay que trazar una separación entre los cuerpos y los sujetos, y combatir –claro– el cuerpo enfermo. Pero *Discurso* no resuelve la ambigüedad de la irónica y grotesca redención del relato identitario. La madre, ya de ultratumba, puede haber acabado con el Estado, pero como sujeto tampoco está viva. La muerte del Estado en este sentido no es funda-

---

[9] Con respecto a la significación de «inmunidad», Esposito señala su oposición con el término «comunidad»: «Si la *communitas* es aquello que liga a sus miembros en un empeño donativo del uno al otro, la *immunitas*, por el contrario, es aquello que libra de esta carga, que exonera de este peso. Así como la comunidad reenvía a algo general y abierto, la inmunidad, o la inmunización, lo hace a la particularidad privilegiada de una situación definida por sustraerse a una condición común. [...] Si la comunidad determina la fractura de las barreras de protección de la identidad individual, la inmunidad constituye el intento de reconstruirla en una forma defensiva y ofensiva contra todo elemento externo capaz de amenazarla» (2012: 105).

cional, no construye otro relato identitario. Ni el relato comunitario ni el individual sobreviven en la pieza, sólo la risa: la risa y la rabia del cuerpo en guerra serán lo único que se mantendrá con vida.

El Estado, más que centro de poder, es también el producto de una dinámica social y de una cadena de mecanismos de fuerza, de fuga y actos de resistencia puestos en marcha, un monstruo que toma cuerpo y en su fusión con el sujeto se convierte en plaga. Y así el gato ruso es el Estado, pero en ese encadenamiento también la madre es el gato ruso y este a su vez la madre, el Estado y la plaga. La palabra delirante y paranoica puesta en escena reactiva dicha dinámica de modo contagioso, pero a través de su escenificación grotesca y absurda funciona también como antídoto, que produce anticuerpos inmunes ante tales efectos contagiosos. *Discurso* no sólo desestabiliza esa dinámica sino que nos deja una reflexión sobre el poder y el sujeto, y sobre el espacio donde estos se interrelacionan. Leer también es devenir. Devenir no es transformarse en otra cosa, sino encontrar la zona lindante con lo que no somos; si como lector uno sobrevive a la experiencia de la paranoia de una madre muerta, sabrá que está curado de espanto para las posibles apelaciones identitarias, paranoicas y estatales del futuro.

BIBLIOGRAFÍA

AGUILERA, Carlos A. (2012): *Discurso de la madre muerta*. Tenerife: Baile del Sol.
— (2014): *El Imperio Oblómov*. Sevilla: Ediciones Espuela de Plata.
— (2015): «El Gran Mentiroso vs. El Gran Paranoico». En *Istor* XV (63): 137-146.
— (2016): *Matadero seis*. Valencia: Aduana Vieja.
ARENDT, Hannah (1999): «Desobediencia civil» y «Pensamientos sobre violencia y revolución. Un comentario». En *Crisis de la República*. Madrid: Taurus.

BERALDI, Gastón (2013): «Literatura y filosofía. La literatura como problema en Deleuze o la escritura como phármakon». En *Eikasia*, mayo: 165-175.

BOUDET, Rosa Ileana (2014): «El pasado da mucha más picazón que la vigilancia del estado». *Caracol* 7: 342-345.

COETZEE, J. M. (2007): *Contra la censura. Ensayos sobre la pasión por silenciar*. Barcelona: Debate.

DELEUZE, Gilles (1996): *Crítica y clínica*. Barcelona: Anagrama.

DERRIDA, Jacques (1998): «Plato's Pharmacy». En Rivkin, Julie & Ryan, Michael (eds.): *Literary Theory: An Anthology*. Oxford: Blackwell, 429-450.

— (2008): *El animal que luego estoy si(gui)endo*. Madrid: Trotta.

ESPOSITO, Roberto (2012): «Inmunidad, comunidad, biopolítica». En *Las Torres de Lucca* 1: 101-114.

GARBATZKY, Irina (2016a): «Bocas y pájaros. Dos videos de Carlos A. Aguilera». Ebn*El jardín de los poetas. Revista de teoría y crítica de poesía latinoamericana* II (3): 105-123.

— (2016b) «Inscripciones postsoviéticas en la literatura cubana actual. Futuros negativos y desfiguraciones de lo humano en *El imperio Oblómov*, de Carlos A. Aguilera». En *Taller de letras* 58: 111-126.

GIORGI, Gabriel (2014): *Formas comunes. Animalidad, cultura, biopolítica*. Buenos Aires: Eterna Cadencia.

MORA, Javier (2016): «Matar al gato ruso». en *Hypermedia Magazine*: <https://hypermediamagazine.com/2016/04/22/javier-l-mora-matar-al-gato-ruso/>.

MUÑOZ, Gerardo (2013): «El Estado es un gato: sobre *Discurso de la madre muerta* de Carlos A. Aguilera». En *La Habana Elegante* 53: <http://www.habanaelegante.com/Spring_Summer_2013/March_2013.htm>.

De los autores

Gabriel Inzaurralde trabaja desde hace casi dos décadas en la Universidad de Leiden, donde terminó su doctorado en 2007. Ha dictado también cursos y conferencias en diversas universidades argentinas y uruguayas. Su área específica es la literatura del Cono sur y la relación entre ficción y política. Ha publicado diversos artículos sobre literatura latinoamericana y es autor de *La escritura y la furia. Ensayos sobre la imaginación latinoamericana* (2016).

Benjamin Loy cursó estudios de filología románica y germana en Saarbrücken, Potsdam y Santiago de Chile. Desde 2013 es profesor asistente del departamento de Lenguas Románicas en la Universidad de Colonia. Su tesis de doctorado en curso lleva por título *La biblioteca salvaje: estética y política de la lectura en la obra de Roberto Bolaño*. Sus intereses de investigación se centran en las literaturas latinoamericanas y francófonas entre el siglo xix y la actualidad. Ha traducido a numerosos autores latinoamericanos –entre Alejandro Zambra y Eduardo Halfon– del castellano al alemán.

Natalia Aguilar Vásquez es estudiante de doctorado de la Universidad de Nueva York (NYU). Estudió literatura en la Universidad de los Andes, Colombia, e hizo una maestría de investigación en arte y cultura en la Universidad de Leiden. Su investigación actual gira en torno a la intersección entre artes visuales y literatura en Colombia y México, sobre todo en temas de memoria cultural, trauma y biopolítica, y sobre la exploración del giro espectral y post-humanista como herramientas críticas para pensar la cultura visual y la literatura reciente de Latinoamérica.

Adriana Churampi imparte clases de Literatura Latinoamericana en la Universidad de Leiden. Investiga la (de)construcción de la imagen de «lo indígena», y en esa medida conceptos como la identidad y la representación son palabras claves en su trabajo. Es autora de *Heraldos del Pachakuti* (2014), un innovador análisis de la pentalogía de Manuel Scorza.

ALIA TRABUCCO ZERÁN estudió Derecho en la Universidad de Chile, un MFA en Escritura Creativa en la Universidad de Nueva York y actualmente cursa un doctorado en Estudios Latinoamericanos en University College London. Su primera novela, *La Resta* (2015), obtuvo el premio a la Mejor Novela Inédita del Consejo Nacional del Libro de Chile (2014) y un Penn/Heim Translation Award (2017) para ser traducida al inglés. Colabora habitualmente en medios como *Buensalvaje* y *El Desconcierto*.

SUSANA SCRAMIM es profesora titular de Teoría Literaria en la Universidad Federal de Santa Catarina e investigadora del Consejo Nacional de Desarrollo Tecnológico y Científico de Brasil. Es autora de *Literatura do Presente* (2007) y del libro *Carlito Azevedo* (2010). Además, ha editado el libro *O contemporâneo na crítica* (2012). Con Marcos Siscar y Alberto Pucheu editó los libros *O duplo estado da poesia* (2015), *Alteridades da poesia contemporânea* (2016) y *Linhas de fuga: modernidade e contemporaneidade na poesia* (2016).

ÁNGELES MATEO DEL PINO es doctora en Filología Hispánica y profesora titular de Literatura Hispanoamericana en la Universidad de Las Palmas de Gran Canaria. Su investigación se ocupa de la literatura latinoamericana contemporánea, en especial de las últimas décadas, y de los Estudios Culturales y los Estudios de Género. Entre sus últimos libros publicados se cuentan *Ciudadanías. Alteridad, Migración y Memoria* (2011), *Grafías del Cuerpo. Sexo, Género e Identidad* (2011), *Comidas bastardas. Gastronomía, tradición e identidad en América Latina* (2013), *Ángeles maraqueros. Trazos Neobarroc-s-ch-os en las poéticas latinoamericanas* (2013) y *Cartografía del limbo. Devenires literarios de La Habana a Buenos Aires* (2017). Directora de la Unidad de Igualdad de la Universidad de Las Palmas de Gran Canari desde 2013 a la actualidad.

LUCIANA IRENE SASTRE se doctoró en Humanidades por la Universidad de Leiden. Es profesora asistente en la cátedra de Literatura Latinoamericana II de la Universidad Nacional de Córdoba y miembro del

Programa de Investigación «Escrituras Latinoamericanas. Teoría, literatura y crítica en debate (1990-2010)».

María José Sabo se desempeña como profesora adjunta en Teoría Literaria y en Historia del Teatro IV en la Universidad Nacional de Río Negro. Es doctora en Letras Modernas por la Universidad Nacional de Córdoba, y magíster en Estudios Teóricos y Comparados de la Literatura y la Cultura por la Universidad Santiago de Compostela. Actualmente desarrolla una investigación posdoctoral en relación a la cuestión del archivo y la prensa argentina de los años sesenta y setenta, con el apoyo del CONICET. Ha publicado diversos artículos académicos acerca del tema de lo poscolonial, la contracultura, el canon y la nueva narrativa en revistas y volúmenes. Es además autora del libro *La Nueva Narrativa en los años noventa. El Manifiesto Crack en diálogo con las transformaciones del horizonte teórico-crítico latinoamericano* (2014).

Piet Devos se doctoró en Literatura románica moderna en la Universidad de Groningen (2013). Ha traducido al neerlandés *Altazor* de Vicente Huidobro, y además de su trabajo académico ha publicado narrativa y ensayo. Su investigación se centra en los aspectos culturales de la percepción, especialmente en los cambios sensoriales que resultaron de la rápida modernización del periodo comprendido entre 1880 y 1950. En su libro *El cuerpo elocuente* (2018) analiza los experimentos visuales y hápticos que caracterizan la poesía de Huidobro y de Benjamin Péret. Su nuevo proyecto posdoctoral estudia la estética de las dis/capacidades sensoriales en la literatura de vanguardia.

Daniela Martín Hidalgo es licenciada en Filología Hispánica por la Universidad Complutense de Madrid y máster en Literary Studies por la Universidad de Leiden, donde trabaja como profesora de español (ELE). Ha publicado los libros de poesía *La ciudad circular* (2003), *Memorial para una casa* (2003) y *Pronóstico del tiempo* (2015), además de relatos en volúmenes colectivos y revistas.

Lizabel Mónica es escritora y crítica cubana y cursa estudios de doctorado en Princeton University. Su producción académica gira en torno a las relaciones entre política y tecnología en las esferas de la literatura, las artes visuales y la música cubanas. Ha editado varias revistas de arte y literatura, así como dos antologías de poesía, *Distintos modos de evitar a un poeta* (2012) y *Antología poética de Octavio Armand* (coeditada junto a Juan Carlos Flores, de próxima aparición). Su tesis de doctorado estudia la influencia de la tecnología digital en la producción cultural de la Cuba del siglo XXI.

NANNE TIMMER es university lecturer de Análisis Cultural y Literatura Latinoamericana en la Universidad de Leiden, donde se doctoró en el 2004. Ha sido profesora en las universidades de Utrecht, Amberes, e impartió un curso en la Universidade Federal de Santa Catarina (2006). Ha editado el volumen de ensayos *Ciudad y escritura: imaginario de la ciudad latinoamericana a las puertas del siglo XXI* (2013), la antología narrativa *Twaalf Verhalen en een Revolutie* (2017), y actualmente está terminando la monografía *Transiciones culturales cubanas* (prevista para el 2018). Poeta, es autora de los poemarios *Einstein's Three Fingers* (2011) y *Logopedia* (2012).

Catálogo Almenara

Aguilar, Paula & Basile, Teresa (eds.) (2015): *Bolaño en sus cuentos*. Leiden: Almenara.

Aguilera, Carlos A. (2016): *La Patria Albina. Exilio, escritura y conversación en Lorenzo García Vega*. Leiden: Almenara.

Amar Sánchez, Ana María (2017): *Juegos de seducción y traición. Literatura y cultura de masas*. Leiden: Almenara

Barrón Rosas, León Felipe & Pacheco Chávez, Víctor Hugo (eds.) (2017): *Confluencias barrocas. Los pliegues de la modernidad en América Latina*. Leiden: Almenara.

Blanco, María Elena (2016): *Devoraciones. Ensayos de periodo especial*. Leiden: Almenara.

Burneo Salazar, Cristina (2017): *Acrobacia del cuerpo bilingüe. La poesía de Alfredo Gangotena*. Leiden: Almenara

Caballero Vázquez, Miguel & Rodríguez Carranza, Luz & Soto van der Plas, Christina (eds.) (2014): *Imágenes y realismos en América Latina*. Leiden: Almenara.

Calomarde, Nancy (2015): *El diálogo oblicuo: Orígenes y Sur, fragmentos de una escena de lectura latinoamericana, 1944-1956*. Leiden: Almenara.

Campuzano, Luisa (2016): *Las muchachas de La Habana no tienen temor de dios. Escritoras cubanas (siglos XVIII-XXI)*. Leiden: Almenara.

Casal, Julián del (2017): *Epistolario. Edición y notas de Leonardo Sarría*. Leiden: Almenara.

Churampi Ramírez, Adriana (2014): *Heraldos del Pachakuti. La Pentalogía de Manuel Scorza*. Leiden: Almenara.

Deymonnaz, Santiago (2015): *Lacan en el cuarto contiguo. Usos de la teoría en la literatura argentina de los años setenta*. Leiden: Almenara.

Díaz Infante, Duanel (2014): *Días de fuego, años de humo. Ensayos sobre la Revolución cubana*. Leiden: Almenara.

Fielbaum, Alejandro (2017): *Los bordes de la letra. Ensayos sobre teoría literaria latinoamericana en clave cosmopolita*. Leiden: Almenara.

García Vega, Lorenzo (2018): *Rabo de anti-nube. Diarios 2002-2009*. Edición y prólogo de Carlos A. Aguilera. Leiden: Almenara.

Garrandés, Alberto (2015): *El concierto de las fábulas. Discursos, historia e imaginación en la narrativa cubana de los años sesenta*. Leiden: Almenara.

González Echevarría, Roberto (2017): *La ruta de Severo Sarduy*. Leiden: Almenara.

Gotera, Johan (2016): *Deslindes del barroco. Erosión y archivo en Octavio Armand y Severo Sarduy*. Leiden: Almenara.

Hernández, Henry Eric (2017): *Mártir, líder y pachanga. El cine de peregrinaje político hacia la Revolución cubana*. Leiden: Almenara.

Inzaurralde, Gabriel (2016): *La escritura y la furia. Ensayos sobre la imaginación latinoamericana*. Leiden: Almenara.

Kraus, Anna (2018): *sin título. operaciones de lo visual en 2666 de Roberto Bolaño*. Leiden: Almenara.

Loss, Jacqueline (2018): *Soñar en ruso. El imaginario cubano-soviético*. Leiden: Almenara.

Machado, Mailyn (2016): *Fuera de revoluciones. Dos décadas de arte en Cuba*. Leiden: Almenara.

Medina Ríos, Jamila (2018): *Diseminaciones de Calvert Casey*. Leiden: Almenara.

Molinero, Rita (ed.) (2018): *Virgilio Piñera. La memoria del cuerpo*. Leiden: Almenara.

Morejón Arnaiz, Idalia (2017): *Política y polémica en América Latina. Las revistas Casa de las Américas y Mundo Nuevo*. Leiden: Almenara.

Pérez-Hernández, Reinier (2014): *Indisciplinas críticas. La estrategia poscrítica en Margarita Mateo Palmer y Julio Ramos*. Leiden: Almenara.

Pérez Cano, Tania (2016): *Imposibilidad del* beatus ille. *Representaciones de la crisis ecológica en España y América Latina*. Leiden: Almenara.

Pérez Cino, Waldo (2014): *El tiempo contraído. Canon, discurso y circunstancia de la narrativa cubana (1959-2000)*. Leiden: Almenara.

Quintero Herencia, Juan Carlos (2016): *La hoja de mar (:) Efecto archipiélago I*. Leiden: Almenara.

Ramos, Julio & Robbins, Dylon (eds.) (2018): *Guillén Landrián o los límites del cine documental*. Leiden: Almenara.

Timmer, Nanne (ed.) (2016): *Ciudad y escritura. Imaginario de la ciudad latinoamericana a las puertas del siglo XXI*. Leiden: Almenara.

— (2018): *Cuerpos ilegales. Sujeto, poder y escritura en América Latina*. Leiden: Almenara.

Tolentino, Adriana & Tomé, Patricia (eds.) (2017): *La gran pantalla dominicana. Miradas críticas al cine actual*. Leiden: Almenara.

Vizcarra, Héctor Fernando (2015): *El enigma del texto ausente. Policial y metaficción en Latinoamérica*. Leiden: Almenara.